Jiaotong Hangye Biaozhun Huibian

交通行业标准汇编

·桥梁专用设备与材料卷·

本 社 汇 编

人 民 交 通 出 版 社

内 容 提 要

本书是《交通行业标准汇编》之桥梁专用设备与材料卷。它收录了2007年底前发布的、目前在用的公路桥梁工程所使用的专用设备与材料方面的交通行业标准共15种。

本书是公路和桥梁设计、施工以及养护管理等单位的从业人员必备的工具书。

图书在版编目(CIP)数据

交通行业标准汇编. 桥梁专用设备与材料卷/人民交通出版社编. —北京:人民交通出版社,2008.6

ISBN 978-7-114-07218-5

Ⅰ. 交… Ⅱ. 人… Ⅲ. ①交通工程-标准-汇编-中国②桥梁工程-施工设备-标准-汇编-中国③桥梁工程-建筑材料-标准-汇编-中国 Ⅳ. U-65 U44-65

中国版本图书馆CIP数据核字(2008)第083508号

书　　名:交通行业标准汇编·桥梁专用设备与材料卷·
著 作 者:本社汇编
责任编辑:夏 迎
出版发行:人民交通出版社
地　　址:(100011)北京市朝阳区安定门外外馆斜街3号
网　　址:http://www.ccpress.com.cn
销售电话:(010)85285838,85285995
总 经 销:北京中交盛世书刊有限公司
经　　销:各地新华书店
印　　刷:北京市密东印刷有限公司
开　　本:880×1230 1/16
印　　张:13
字　　数:402千
版　　次:2008年7月第1版
印　　次:2008年7月第1次印刷
书　　号:ISBN 978-7-114-07218-5
印　　数:0001—2000册
定　　价:45.00元

目　录

ICS 93.040
P 28
备案号:

中华人民共和国交通行业标准

JT/T 4—2004
代替 JT/T 4—1993,JT 3132.3—90

公路桥梁板式橡胶支座

Plate type elastomeric pad bearings for highway bridges

2004-03-17 发布　　2004-06-01 实施

中华人民共和国交通部　发布

公路桥梁板式橡胶支座

1 范围

本标准规定了公路桥梁板式橡胶支座产品的分类、技术要求、试验方法、检验规则以及标志、包装、储存、运输、安装和养护的要求。

本标准适用于公路桥梁所用矩形、圆形板式橡胶支座。

2 规范性引用文件

下列文件中的条款通过本标准的引用而成为本标准的条款。凡是注日期的引用文件,其随后所有的修改单(不包括勘误的内容)或修订版均不适用于本标准,然而,鼓励根据本标准达成协议的各方研究是否可使用这些文件的最新版本。凡是不注日期的引用文件,其最新版本适用于本标准。

GB/T 528　硫化橡胶或热塑性橡胶拉伸应力应变性能的测定(eqv ISO37:1994)

GB/T 912　碳素结构钢和低合金结构钢热轧薄钢板及钢带

GB/T 1682　硫化橡胶低温脆性的测定——单试样法(eqv ISO812:1991)

GB/T 3280　不锈钢冷轧钢板

GB/T 3512　硫化橡胶或热塑性橡胶热空气加速老化和耐热试验(eqv ISO188:1998)

GB/T 6031　硫化橡胶或热塑性橡胶硬度的测定(10~100IRHD)(idt ISO48:1994)

GB/T 7759　硫化橡胶或热塑性橡胶在常温、高温和低温下压缩永久变形的测定(eqv ISO 815:1991)

GB/T 7760　硫化橡胶与金属粘合的测定——单板法(eqv ISO813:1986)

GB/T 7762　硫化橡胶耐臭氧老化试验——静态拉伸试验法(neq ISO1431/1:1989)

GJB 3026　聚四氟乙烯大型板材规范

HG/T 2198　硫化橡胶物理试验方法的一般要求

HG/T 2502　5201 硅脂

JT 391　公路桥梁盆式橡胶支座

JJG 175　非金属拉力、压力和万能试验机检定规程

JTG D62　公路钢筋混凝土及预应力混凝土桥涵设计规范

3 产品分类及代号

3.1 产品分类

3.1.1 按结构型式分为:

a) 普通板式橡胶支座区分为矩形板式橡胶支座(代号 GJZ)、圆形板式橡胶支座(代号 GYZ);

b) 四氟滑板式橡胶支座区分为矩形四氟滑板橡胶支座(代号 $GJZF_4$)、圆形四氟滑板橡胶支座(代号 $GYZF_4$)。

3.1.2 按支座材料和适用温度分为:

a) 常温型橡胶支座,应采用氯丁橡胶(CR)生产,适用温度为-25℃~60℃。不得使用天然橡胶代替氯丁橡胶,也不允许在氯丁橡胶中掺入天然橡胶;

b) 耐寒型橡胶支座,应采用天然橡胶(NR)生产,适用的温度为-40℃~60℃。

3.2 产品代号

表示方法:

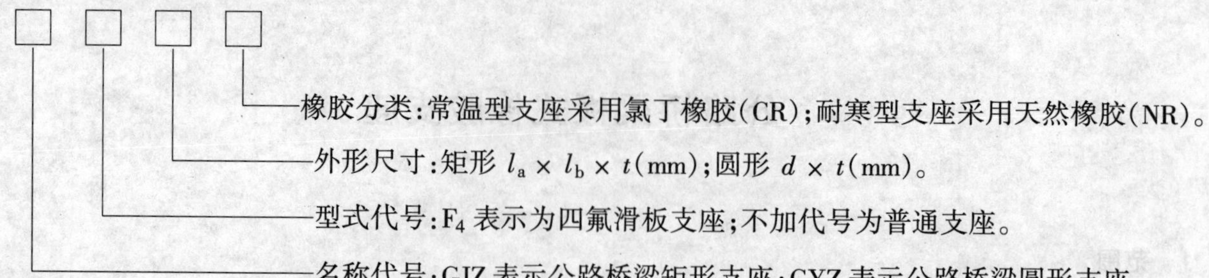

示例 1：公路桥梁矩形普通氯丁橡胶支座，短边尺寸为 300mm，长边尺寸为 400mm，厚度为 47mm，表示为：GJZ300 × 400 × 47(CR)。

示例 2：公路桥梁圆形四氟滑板天然橡胶支座，直径为 300mm，厚度为 54mm，表示为：$GYZF_4300 \times 54$(NR)。

3.3 支座结构

3.3.1 普通板式橡胶支座

普通板式橡胶支座应至少由两层以上加劲钢板，且钢板全部包在橡胶弹性材料内形成的支座，其结构分别见图 1 和图 2。

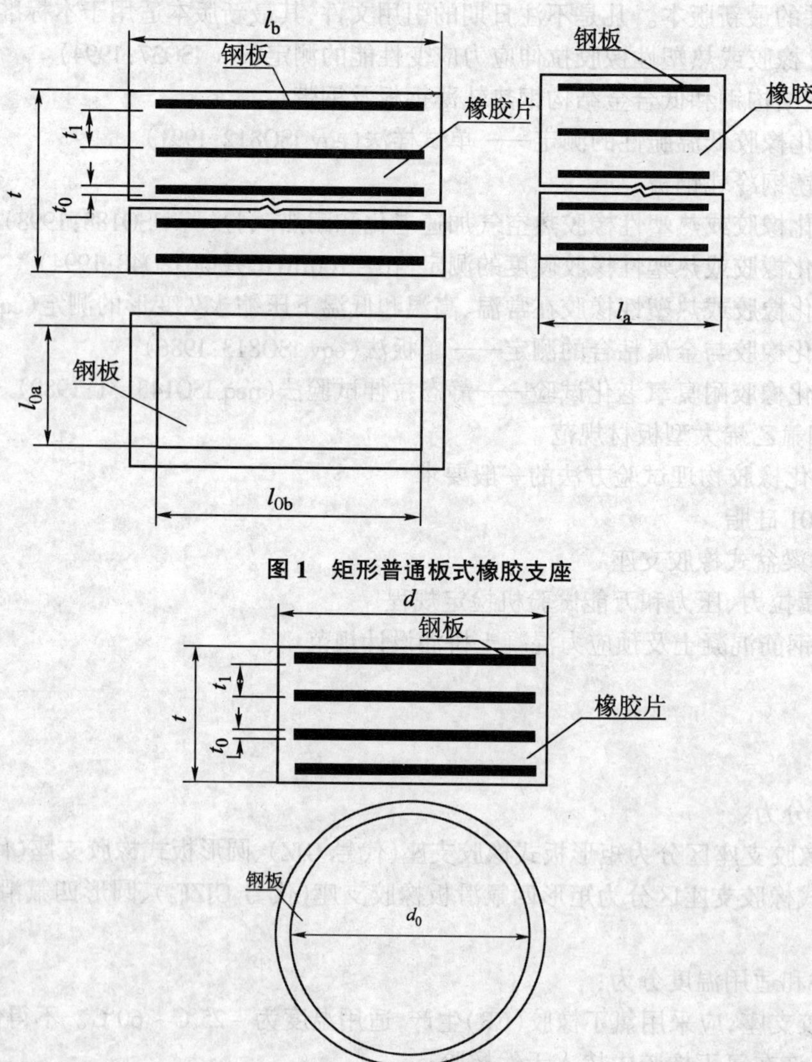

图 1 矩形普通板式橡胶支座

图 2 圆形普通板式橡胶支座

3.3.2 四氟滑板橡胶支座

四氟滑板橡胶支座是在普通板式橡胶支座顶面粘结一块一定厚度的聚四氟乙烯板材形成的支座，其结构分别见图 3 和图 4。

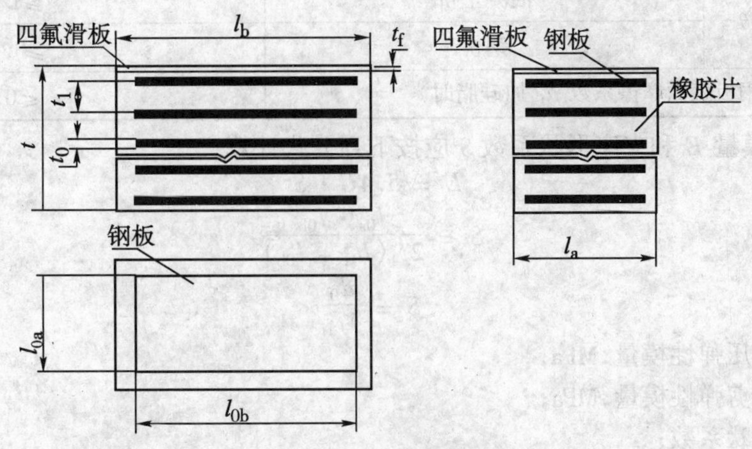

图 3　矩形四氟滑板橡胶支座

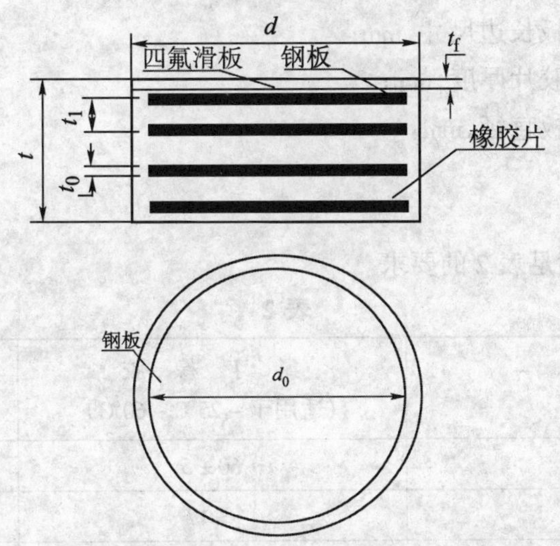

图 4　圆形四氟滑板橡胶支座

4　技术要求

4.1　设计要求

支座的设计参数、设计要求及验算方法应按 JTG D62 的规定执行。

4.2　力学性能要求

支座力学性能要求见表 1。

表 1

项　　目	指　　标
极限抗压强度 R_u(MPa)	≥70
实测抗压弹性模量 E_1(MPa)	$E \pm E \times 20\%$
实测抗剪弹性模量 G_1(MPa)	$G \pm G \times 15\%$
实测老化后抗剪弹性模量 G_2(MPa)	$G + G \times 15\%$

表1(续)

项目		指标
实测转角正切值 $\tan\theta$	混凝土桥	≥1/300
	钢桥	≥1/500
实测四氟板与不锈钢板表面摩擦系数 μ_f(加硅脂时)		≤0.03

支座抗压弹性模量 E 和支座形状系数 S 应按下列公式计算:

$$E = 5.4G \cdot S^2 \tag{1}$$

矩形支座

$$S = \frac{l_{0a} \cdot l_{0b}}{2t_1(l_{0a} + l_{0b})} \tag{2}$$

圆形支座

$$S = \frac{d_0}{4t_1} \tag{3}$$

式中:E——支座抗压弹性模量,MPa;

G——支座抗剪弹性模量,MPa;

S——支座形状系数;

l_{0a}——矩形支座加劲钢板短边尺寸,mm;

l_{0b}——矩形支座加劲钢板长边尺寸,mm;

t_1——支座中间单层橡胶片厚度,mm;

d_0——圆形支座加劲钢板直径,mm。

4.3 材料要求

4.3.1 橡胶

橡胶的物理机械性能应满足表2的要求。

表2

技术指标		氯丁橡胶(适用于-25℃~60℃)	天然橡胶(适用于-40℃~60℃)
硬度(IRHD)		60±5	60±5
拉伸强度(MPa)		≥17	≥18
扯断伸长率(%)		≥400	≥450
脆性温度(℃)		≤-40	≤-50
恒定压缩永久变形(70℃×24h)(%)		≤15	≤30
耐臭氧老化(试验条件,20%伸长,40℃×96h)		100pphm 无龟裂	25pphm 无龟裂
热空气老化试验(与未老化前数值相比发生的最大变化)	试验条件(℃×h)	100×70	70×168
	拉伸强度(%)	-15	-15
	扯断伸长(%)	-40	-20
	硬度变化(IRHD)	0,+10	-5,+10
橡胶与钢板粘结剥离强度(kN/m)		>10	>10
四氟板与橡胶剥离强度(kN/m)		>7	>7
注:不得使用任何再生胶或粉碎的硫化橡胶,其最小含胶量不得低于重量的55%			

4.3.2 加劲钢板

a) 加劲钢板的强度不应低于Q235C钢板强度,其质量应满足GB/T 912的有关要求。加劲钢板的厚度不应小于2mm,与支座边缘的最小间距不应小于5mm,上下保护胶层的厚度不应小于2.5mm。不应使用拼接钢板。不允许在同一支座中使用不同厚度的钢板。

b) 钢板加工时,应除锈、去油污,钢板周边应仔细加工,去除毛刺。

4.3.3 聚四氟乙烯板材

a) 支座使用的聚四氟乙烯板材应是采用平均粒径不大于50μm的新鲜纯料模压板材,模压成型压力不应小于30MPa。不应使用车削板材,也不应使用回头料或掺加任何填料的板材。

b) 四氟滑板支座中使用的聚四氟乙烯板材的表面应光滑、平整,不应有裂纹、气泡、分层和机械损伤,其物理机械性能应满足表3的要求。

表 3

项　目	指　标
相对密度(比重)(kg/m^3)	2130 ~ 2200
拉伸强度(MPa)	≥30
断裂伸长率(%)	≥300

c) 四氟滑板支座上粘贴的聚四氟乙烯板材表面应压制润滑油储油槽,储油槽直径为8mm ± 0.5mm,深度为 $t_f/2 \pm 0.1$mm。储油槽的总平面面积应为支座总平面面积的20% ~ 30%。储油槽应采用热压成型,不能用机械方法成型,其排列应符合JT 391中图5的规定。

d) 四氟滑板支座粘贴的聚四氟乙烯板材最小厚度应符合表4的规定。

表 4

单位:mm

矩 形 支 座		圆 形 支 座	
长边范围(l_b)	厚度(t_f)	直径范围(d)	厚度(t_f)
≤500	2	≤500	2
>500	3	>500	3

4.3.4 不锈钢板

a) 四氟滑板支座中使用的不锈钢板,应采用0Cr17Ni12Mo2、0Cr19Ni13Mo3或1Cr18Ni9T不锈钢,其技术条件应符合GB/T 3280的规定。表面粗糙度 R_a 的值应小于0.8μm,表面硬度应为HV150 ~ HV200,表面平面度最大偏差不应大于0.0003l_b 或 d。沿海桥和跨海桥支座应采用0Cr17Ni12Mo2或0Cr19Ni13Mo3不锈钢板。

b) 四氟滑板支座中使用的不锈钢板的厚度应符合表5的规定。

表 5

单位:mm

矩 形 支 座		圆 形 支 座	
长边范围(l_b)	厚度(t_b)	直径范围(d)	厚度(t_b)
≤500	2	≤500	2
>500	2.5	>500	2.5

4.3.5 硅脂油

硅脂油宜采用5201-2硅脂润滑油。硅脂油应经过检验,在-40℃时不应干涸,不应有害于滑移面材料,并应具有良好的抗臭氧、防腐蚀和防水性能,不应含有机械杂质。硅脂油的技术条件应符合HG/T 2502的有关规定。

4.3.6 粘结剂

粘结剂应是不可溶的和热固性的,其质量应稳定,粘结橡胶与钢板、四氟板与橡胶的剥离强度应满足表2的要求。

4.4 尺寸偏差

4.4.1 平面尺寸偏差应符合表6的规定。

表6

单位:mm

矩形支座		圆形支座	
长边范围(l_b)	偏差	直径范围(d)	偏差
$l_b \leqslant 300$	+2,0	$d \leqslant 300$	+2,0
$300 < l_b \leqslant 500$	+4,0	$300 < d \leqslant 500$	+4,0
$l_b > 500$	+5,0	$d > 500$	+5,0

4.4.2 厚度尺寸偏差应符合表7的规定。

表7

单位:mm

矩形支座		圆形支座	
厚度范围(t)	偏差	厚度范围(t)	偏差
$t \leqslant 49$	+1,0	$t \leqslant 49$	+1,0
$49 < t \leqslant 100$	+2,0	$49 < t \leqslant 100$	+2,0
$100 < t \leqslant 150$	+3,0	$100 < t \leqslant 150$	+3,0
$t > 150$	+4,0	$t > 150$	+4,0

4.5 外观质量

每块支座外观质量不允许有表8规定的两项以上缺陷同时存在。

表8

名称	成品质量标准
气泡、杂质	气泡、杂质总面积不得超过支座平面面积的0.1%,且每一处气泡、杂质面积不能大于$50mm^2$,最大深度不超过2mm
凹凸不平	当支座平面面积小于$0.15m^2$时,不多于两处;大于$0.15m^2$时,不多于四处,且每处凹凸高度不超过0.5mm,面积不超过$6mm^2$
四侧面裂纹、钢板外露	不允许
掉块、崩裂、机械损伤	不允许
钢板与橡胶粘结处开裂或剥离	不允许
支座表面平整度	1.橡胶支座:表面不平整度不大于平面最大长度的0.4%; 2.四氟滑板支座:表面不平整度不大于四氟滑板平面最大长度的0.2%
四氟滑板表面划痕、碰伤、敲击	不允许
四氟滑板与橡胶支座粘贴错位	不得超过橡胶支座短边或直径尺寸的0.5‰

4.6 内在质量

支座解剖后应满足表9的要求。

表 9

名　　称	解剖检验标准
锯开后胶层厚度	胶层厚度应均匀，t_1 为 5mm 或 8mm 时，其偏差为 ±0.4mm；t_1 为 11mm 时，其偏差不得大于 ±0.7mm；t_1 为 15mm 时，其偏差不得大于 ±1.0mm
钢板与橡胶粘结	钢板与橡胶粘结应牢固，且无离层现象，其平面尺寸偏差为 ±1mm；上下保护层偏差为(+0.5,0)mm
剥离胶层(应按 HG/T 2198 规定制成试样)	剥离胶层后，测定的橡胶性能与表 2 的规定相比，拉伸强度的下降不应大于 15%，扯断伸长率的下降不应大于 20%

4.7 四氟滑板支座组装

4.7.1 凡工厂配套提供的四氟滑板支座，应进行整体组装。

4.7.2 凡待组装的零部件，应有工厂质检部门的合格标记。

4.7.3 组装时，四氟滑板支座表面和不锈钢板表面应用丙酮或酒精擦洗干净后，注满 5201-2 硅脂润滑油。

4.7.4 支座外露表面应平整、美观，组装的四氟滑板支座的公差应满足设计图纸要求，并用螺栓或短钢筋临时固定，钢件表面部分，应进行有效防护，同时应标明支座中心位置。

4.7.5 四氟滑板支座应设置防尘罩，构造要便于装拆。

5 试验方法

5.1 橡胶试验

5.1.1 硬度试验应按 GB/T 6031 的规定进行。

5.1.2 拉伸强度、扯断伸长率测定应按 HG/T 2198、GB/T 528 的规定进行。

5.1.3 脆性温度试验应按 GB/T 1682 的规定进行。

5.1.4 恒定压缩永久变形测定应按 GB/T 7759 的规定进行(试样采用 a 型)。

5.1.5 热空气老化试验方法应按 GB/T 3512 的规定进行。

5.1.6 耐臭氧老化试验应按 GB/T 7762 的规定进行。

5.1.7 橡胶与钢板或四氟板粘结的剥离强度的测定应按 GB/T 7760 的规定进行。

5.2 硅脂油性能试验

硅脂油性能试验应按 HG/T 2502 的规定进行。

5.3 聚四氟乙烯板材试验

聚四氟乙烯板材的相对密度、拉伸强度和断裂伸长率测定应按 GJB 3026 的规定进行。

5.4 外形尺寸

支座外形尺寸应用钢直尺量测，厚度应用游标卡尺或量规量测。对矩形支座，除应在四边上量测长短边尺寸外，还应量测平面与侧面对角线尺寸，厚度应在四边中点及对角线中心处量测；对圆形支座，其直径、厚度应至少量测四次，测点应垂直交叉，并量测圆心处厚度。外形尺寸和厚度取其实测值的平均值。

5.5 外观质量

支座外观质量，用目测方法或量具逐块进行检查，若两项缺陷均为不允许项目则不能进行修补外，其余不合格产品可进行一次修补，修补后仍不合格者不得出厂。

5.6 力学性能

支座成品力学性能试验应按照附录A的规定进行。

5.7 内在质量

支座解剖检验,应抽取一块橡胶层数大于三层的支座,将其沿垂直方向锯开,进行规定项目检验。

6 检验规则

6.1 检验分类

板式橡胶支座检验分为进厂原材料检验、出厂检验和型式检验。

6.1.1 进厂原材料检验

板式橡胶支座加工用原材料及外加工件进厂时,应进行的验收检验。

6.1.2 出厂检验

支座出厂检验为每批产品交货前应进行的检验。出厂检验应由工厂质检部门进行,确认合格后方可出厂,出厂时应附有产品质量合格证明文件,并附有支座的规格、胶种、单层橡胶和钢板厚度、钢板的平面尺寸、钢板层数、橡胶总厚度,以便使用单位验收和抽检。

6.1.3 型式检验

有下列情况之一时,应进行型式检验:

a) 新产品或老产品转厂生产的试制定型鉴定;

b) 正常生产后,胶料配方、工艺、材料有较大改变,可能影响产品性能时;

c) 产品停产一年以上,恢复生产时;

d) 重要桥梁工程或用量较大的桥梁工程用户提出要求时;

e) 国家质量监督机构要求或颁发产品生产许可证时。

6.2 检验项目及要求

6.2.1 支座用原材料的进厂检验应满足表10的要求,并附有每批进料材质证明。

表10

项　目	检 验 内 容	检 验 周 期	要　求
橡胶	物理机械性能	脆性温度、热空气老化每季度一次;耐臭氧老化每年一次;其余每批胶料	4.3.1
钢板	机械性能、外观	每批钢板	4.3.2
聚四氟乙烯板	物理机械性能、储油槽尺寸和厚度	每批原料(不大于200kg)一次	4.3.3
不锈钢板	机械性能、厚度、光洁度	每批钢板	4.3.4
硅脂油	物理性能	每批原料(不大于50kg)一次	4.3.5
粘结剂	与钢板、橡胶、四氟板粘结剥离强度	每批	4.3.6

6.2.2 支座出厂检验应满足表11的要求。

表11

项　目	检 验 内 容	检 验 周 期	要　求
外型尺寸	平面尺寸、厚度偏差	抽检25%	4.4
外观质量	外观缺陷	每块支座	4.5
内在质量	内部缺陷、偏差	每200块取一块	4.6
力学性能	抗压、抗剪弹性模量,极限抗压强度,抗剪粘结性与抗剪老化交叉检验	每批产品一种	4.2

6.2.3 支座型式检验应满足表12的要求。

表 12

序号	型式检验分类	力学性能检验项目								原材料检验项目	出厂检验项目
		抗压弹性模量	抗剪弹性模量	抗剪粘结性	抗剪老化	四氟板与不锈钢板摩擦系数	容许转角	极限抗压强度	抽检支座规格		
1	新产品试制定型鉴定	△	△	△	△	△	△	△	五种，三种规定规格	全检	全检
2	胶料配方、工艺改变	△	△	△	△	—	—	—	三种	全检	全检
3	停产一年恢复生产	△	△	△	△	—	—	—	三种规定规格	全检	全检
4	重要和用量较大工程及用户提出要求时	△	△	板式橡胶支座作此项试验	—	—	—	四氟滑板支座作此项试验	三种，用量100块以下时可抽一种	用户要求时	用户要求时
5	国家质检部门要求或颁发产品许可证	△	△	△	△	△	△	对规定规格型号 I	三种规定规格	全检	全检
每种规格支座抽检数量(各项检验通用)		三块	三对	三对	三对	三对	三对	三块		—	—
要求		满足 4.2								表 10	表 11
注:表中△表示应作项目;空白表示可不作项目。规定规格支座及试验方法见附录 A											

6.3 判定规则

6.3.1 进厂原材料检验应全部项目合格后方可使用,不合格材料不允许用于支座生产。

6.3.2 支座出厂检验时,若有一项不合格,则应从该批产品中随机再取双倍支座,对不合格项目进行复检,若仍有一项不合格,则判定该批产品不合格。

6.3.3 支座力学性能试验时,随机抽取三块(或三对)支座,若有两块(或两对)不能满足要求,则认为该批产品不合格。若有一块(或一对)支座不能满足要求时,则应从该批产品中随机再抽取双倍支座对不合格项目进行复检,若仍有一项不合格,则判定该批产品不合格。

6.3.4 型式检验时,应全部项目满足要求为合格。若使用单位抽检支座成品力学性能有两项各有一块(一对)支座不合格;颁发产品许可证时,抽检支座有三项各有一块(一对)支座不合格,则可按照 6.3.3 的规定进行复检,若仍有一项不合格,则判定该批产品为不合格。

7 标志、包装、储存、运输

7.1 标志

生产厂的商标应在模具内侧面刻出,以使每块支座留有永久性标记。

7.2 包装

支座应根据分类、规格分别包装。包装应牢固可靠,包装外面应注明产品名称、规格、制造日期。包装内应附有产品合格证。

7.3 储存

7.3.1 储存支座的库房应干燥通风，支座应堆放整齐，保持清洁，严禁与酸、碱、油类、有机溶剂等相接触，并应距热源 1m 以上且不能与地面直接接触。

7.3.2 支座储存期不宜超过一年。如储存期较长，则在使用时应进行有关检验，其力学性能应符合本标准的有关规定和要求。

7.4 运输

支座在运输中，应避免阳光直接曝晒、雨淋、雪浸，并应保持清洁，不应与影响橡胶质量的物质相接触。

8 安装和养护

8.1 支座选用

8.1.1 选用板式橡胶支座时，支座的最大承载力应与桥梁支点反力相吻合，其容许偏差范围宜为 ±10%。

8.1.2 对于弯、坡、斜、宽桥梁，宜选用圆形板式橡胶支座。公路桥梁工程不宜使用带球冠的橡胶支座或坡形的橡胶支座。

8.1.3 当桥梁纵坡坡度不大于 1%时，板式橡胶支座可直接设置于墩台上，但应考虑纵坡影响所需要的厚度。当纵坡坡度大于 1%时，应采用预埋钢板、混凝土垫块或其他措施将梁底调平，保证支座平置。板式橡胶支座应按 JTG D62 的有关规定验算并在验算满足规定要求后方可使用。

8.1.4 四氟滑板橡胶支座应水平安装。支座的四氟滑板不得设置在支座底面，与四氟滑板接触的不锈钢板也不能设置在桥梁墩、台垫石上。

8.2 安装准备

8.2.1 板式橡胶支座安装处宜设置支承垫石，支承垫石平面尺寸大小应按局部承压计算确定，垫石长度、宽度应比支座相应的尺寸增加 50mm 左右，其高度应为 100mm 以上，且应考虑便于支座的更换。

8.2.2 支座垫石内应布置钢筋网，钢筋直径为 8mm 时，间距宜为 50mm × 50mm，桥梁墩、台内应有竖向钢筋延伸至支座垫石内，支座垫石的混凝土强度等级不应低于 C30。

8.2.3 支座垫石表面应平整、清洁、干爽、无浮沙。支座垫石顶面标高要求准确无误。在平坡情况下，同一片梁两端支承垫石及同一桥墩、台上支承垫石应处于同一设计标高平面内，其相对高差不应超过 ±1.5mm，同一支承垫石高差应小于 0.5mm。

8.3 支座安装

8.3.1 支座进场后，应检查支座上是否有制造商的商标或永久性标记。安装时，应按照设计图纸要求，在支承垫石和支座上均标出支座位置中心线，以保证支座准确就位。

8.3.2 支座安装时，应防止支座出现偏压或产生过大的初始剪切变形。安装完成后，必须保证支座与上、下部结构紧密接触，不得出现脱空现象。对未形成整体的梁板结构，应避免重型车辆通过。

8.3.3 桥梁墩台的设计应考虑支座养护、更换的需要。任何情况下，不允许两个或两个以上的支座沿梁纵向中心线在同一支承点并排安装；在同一根梁(板)上，横向不宜设置多于两个支座；不同规格的支座不应并排安装。

8.3.4 支座安装后，应全面检查是否有支座漏放，支座安装方向、支座型式是否有错，临时固定设施是否拆除，四氟滑板支座是否注入硅脂油(严禁使用润滑油代替硅脂油)等现象，一经发现，应及时调整和处理，确保支座安装后的正常工作，并记录支座安装后出现的各项偏差及异常情况。

8.4 支座养护

8.4.1 板式橡胶支座应定期进行养护和维修检查，一旦发现问题，应及时进行修补或更换。

8.4.2 板式橡胶支座及四氟滑板橡胶支座应检查如下内容：

a) 支座是否出现滑移及脱空现象；

b) 支座的剪切位移是否过大(剪切角应不大于 35°);

c) 支座是否产生过大的压缩变形;

d) 支座橡胶保护层是否出现开裂、变硬等老化现象,并记录裂缝位置、开裂宽度及长度;

e) 支座各层加劲钢板之间的橡胶板外凸是否均匀和正常;

f) 对四氟滑板橡胶支座,应检查支座上面一层聚四氟乙烯滑板是否完好,有无剥离现象,支座是否滑出了支座顶面的不锈钢板。

8.4.3 支座各部应保持完整、清洁。及时清除支座周围的垃圾杂物,冬季清除积雪和冰块,保证支座正常工作。同时应经常清扫污水,排除墩、台帽积水,要防止橡胶支座接触油脂,对梁底及墩、台帽上的残存机油等应进行清洗。防止因橡胶老化、变质而失去作用。

8.4.4 梁支点承压不均匀,支座出现脱空或过大压缩变形时应进行调整。

8.4.5 板式橡胶支座发生过大剪切变形、老化、开裂等时应及时更换。

8.4.6 对四氟滑板橡胶支座,若四氟滑板与不锈钢板接触面间发现进入泥沙或硅脂油干涸时,要及时清扫,并注入新的硅脂油。

附　录　A
（规范性附录）
公路桥梁板式橡胶支座力学性能试验方法

A.1　范围

本附录规定了板式橡胶支座抗压弹性模量、抗剪弹性模量、抗剪粘结性能、抗剪老化、摩擦系数、转角、极限抗压强度的试验方法和判定规则。它适用于检测公路桥梁用板式橡胶支座的力学性能。

A.2　试验条件和试样

A.2.1　试验条件

试验室的标准温度为 23℃ ± 5℃，且不能有腐蚀性气体及影响检测的震动源。

A.2.2　试样

试样应满足以下要求：

a)　试样尺寸应取用实样。只有受试验机吨位限制时，可由抽检单位或用户与检测单位协商用特制试样代替实样。认证机构颁发许可证时抽取试样应满足表 A.1 要求；

表 A.1　　　单位：mm

型　号	l_a	l_b	d	t_1	胶片层数
I	200	300	250	8	3
II	400	450	400	11	5
III	600	700	600	15	7
注：无上述规格时，应抽取接近上述规格尺寸的支座作为试样					

b)　试样的技术性能应符合本标准的有关规定；

c)　试样的长边、短边、直径、中间层橡胶片厚度、总厚度等，均以该种试样所属规格系列中的公称值为准；

d)　摩擦系数试验使用的试样：

不锈钢板试样，应满足 4.3.4a）的要求，试样为矩形，且每一边应超出支座试样相应边长 100mm，厚度不应小于 2mm，并应焊接在一块基层钢板上。四氟滑板支座，其平面尺寸和厚度不作统一规定。

A.2.3　试样数量

每次检验抽取试样的规格和数量应符合表 12 的规定，各种试验试样通用。

A.2.4　试样抽取

试验用的试样应在仓库内随机抽取，其储存条件应满足 7.3 的要求。凡与油及其他化学药品接触过的支座不得用作试样使用。

A.2.5　试样停放

试验前应将试样直接暴露在标准温度 23℃ ± 5℃下，停放 24h，以使试样内外温度一致。

A.3　检测仪器及对检测单位和人员的要求

A.3.1　试验机宜具备下列功能：微机控制，能自动、平稳连续加载、卸载，且无冲击和颤动现象，自动持荷（试验机满负荷保持时间不少于 4h，且试验荷载的示值变动不应大于 0.5%），自动采集数据，自动绘制应力—应变图，自动储存试验原始记录及曲线图和自动打印结果的功能。试验用承载板应具有足够的刚度，其厚度应大于其平面最大尺寸的 1/2，且不能用分层垫板代替。平面尺寸必须大于被测试试样的平面尺寸，在最大荷载下不应发生挠曲。

A.3.2　进行剪切试验时，其剪切试验机构的水平油缸、负荷传感器的轴线应和中间钢拉板的对称轴相重合，确保被测试样水平轴向受力。

A.3.3 试验机的级别为Ⅰ级,示值相对误差最大允许值为±1.0%,试验机正压力使用可在最大力值的0.4%~90%范围内。水平力的使用可在最大力值的1%~90%范围内,其示值的准确度和相关的技术要求应满足JJG 175的规定。

A.3.4 测量支座试样变形量的仪表量程应满足测量支座试样变形量的需要,测量转角变形量的分度值为0.001mm,测量竖向压缩变形量和水平位移变形量的分度值为0.01mm,其示值误差和相关技术要求应按相关的检验规程进行检定。

A.3.5 检测单位应通过省级及其以上计量行政主管部门的计量认证,应具备行政主管部门颁发的专项检测资质证书。检测人员应经过技术培训和考核,并持有相应检测方法的上岗证书。

A.4 试验方法

A.4.1 抗压弹性模量试验

A.4.1.1 抗压弹性模量应按下列步骤进行试验(见图A.1):

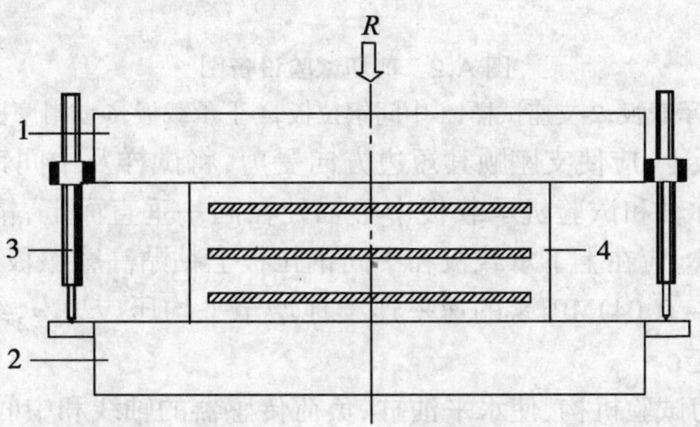

图A.1 压缩试验设备图

1-上承载板;2-下承载板;3-位移传感器;4-支座试样

a) 将试样置于试验机的承载板上,上下承载板与支座接触面不得有油渍;对准中心,精度应小于1%的试件短边尺寸或直径。缓缓加载至压应力为1.0MPa且稳压后,核对承载板四角对称安置的四只位移传感器,确认无误后,开始预压;

b) 预压。将压应力以(0.03~0.04)MPa/s速率连续地增至平均压应力σ=10MPa,持荷2min,然后以连续均匀的速度将压应力卸至1.0MPa,持荷5min,记录初始值,绘制应力—应变图,预压三次;

c) 正式加载。每一加载循环自1.0MPa开始,将压应力以(0.03~0.04)MPa/s速率均匀加载至4MPa,持荷2min后,采集支座变形值,然后以同样速率每2MPa为一级逐级加载,每级持荷2min后,采集支座变形数据直至平均压应力σ为止,绘制的应力—应变图应呈线性关系。然后以连续均匀的速度卸载至压应力为1.0MPa。10min后进行下一加载循环。加载过程应连续进行三次;

d) 以承载板四角所测得的变化值的平均值,作为各级荷载下试样的累计竖向压缩变形$\triangle_c$,按试样橡胶层的总厚度t_e求出在各级试验荷载作用下,试样的累计压缩应变$\varepsilon_i = \Delta_{ci}/t_e$。

A.4.1.2 试样实测抗压弹性模量应按下列公式计算:

$$E_1 = \frac{\sigma_{10} - \sigma_4}{\varepsilon_{10} - \varepsilon_4} \tag{A.1}$$

式中:E_1——试样实测的抗压弹性模量计算值,精确至1MPa;

σ_4、ε_4——第4MPa级试验荷载下的压应力和累积压缩应变值;

σ_{10}、ε_{10}——第10MPa级试验荷载下的压应力和累积压缩应变值。

A.4.1.3 结果

每一块试样的抗压弹性模量E_1为三次加载过程所得的三个实测结果的算术平均值。但单项结果和算术平均值之间的偏差不应大于算术平均值的3%,否则应对该试样重新复核试验一次,如果仍超过3%,应由试验机生产厂专业人员对试验机进行检修和检定,合格后再重新进行试验。

A.4.2 抗剪弹性模量试验

A.4.2.1 抗剪弹性模量应按下列步骤进行试验(见图 A.2):

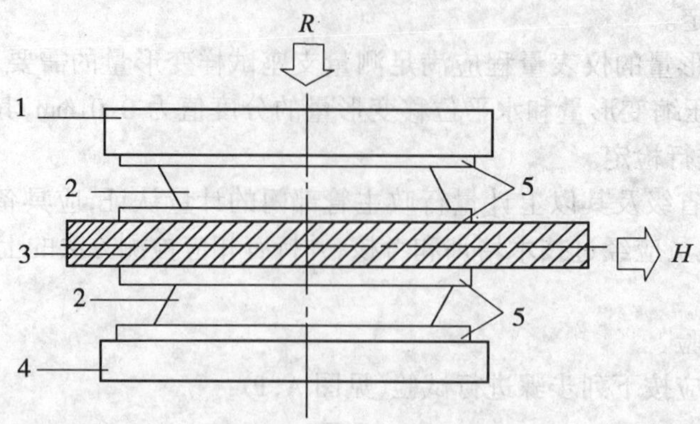

图 A.2 剪切试验设备图

1-上承载板;2-支座试样;3-中间钢拉板;4-下承载板;5-防滑摩擦板

a) 在试验机的承载板上,应使支座顺其短边方向受剪,将试样及中间钢拉板按双剪组合配置好,使试样和中间钢拉板的对称轴和试验机承载板中心轴处在同一垂直面上,精度应小于 1%的试件短边尺寸。为防止出现打滑现象,应在上下承载板和中间钢拉板上粘贴高摩擦板,以确保试验的准确性;

b) 将压应力以(0.03~0.04)MPa/s 的速率连续地增至平均压应力 σ,绘制应力—时间图,并在整个抗剪试验过程中保持不变;

c) 调整试验机的剪切试验机构,使水平油缸、负荷传感器的轴线和中间钢拉板的对称轴重合;

d) 预加水平力。以(0.002~0.003)MPa/s 的速率连续施加水平剪应力至剪应力 $\tau=1.0$MPa,持荷 5min,然后以连续均匀的速度卸载至剪应力为 0.1MPa,持荷 5min,记录初始值,绘制应力—应变图。预载三次;

e) 正式加载。每一加载循环自 $\tau_1=0.1$MPa 开始,每级剪应力增加 0.1MPa,持荷 1min,采集支座变形数据,至 $\tau=1.0$MPa 为止,绘制的应力—应变图应呈线性关系。然后以连续均匀的速度卸载至剪应力为 0.1MPa。10min 后进行下一循环试验。加载过程应连续进行三次;

f) 将各级水平荷载下位移传感器所测得的试样累计水平剪切变形 Δ_s,按试样橡胶层的总厚度 t_e 求出在各级试验荷载作用下,试样的累积剪切应变 $\gamma_i=\Delta_s/t_e$。

A.4.2.2 试样的实测抗剪弹性模量应按下列公式计算:

$$G_1=\frac{\tau_{1.0}-\tau_{0.3}}{\gamma_{1.0}-\gamma_{0.3}} \tag{A.2}$$

式中:G_1——试样的实测抗剪弹性模量计算值,精确至 1%,MPa;

$\tau_{1.0}$、$\gamma_{1.0}$——第 1.0MPa 级试验荷载下的剪应力和累计剪切应变值,MPa;

$\tau_{0.3}$、$\gamma_{0.3}$——第 0.3MPa 级试验荷载下的剪应力和累计剪切应变值,MPa。

A.4.2.3 结果

每对检验支座所组成试样的综合抗剪弹性模量 G_1,为该对试件三次加载所得到的三个结果的算术平均值。但各单项结果与算术平均值之间的偏差应不大于算术平均值的3%,否则应对该试样重新复核试验一次,如果仍超过 3%,应请试验机生产厂专业人员对试验机进行检修和检定,合格后再重新进行试验。

A.4.3 抗剪粘结性能试验

整体支座抗剪粘结性能试验方法与抗剪弹性模量试验方法相同,将压应力以(0.03~0.04)MPa/s 速率连续地增至平均压应力 σ,绘制应力—时间图,并在整个试验过程中保持不变。然后以(0.002~0.003)MPa/s的速率连续施加水平力,当剪应力达到 2MPa,持荷 5min 后,水平力以连续均匀的速度连续卸载,在加、卸载过程中绘制应力—应变图。试验中随时观察试件受力状态及变化情况,水平力卸载后试样是否完好无损。

A.4.4　抗剪老化试验

将试样置于老化箱内,在 70℃ ± 2℃温度下经 72h 后取出,将试样在标准温度 23℃ ± 5℃下,停放 48h,再在标准试验室温度下进行剪切试验,试验与标准抗剪弹性模量试验方法步骤相同。老化后抗剪弹性模量 G_2 的计算方法与标准抗剪弹性模量计算方法相同。

A.4.5　摩擦系数试验

A.4.5.1　摩擦系数应按下列步骤进行试验(见图 A.3):

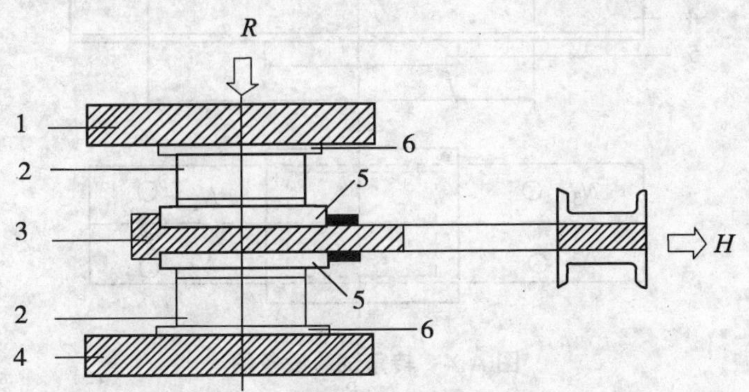

图 A.3　摩擦系数试验设备图

1-试验机上承载板;2-四氟滑板支座试样;3-中间钢拉板;4-试验机下承载板;5-不锈钢板试样;6-防滑摩擦板

a)　将四氟滑板支座与不锈钢板试样按规定摆放,对准试验机承载板中心位置,精度应小于 1% 的试件短边尺寸。试验时应将四氟滑板试样的储油槽内注满 5201-2 硅脂油;

b)　将压应力以(0.03～0.04)MPa/s 的速率连续地增至平均压应力 σ,绘制应力—时间图,并在整个摩擦系数试验过程中保持不变。其预压时间为 1h;

c)　以(0.002～0.003)MPa/s 的速率连续地施加水平力,直至不锈钢板与四氟滑板试样接触面间发生滑动为止,记录此时的水平剪应力作为初始值。试验过程应连续进行三次。

A.4.5.2　摩擦系数应按下列公式计算:

$$\mu_f = \frac{\tau}{\sigma} \tag{A.3}$$

$$\tau = \frac{H}{A_0} \tag{A.4}$$

$$\sigma = \frac{R}{A_0} \tag{A.5}$$

式中: μ_f——四氟滑板与不锈钢板表面的摩擦系数,精确至 0.01;

τ——接触面发生滑动时的平均剪应力,MPa;

σ——支座的平均压应力,MPa;

H——支座承受的最大水平力,kN;

R——支座最大承压力,kN;

A_0——支座有效承压面积,mm^2。

A.4.5.3　结果

每对试样的摩擦系数为三次试验结果的算术平均值。

A.4.6　转角试验

A.4.6.1　试验原理

施加压应力至平均压应力 σ,则试样产生垂直压缩变形;用千斤顶对中间工字梁施加一个向上的力 P,工字梁产生转动,上下试样边缘产生压缩及回弹两个相反变形。由转动产生的支座边缘的变形必须小于由垂直荷载和强制转动共同影响下产生的压缩变形(见图 A.4 和图 A.5)。

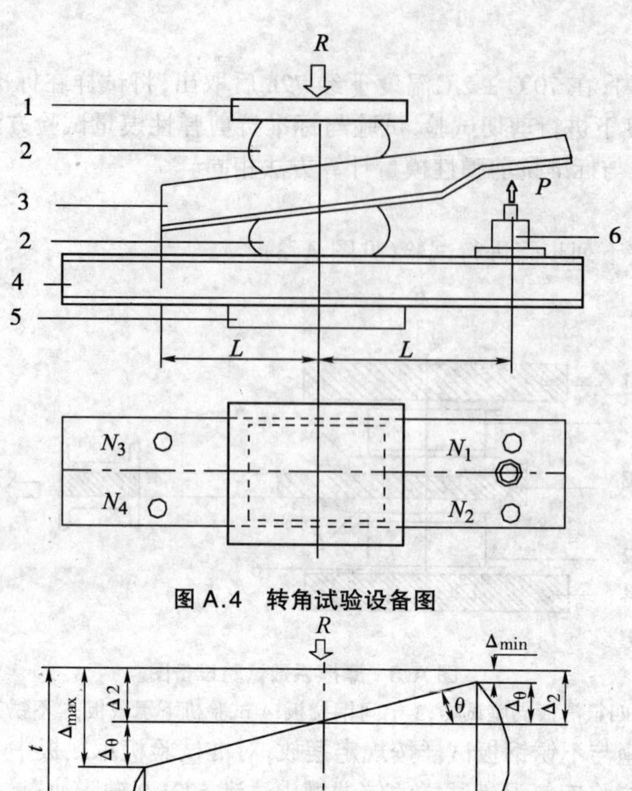

图 A.4 转角试验设备图

图 A.5 转角计算图

1-试验机上承载板;2-试样;3-中间工字梁(假想梁体);4-承载梁(板);5-试验机下承载板;6-千斤顶

A.4.6.2 试验步骤

转角试验应按下列步骤进行:

a) 将试样按图 A.4 规定摆放,对准中心位置,精度应小于 1% 的试件短边尺寸。在距试样中心 L 处,安装使梁产生转动用的千斤顶和测力计,并在承载梁(或板)四角对称安置四只高精度位移传感器(精度 0.001mm);

b) 预压。将压应力以(0.03~0.04)MPa/s 的速率连续地增至平均压应力 σ,绘制应力—时间图,维持 5min,然后以连续均匀的速度卸载至压应力为 1.0MPa,如此反复三遍。检查传感器是否灵敏准确;

c) 加载。将压应力按照抗压弹性模量试验要求增至 σ,采集支座变形数据,绘制应力—应变图,并在整个试验过程中维持 σ 不变。用千斤顶对中间工字梁施加一个向上的力 P,使其达到预期转角的正切值(偏差不大于 5%),停 5min 后,记录千斤顶力 P 及传感器的数值。

A.4.6.3 计算

a) 实测转角的正切值应按下列公式计算:

$$\tan\theta = \frac{\Delta_1^2 + \Delta_3^4}{2L} \tag{A.6}$$

式中:$\tan\theta$——试样实测转角的正切值;

Δ_1^2——传感器 N_1、N_2 处的变形平均值,mm;

Δ_3^4——传感器 N_3、N_4 处的变形平均值,mm;

L——转动力臂。

b) 各种转角下,由于垂直承压力和转动共同影响产生的压缩变形值应按下式计算:

$$\Delta_2 = \Delta_c - \Delta_1 \tag{A.7}$$

$$\Delta_1 = (\Delta_1^2 - \Delta_3^4)/2 \tag{A.8}$$

式中:Δ_c——支座最大承压力 R 时试样累积压缩变形值,mm;

Δ_1——转动试验时,试样中心平均回弹变形值,mm;

Δ_2——垂直承压力和转动共同影响下试样中心处产生的压缩变形值,mm。

c) 各种转角下,试样边缘换算变形值应按下式计算:

$$\Delta_\theta = \tan\theta \cdot l_a/2 \tag{A.9}$$

式中:Δ_θ——实测转角产生的变形值,mm;

l_a——矩形支座试样的短边尺寸,mm;圆形支座采用直径 d,mm。

d) 各种转角下,支座边缘最大、最小变形值应按下列公式计算:

$$\Delta_{max} = \Delta_2 + \Delta_\theta \tag{A.10}$$

$$\Delta_{min} = \Delta_2 - \Delta_\theta \tag{A.11}$$

A.4.7 极限抗压强度试验

极限抗压强度试验应按下列步骤进行:

a) 将试样放置在试验机的承载板上,上下承载板与支座接触面不得有油污,对准中心位置,精度应小于1%的试件短边尺寸;

b) 以0.1MPa/s的速率连续地加载至试样极限抗压强度 R_u 不小于70MPa为止,绘制应力—时间图,并随时观察试样受力状态及变化情况,试样是否完好无损。

A.5 试验记录

A.5.1 抗压弹性模量试验记录见表A.2。

表A.2 抗压弹性模量试验记录表

试样		试样编号											
		规格尺寸 $l_a \times l_b \times t(d \times t)$ (mm)											
		橡胶层总厚度 t_e(mm)											
		形状系数 S											
实测次数	传感器编号	压应力(MPa)							实测 E_1 值(MPa)	E_1 三次平均值(MPa)	E_1 与平均值偏差(%)	标准容许值 E(MPa)	与标准偏差值(%)
		0.01	1.0	4.0	6.0	8.0	10.0						
1	N_1												
	N_2												
	N_3												
	N_4												
	Δ_c												
	ε_i												
2	N_1												
	N_2												
	N_3												
	N_4												
	Δ_c												
	ε_i												
3	N_1												
	N_2												
	N_3												
	N_4												
	Δ_c												
	ε_i												
算术平均值 Δ_c(mm)													

试 验 者: 计 算 者: 委托单位: 试验温度:

校 对 者: 审 核 者: 生产厂家: 备注:

试验单位: 试验日期: 检验单位:

A.5.2 抗剪弹性模量、抗剪粘结性能、抗剪老化试验记录见表 A.3。

表 A.3 抗剪弹性模量、抗剪粘结性能、抗剪老化试验记录表

试样		试样编号										
		规格尺寸 $l_a \times l_b \times t(d \times t)$ (mm)										
		橡胶层总厚度 t_e (mm)										
		试样工作状态										
实测次数	传感器编号	剪应力(MPa)							实测 G_1 值 (MPa)	G_1 平均值 (MPa)	G_1 与平均值偏差 (%)	标准容许值 $G=1$ (MPa)	与标准偏差值 (%)
		0.0001	0.1	0.2	…	1.0	2.0	τ_{max}					
1	N_1												
	N_2												
	Δ_s												
	γ_i												
2	N_1												
	N_2												
	Δ_s												
	γ_i												
3	N_1												
	N_2												
	Δ_s												
	γ_i												

试 验 者: 计 算 者: 委托单位: 试验温度:

校 对 者: 审 核 者: 生产厂家: 备注:

试验单位: 试验日期: 检验单位:

A.5.3 极限抗压强度试验记录见表 A.4。

表 A.4 极限抗压强度试验记录表

试样编号	规格尺寸 $l_a \times l_b$ (mm)	形状系数 S	中间层橡胶片厚度 t_1 (mm)	单层钢板厚度 t_0 (mm)	平均压应力 σ (MPa)	极限抗压强度 $R_u \geqslant 70$ (MPa)	试样工作状态

试 验 者: 计 算 者: 委托单位: 试验温度:

校 对 者: 审 核 者: 生产厂家: 备注:

试验单位: 试验日期: 检验单位:

A.5.4 摩擦系数试验记录见表 A.5。

表 A.5 摩擦系数试验记录表

接触面	试件编号	测定次数		压应力 σ (MPa)	剪应力 τ (MPa)	摩擦系数 μ_f
四氟板与不锈钢板(加硅脂油)	1	初始值				
		稳定值	1			
			2			
			3			
			平均值			
	2	初始值				
		稳定值	1			
			2			
			3			
			平均值			
	3	初始值				
		稳定值	1			
			2			
			3			
			平均值			

试 验 者:　　计 算 者:　　委托单位:　　试验温度:
校 对 者:　　审 核 者:　　生产厂家:　　备注:
试验单位:　　试验日期:　　检验单位:

A.5.5 转角试验记录见表 A.6。

表 A.6 转角试验记录表

试　　样		试样编号							
		规格尺寸 $l_a \times l_b \times t(d \times t)$ (mm)							
		承载力 R (kN)							
预期转角 $\tan\theta$			1/600	1/500	1/400	1/300	1/200	1/100	0
千斤顶加载 P (kN)									
转动力臂 L 时压缩变形值测定	传感器编号	N_1							
		N_2							
	N_1、N_2 平均值 Δ_1^2 (mm)								
	传感器编号	N_3							
		N_4							
	N_3、N_4 平均值 Δ_3^4 (mm)								
Δ_c (mm)									

表 A.6(续)

试样	试样编号						
	规格尺寸 $l_a \times l_b \times t(d \times t)$ (mm)						
	承载力 R (kN)						
实测转角 $\tan\theta$							
$\Delta_1=(\Delta_1^2-\Delta_3^4)/2$ (mm)							
$\Delta_2=\Delta_c-\Delta_1$ (mm)							
$\Delta_\theta=\tan\theta \cdot l_a/2$ (mm)							
$\Delta_{max}=\Delta_2+\Delta_\theta$ (mm)							
$\Delta_{min}=\Delta_2-\Delta_\theta$ (mm)							
$\Delta_{min} \geq 0$ 不脱空 $\Delta_{min} < 0$ 脱空							

试 验 者： 计 算 者： 委托单位： 试验温度：
校 对 者： 审 核 者： 生产厂家： 备注：
试验单位： 试验日期： 检验单位：

A.6 试验结果

A.6.1 试样的抗压弹性模量 E_1 与标准的 E 值的偏差在 ±20%范围之内时，应认为满足要求。

A.6.2 试样的抗剪弹性模量 G_1 与规定 G 值的偏差在 ±15%范围之内时，应认为满足要求。

A.6.3 在两倍剪应力作用下，橡胶层未被剪坏，中间层钢板未断裂错位，卸载后，支座变形恢复正常，应认为试样抗剪粘结性能满足要求。

A.6.4 试样老化后的抗剪弹性模量 G_2 与规定 G 值的偏差在 +15%范围之内时，应认为满足要求。

A.6.5 在不小于 70MPa 压应力时，橡胶层未被挤坏，中间层钢板未断裂，四氟滑板与橡胶未发生剥离，应认为试样的极限抗压强度满足要求。

A.6.6 四氟滑板试样与不锈钢板试样的摩擦系数满足表 1 时，应认为满足要求。

A.6.7 试样的转角正切值，混凝土、钢筋混凝土桥梁在 1/300、钢桥在 1/500 时，试样边缘最小变形值大于或等于零时，应认为试样转角满足要求。

A.7 仲裁

A.7.1 两个试验室的测试结果不同有争议时，则应以试验室温度为 23℃ ± 5℃的试验结果为准。两台压力试验机测试结果不同有争议时，应以试验设备满足 A.3.1 ~ A.3.4 要求的试验机的试验结果为准。两台试验机的功能相同时，可请国家批准的第三方质量监督机构仲裁。

A.7.2 质量监督机构或用户提出检测时，若委托检测单位试验设备达不到 A.3.1 ~ A.3.4 要求时，而生产厂具备该检测设备，并经国家认可的计量单位检定合格的，则检测机构可派有相应检测方法上岗证书的检测人员到该生产厂监督检测。

A.7.3 检测单位应将检测结果连同检测原始数据一同提供被检测单位，以便发生争议时，作为判定的依据。检测单位与生产厂应将检测结果存档，便于追踪。

ICS 93.040
P 28
备案号

中华人民共和国交通行业标准

JT/T 327—2004
代替 JT/T 327—1997

公路桥梁伸缩装置

Highway bridge expansion and contraction installation

2004-03-17 发布　　2004-06-01 实施

中华人民共和国交通部 发布

公路桥梁伸缩装置

1 范围

本标准规定了公路桥梁伸缩装置的分类、技术要求、试验方法、检验规则、标志、包装、储存、运输的要求及安装注意事项。

本标准适用于伸缩量为20mm～2000mm的公路桥梁工程使用的伸缩装置。

2 规范性引用文件

下列文件中的条款通过本标准的引用而成为本标准的条款。凡是注日期的引用文件，其随后所有的修改单(不包括勘误的内容)或修订版均不适用于本标准，然而，鼓励根据本标准达成协议的各方研究是否可使用这些文件的最新版本。凡是不注日期的引用文件，其最新版本适用于本标准。

GB/T 528　硫化橡胶或热塑性橡胶拉伸应力应变性能的测定(eqv ISO 37)
GB/T 699　优质碳素结构钢
GB/T 700　碳素结构钢
GB/T 702　热轧圆钢和方钢尺寸、外形、重量及允许偏差
GB/T 912　碳素结构钢和低合金结构钢热轧薄钢板及钢带
GB/T 985　气焊、手工电弧焊及气体保护焊焊缝坡口的基本形式与尺寸
GB/T 1184　形状和位置公差未注公差值(eqv ISO 2768-2)
GB/T 1499　钢筋混凝土用热轧带肋钢筋(neq ISO 6953-2)
GB/T 1591　低合金高强度结构钢(neq ISO 4950)
GB/T 1685　硫化橡胶在常温和高温下压缩松弛的测定
GB/T 1690　硫化橡胶耐液体试验方法(neq ISO 1817)
GB/T 1804　一般公差　未注公差的线性和角度尺寸的公差(eqv ISO 2768-1)
GB/T 3274　碳素结构钢和低合金结构钢热轧厚钢板和钢带
GB/T 3323　钢熔化焊对接接头射线照相和质量分级
GB/T 4172　焊接结构用耐候钢
GB/T 6343　泡沫塑料和橡胶表观(体积)密度的测定(neq ISO 845)
GB/T 7759　硫化橡胶或热塑性橡胶在常温、高温和低温下压缩永久变形的测定(eqv ISO 815)
GB/T 11345　钢焊缝手工超声波探伤方法和探伤结果分级
GB 13013　钢筋混凝土用热轧光圆钢筋
JB/T 5943　工程机械焊接件通用技术条件
JT/T 4　公路桥梁板式橡胶支座
JTG D60　公路桥涵设计通用规范
JTJ 071　公路工程质量检验评定标准
JTJ 025　公路桥涵钢结构及木结构设计规范

3 术语和定义

下列术语和定义适用于本标准。

3.1 伸缩缝 Expansion and contraction joint

为适应材料胀缩变形需要而在桥梁上部结构中设置的间隙。

3.2 伸缩装置 Composite expansion and contraction installation

为使车辆平稳通过桥面并满足桥梁上部结构变形的需要，在桥梁伸缩缝处设置的由橡胶和钢材等构件组成的各种装置的总称。

3.3 伸缩量 Expansion and contraction quantity

伸缩装置拉伸、压缩的总和。并以负号(－)表示拉伸，以正号(＋)表示压缩。

3.4 伸缩体 Expansion and contraction body

伸缩装置中能够完成拉伸、压缩变形的部分。

3.5 横向错位 Transverse stagger

伸缩装置发生的与桥梁中线垂直或接近垂直方向的水平错位。

3.6 竖向错位 Vertical stagger

伸缩装置发生的与桥面垂直或接近垂直方向的错位。

3.7 纵向错位 Congitudinal stagger

伸缩装置发生的沿桥梁中线或接近中线方向的水平错位。

4 产品分类及代号

4.1 产品分类

伸缩装置按照伸缩体结构的不同分为四类。

4.1.1 模数式伸缩装置

伸缩体由中梁钢和80mm的单元橡胶密封带组合而成的伸缩装置，适用于伸缩量为160mm～2000mm的公路桥梁工程。

4.1.2 梳齿板式伸缩装置

伸缩体由钢制梳齿板组合而成的伸缩装置，一般适用于伸缩量不大于300mm的公路桥梁工程。

4.1.3 橡胶式伸缩装置

橡胶式伸缩装置分板式橡胶伸缩装置和组合式橡胶伸缩装置两种：

a) 伸缩体由橡胶、钢板或角钢硫化为一体的板式橡胶伸缩装置，适用于伸缩量小于60mm的公路桥梁工程；

b) 伸缩体由橡胶板和钢托板组合而成的组合式伸缩装置，适用于伸缩量不大于120mm的公路桥梁工程。

橡胶式伸缩装置不宜用于高速公路、一级公路上的桥梁工程。

4.1.4 异型钢单缝式伸缩装置

伸缩体完全由橡胶密封带组成的伸缩装置。由单缝钢和橡胶密封带组成的单缝式伸缩装置，适用于伸缩量不大于60mm的公路桥梁工程。由边梁钢和橡胶密封带组成的单缝式伸缩装置，适用于伸缩量不大于80mm的公路桥梁工程。

4.2 产品代号

产品代号表示方法如下(图1)：

示例1：产品名称代号为GQF-C型，伸缩量为50mm的三元乙丙橡胶伸缩装置表示为：GQF-C50(EPDM)。

示例2：产品名称代号为GQF-MZL型，伸缩量为400mm的天然橡胶伸缩装置表示为：GQF-MZL400(NR)。

示例3：产品名称代号为J-75型，伸缩量为480mm的氯丁橡胶伸缩装置表示为：J-57 480(CR)。

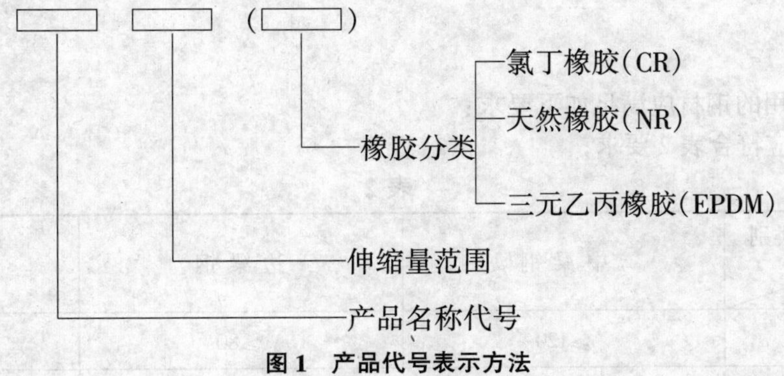

图1　产品代号表示方法

5　技术要求

5.1　设计要求

伸缩装置的结构设计,应按照 JTG D60 和 JTJ 025 的规定和要求进行计算和验算,确保结构各部件安全、可靠、耐久。结构设计应方便排水,易于更换,便于施工。

5.2　整体性能要求

伸缩装置整体性能要求见表1。

表1

<table>
<tr><th rowspan="2">序号</th><th rowspan="2" colspan="2">项　　目</th><th rowspan="2" colspan="2">模　数　式</th><th rowspan="2" colspan="2">梳齿板式</th><th colspan="2">橡胶式</th><th rowspan="2">异型钢单缝式</th></tr>
<tr><th>板式</th><th>组合式</th></tr>
<tr><td>1</td><td colspan="2">拉伸、压缩时最大水平摩阻力(kN/m)</td><td colspan="2">≤4</td><td colspan="2">≤5</td><td><18</td><td>≤8</td><td></td></tr>
<tr><td rowspan="4">2</td><td rowspan="4">拉伸、压缩时变位均匀性(mm)</td><td>每单元最大偏差值</td><td colspan="2">−2~2</td><td colspan="2"></td><td rowspan="4"></td><td rowspan="4"></td><td rowspan="4"></td></tr>
<tr><td rowspan="3">总变位最大偏差值</td><td>e≤480</td><td>−5~5</td><td>e≤80</td><td>±1.5</td></tr>
<tr><td>480<e≤800</td><td>−10~10</td><td>e>80</td><td>±2.0</td></tr>
<tr><td>e>800</td><td>−15~15</td><td></td><td></td></tr>
<tr><td>3</td><td colspan="2">拉伸、压缩时最大竖向偏差或变形(mm)</td><td colspan="2">1~2</td><td colspan="2">0.3~0.5</td><td>−3~3</td><td>−2~2</td><td></td></tr>
<tr><td rowspan="3">4</td><td rowspan="3">相对错位后拉伸、压缩试验(满足1、2项要求前提下)</td><td>纵向错位</td><td colspan="2">支承横梁倾斜角度不小于2.5°</td><td colspan="2" rowspan="3"></td><td rowspan="3"></td><td rowspan="3"></td><td rowspan="3"></td></tr>
<tr><td>竖向错位</td><td colspan="2">相当顺桥向产生5%坡度</td></tr>
<tr><td>横向错位</td><td colspan="2">两支承横梁3.6m范围内两端相差80mm</td></tr>
<tr><td>5</td><td colspan="2">最大荷载时中梁应力、横梁应力、应变测定、水平力(模拟制动力)</td><td colspan="2">满足设计要求</td><td colspan="2"></td><td></td><td></td><td></td></tr>
<tr><td>6</td><td colspan="2">防水性能</td><td colspan="2">注满水24h无渗漏</td><td colspan="2"></td><td></td><td></td><td>注满水24h无渗漏</td></tr>
</table>

5.3 材料要求

5.3.1 钢材

伸缩装置中使用的钢材应满足如下要求：

a) 异型钢材应符合表2要求；

表2

单位：mm

断面部位＼钢梁类别	中梁钢	边梁钢	单缝钢
H	≥120	≥80	≥50
B	≥16	≥15	≥11
t_1	≥10	≥10	≥10
t_2	≥15	≥12	≥10
B_1	≥80	≥40	≥40
B_2	≥80	≥70	≥50
质量(kg/m)	≥36	≥19	≥12
图例	B_1, t_1, H, B, t_2, B_2	B_1, t_1, H, B, t_2, B_2	B_1, t_1, H, B, t_2, B_2

b) 钢材的性能要求应符合 GB/T 699、GB/T 700、GB/T 1591 的规定，对异型钢材强度，当温度在 -25℃～60℃时，应不低于 Q345C 钢材强度；当温度在 -40℃～60℃时，应不低于 Q345D 钢材强度，同时应采用冷纠直次数不超过两次的产品；其余钢材强度，当温度在 -25℃～60℃时，应不低于 Q235C 钢材强度；当温度在 -40℃～60℃时，应不低于 Q235D 钢材强度；

c) 异型钢材沿长度方向的直线度公差应满足 1.0mm/m，全长直线度公差应满足 5mm/10m，扭曲度不大于 1/1000；

d) 异型钢材的技术要求、试验方法、检验规则、包装、标志及质量证明应符合 GB/T 1591 的规定；

e) 不允许使用焊接成型异型钢材。生产整体热轧成型或整体热轧机加工成型异型钢材的工厂应确保异型钢材的整体质量无内部缺陷后方可出厂。异型钢应按实际质量或公称质量交货，其实际质量与公称质量允许偏差为 ±5%。出厂时应提供该批钢材化学成分分析报告和力学性能检验报告；

f) 异型钢材的外形、外观、孔口部位尺寸应满足设计图纸要求；

g) 伸缩装置中使用的钢板、圆钢、方钢、角钢等应符合 GB/T 702、GB/T 912、GB/T 3274 的规定；

h) 伸缩装置中使用的不锈钢板应符合 JT/T 4 的有关规定；

i) 沿海桥和跨海桥的伸缩装置使用的异型钢材，应采用 Q355NHD 级钢，其余型式伸缩装置使用的钢材应采用 Q235NHD 级钢，其力学性能和质量要求应符合 GB/T 4172 的规定。

5.3.2 橡胶

橡胶的物理机械性能应满足如下要求：

a) 橡胶式伸缩装置、模数式伸缩装置中使用的密封带的橡胶的物理机械性能应满足表3的要求。不允许使用再生胶或粉碎的硫化橡胶。

表3

项目		氯丁橡胶（适用于－25℃～60℃地区）		天然橡胶（适用于－40℃～60℃地区）		三元乙丙橡胶（适用于－40℃～60℃地区）	
		密封橡胶带	橡胶伸缩装置	密封橡胶带	橡胶伸缩装置	密封橡胶带	橡胶伸缩装置
硬度　IRHD		55±5	60±5	55±5	60±5	55±5	60±5
拉伸强度(MPa)		≥15		≥16		≥14	
扯断伸长率(%)		≥400		≥400		≥350	
脆性温度(℃)		≤－40		≤－50		≤－60	
恒定压缩永久变形(室温×24h)		≤20		≤20		≤20	
耐臭氧老化(25～50pphm)20%伸长(40℃×96h)		无龟裂		无龟裂		无龟裂	
热空气老化试验(与未老化前数值相比发生最大变化)	试验条件(℃×h)	70℃×96h		70℃×96h		70℃×96h	
	拉伸强度(%)	±15		±15		±10	
	扯断伸长率(%)	±25		±25		±20	
	硬度变化　IRHD	0～＋10		－5～＋10		0～10	
橡胶与钢板粘结剥离强度(kN/m)		＞7		＞7		＞7	
耐盐水性(23℃×14d,浓度4%)	体积变化(%)	≤＋10		≤＋10		≤＋10	
	硬度变化 IRHD	≤＋10		≤＋10		≤＋10	
耐油污性(一号标准油,23℃×168h)	体积变化(%)	－5～＋10		＜＋45		＜＋45	
	硬度变化 IRHD	－10～＋5		＜－25		＜－25	

b) 模数式伸缩装置使用的橡胶压紧支座、承压支座的橡胶的物理机械性能应满足表4的要求。

表4

项目		压紧支座	承压支座
硬度 IRHD		70±2	62±2
拉伸强度(MPa)	天然胶	≥18.5	≥18.5
	氯丁胶	≥17.5	≥17.5
扯断伸长率(%)	天然胶	≥350	≥500
	氯丁胶	≥300	≥450

注：氯丁胶、天然胶的其他性能应满足JT/T 4要求。

c) 模数式伸缩装置中使用的聚氨酯位移控制弹簧，其技术性能应满足表5的要求。

表 5

项　　目		计 量 单 位	指　　标
密度		kg/m^3	550 ± 10
拉伸强度		MPa	≥4
扯断伸长率		%	≥350
恒定压缩变形（任选一项）	70℃ × 72h	%	≤6.5
	150℃ × 24h	%	≤8
抗撕裂强度		kN/m	≥120
60%压缩模量		MPa	4.0 ± 0.2
疲劳试验 200 万次	频率≤3	Hz	无裂纹
	压应力 = 7	MPa	

5.3.3　其他材料

伸缩装置中使用的粘结剂、聚四氟乙烯板材、硅脂等材料应符合 JT/T 4 的规定。

5.4　尺寸偏差要求

5.4.1　橡胶伸缩装置的尺寸偏差

橡胶伸缩装置的尺寸偏差应满足表 6 的要求。

表 6

单位：mm

长度范围	偏　　差	宽度范围	偏　　差	厚度范围	偏　　差	螺孔中距 l_1 偏差
$l = 1000$	−1，+2	$a \leq 80$	−2.0，+1.0	$t \leq 80$	−1.0，+1.8	<1.5
		$80 < a \leq 240$	−1.5，+2.0	$t > 80$	−1.5，+2.3	
		$a > 240$	−2.0，+2.0	—	—	
注：宽度范围正偏差用于伸缩体顶面，负偏差用于伸缩体底面						

5.4.2　密封橡胶带的尺寸偏差

在自然状态下，伸缩装置中使用的单元密封橡胶带尺寸（不包括锚固部分）的公差应满足表 7 的要求。

表 7

单位：mm

图　　示	宽度范围	偏　　差	厚度范围	偏　　差
a　b　b_1	$a = 80$	+3 0	$b \geq 7$	0，+1.0
			$b_1 \geq 4$	0，+0.3
	$a < 80$	+2 0	$b \geq 6$	0，+0.5
			$b_1 \geq 3$	0，+0.2

5.4.3　其他偏差要求

伸缩装置中使用的钢构件应按设计图纸要求加工制造，其偏差应满足设计要求。未注公差尺寸的加工件其极限偏差应符合 GB/T 1804 的 V 级规定；未注形状和位置的公差应符合 GB/T 1184 中的 L 级规定。

5.5　外观质量

5.5.1　橡胶伸缩装置、密封橡胶带的外观质量应满足表 8 的要求。

表 8

缺 陷 名 称	质 量 标 准
骨架钢板外露	不允许
钢板与粘结处开裂或剥离	不允许
喷霜、发脆、裂纹	不允许
明疤缺胶	面积不超过 30mm×5mm,深度不超过 2mm 缺陷,每延米不超过 4 处
气泡、杂质	不超过成品表面面积的 0.5%,且每处不大于 $25mm^2$,深度不超过 2mm
螺栓定位孔歪斜及开裂	不允许
连接榫槽开裂、闭合不准	不允许

5.5.2 伸缩装置的异型钢、型钢、钢板等外观应光洁、平整,表面不得有大于 0.3mm 的凹坑、麻点、裂纹、结疤、气泡和夹杂、不得有机械损伤。上下表面应平行,端面应平整,长度大于 0.5mm 的毛刺应清除。

5.6 内在质量

板式橡胶伸缩装置解剖后,其内在质量应满足表 9 的要求。

表 9

名 称	质 量 要 求
锯开后钢板、角钢位置	钢板、角钢位置要求准确,其平面位置偏差为 ±3mm,高度位置偏差应在 -1~2mm 之间
钢板与橡胶粘结	钢板与橡胶粘结应牢固且无离层现象

5.7 组装要求

5.7.1 组合式橡胶伸缩装置、梳齿板式伸缩装置应在工厂进行试组装,模数式伸缩装置应在工厂进行组装。

5.7.2 组装前应对异型钢逐根进行检查,其基本断面尺寸应满足表 2 的要求,并确保无质量隐患后方可使用。

5.7.3 模数式伸缩装置中使用多根异型钢,若需对接接长时,接头应设置在受力较小处,并错开布置,错开距离不应小于 80mm,并应采用厚度大于 20mm 的钢板加强。接缝处应按 GB/T 3323 和 GB/T 11345 的规定进行探伤,同时对异型钢材变形校正后,应消除内应力。行车道位置不应设置接缝。

5.7.4 伸缩装置中使用的焊接件,其焊缝高度应满足设计要求,焊缝应采用活性气体保护焊(CO_2),焊缝不得出现裂纹、夹渣、未熔合和未填满弧坑,同时焊缝应避免太厚、错位和母材烧伤等缺陷,焊接技术应符合 GB/T 985 和 JB/T 5943 的规定。

5.7.5 伸缩装置待组装的部件,必须有工厂质检部门的合格标记,外购件或协作厂加工部件,应有合格证书方可进行组装,不合格构件不能进行装配。

5.7.6 在组装过程中,所用的螺栓、螺钉、垫片、不锈钢板、聚四氟乙烯板、弹性元件、支座等构件,必须清洁,不应有碰伤,螺栓、螺钉头部及螺母端面,应与被紧固零件的平面均匀接触,不能倾斜,也不能用锤敲击来达到均匀接触的目的。

5.7.7 伸缩装置使用锚固钢筋应符合 GB/T 1499、GB 13013 的规定,并满足设计要求。

5.7.8 除不锈钢板的滑动面和与混凝土的接触面外,凡待组装构件表面应平整、清洁,去除铁屑、毛刺、油污,除锈后均应进行有效防护处理。

5.7.9 模数式伸缩装置组装后,在伸缩装置完全压缩时的任意位置,在同一断面处,以两边梁顶面的平面为准,每根中梁顶面和边梁顶面相对高差不应大于±1.5mm;每条缝宽度偏差应在±2mm范围内。平面总宽度的偏差,当伸缩量不大于480mm时,应在±5mm范围内;当伸缩量大于480mm且小于等于800mm时,应在±10mm范围内;当伸缩量大于800mm时,应在±15mm范围内。

5.7.10 模数式伸缩装置在工厂组装时,经检测合格后,应按照用户提供的施工安装温度,确定其压缩量定位出厂。若用户未提供安装定位温度,可按最大伸缩量的1/2定位出厂。出厂时,吊装位置应用明显标志标明。

5.7.11 梳齿板式伸缩装置组装后,在伸缩范围内任一位置,同一断面处:当伸缩量不大于80mm时,两边齿板高差,应小于等于0.3mm;当大于80mm时,应小于等于0.5mm。在最大压缩量时,齿板间隙不小于15mm,横向间隙不小于5mm,在最大拉伸量时,齿板搭接长度不小于30mm。

6 试验方法

6.1 整体性能试验

6.1.1 试样

试验设备应能对整体组装后的伸缩装置进行力学性能试验。如果受试验设备限制,不能对整体伸缩装置进行试验时:

a) 对模数式伸缩装置的新产品或老产品转厂生产的试制定型鉴定可取不小于4m长并具有4个单元变位、支承横梁间距等于1.8m的组装试样进行试验;

b) 梳齿板式伸缩装置应取单元加工长度不小于2m组装试样进行试验;

c) 橡胶伸缩装置应取1m长的试样进行试验;

d) 异型钢单缝伸缩装置应取组装试样进行试验。

6.1.2 试验

a) 整体试验应在制造厂或专门试验机构中进行;

b) 对整体组装的伸缩装置进行力学性能试验时,应将伸缩装置试样两边的锚固系统用定位螺栓或其他有效方法固定在试验平台上,然后使试验装置模拟伸缩装置在桥梁结构中实际受力状态进行规定项目试验。橡胶伸缩装置的试验应在15℃~28℃温度下进行;

c) 模数式伸缩装置应进行拉伸、压缩,纵向、竖向、横向错位试验,测定水平摩阻力、变位均匀性。应按实际受力荷载测定中梁、支承横梁及其连接部件应力、应变值,并应对试样进行振动冲击试验,对橡胶密封带进行防水试验;

d) 梳齿板式伸缩装置应进行拉伸、压缩试验,测定水平摩阻力、变位均匀性;

e) 橡胶伸缩装置应进行拉伸、压缩试验,测定水平摩阻力及垂直变形;

f) 异型钢单缝伸缩装置应进行橡胶密封带防水试验。

6.2 钢材试验

6.2.1 伸缩装置中使用异型钢材性能试验,应按GB/T 1591、GB/T 4172规定的方法进行。

6.2.2 伸缩装置中使用的其他钢材性能试验,应按照GB/T 699、GB/T 700、GB/T 702、GB/T 912、GB/T 3274的有关方法进行。

6.3 橡胶试验

6.3.1 橡胶的物理机械性能的测定应按JT/T 4规定的方法进行。

6.3.2 橡胶的耐水性、耐油性试验应按GB/T 1690规定的方法进行,试验条件满足表3规定。

6.3.3 模数式伸缩装置使用的压紧支座、承压支座的橡胶物理机械性能的测定应按JT/T 4规定的方法进行。

6.3.4 聚氨酯位移弹簧的物理机械性能应按GB/T 6343、GB/T 528、GB/T 7759和GB/T 1685的试验方法进行,试验条件应满足表5的规定。

6.4 其他材料试验

伸缩装置中使用的不锈钢板、聚四氟乙烯板,硅脂等应按 JT/T 4 规定的方法进行试验。

6.5 尺寸偏差

伸缩装置的尺寸偏差,应采用标定的钢直尺、游标卡尺、平整度仪、水准仪等量测。橡胶伸缩装置平面尺寸除量测四边长度外,还应量测对角线尺寸,厚度应在四边量测 8 点取其平均值。模数式和梳齿板式伸缩装置应每 2m 取其断面量测后,取其平均值。

6.6 外观质量

产品外观质量,应用目测方法和相应精度的量具逐步进行检测,不合格产品可进行一次修补。

6.7 内在质量

橡胶板式伸缩装置解剖检验应每 100 块任取一块,沿中横向锯开进行规定项目检验。

7 检验规则

7.1 检验分类

伸缩装置检验分为进厂原材料检验、出厂检验和型式试验。

7.1.1 进厂原材料检验

伸缩装置加工用原材料及外加工件进厂时进行的验收检验。

7.1.2 出厂检验

伸缩装置每批产品交货前应进行检验,出厂检验应由工厂质检部门进行,确认合格后方可出厂。出厂时应附有产品质量合格证明文件和整体性能检验报告,并附有安装使用注意事项及说明书。

7.1.3 型式检验

有下列情况之一时,应进行型式试验:

a) 新产品或老产品转厂生产的试制定型鉴定;

b) 正常生产后,胶料配方改变,工艺、材料有较大改变,可能影响产品性能时;

c) 停产一年以上,恢复生产时;

d) 重要桥梁工程或用量较大的桥梁工程用户提出要求时;

e) 国家质量监督机构要求时。

7.2 检验项目及要求

7.2.1 伸缩装置用原材料进厂检验应满足表 10 要求,并附有每批进料材质证明。

表 10

项目	检验内容	检验周期	要求
异型钢材	基本尺寸、直线度、外形、外观、孔口尺寸、机械性能、每延米重量	每批异型钢	5.3.1 和设计要求
钢板、角钢、圆钢、方钢、不锈钢板	机械性能、表面粗糙度	每批进料	5.3.1 和设计要求
橡胶	物理机械性能	每批胶料	表 3、表 4
聚四氟乙烯板材	物理机械性能	每批(不大于 200kg)一次	JT/T 4
硅脂油	物理性能	每批(不大于 50kg)一次	JT/T 4
粘结剂	与橡胶等粘结剥离强度	每批	JT/T 4
聚氨酯位移弹簧	技术性能	每批	表 5

7.2.2 伸缩装置出厂检验应满足表 11 的要求。

表 11

伸缩装置类型	检验项目				整体性能
	外形尺寸	外观质量	内在质量	组装精度	
模数式	5.4.2 和设计要求	5.5.1~5.5.2	—	5.7.9	表 1 序号 1、2
梳齿板式	设计要求	5.5.2	—	5.7.11	表 1 序号 1、2
橡胶式伸缩装置	5.4.1	5.5.1	5.6	—	—
异型钢单缝式	5.4.2	5.5.1~5.5.2	—	—	—
检验周期	每道		每 100 块取一块	每道	每批一道

7.2.3 伸缩装置型式检验应满足表 12 要求。

表 12

序号	型式检验分类	检验项目				
		整体性能				原材料检验及出厂检验项目
		模数式	梳齿板式	橡胶式	异型钢单缝式	
1	新产品、老产品转厂试制定型鉴定	表 1 所有序号	表 1 序号 1、2、3	表 1 序号 1、3	表 1 序号 6	全检
2	胶料配方、工艺改变,停产一年恢复生产	表 1 序号 1、2、6	表 1 序号 1、2	表 1 序号 1、3	表 1 序号 6	全检
3	重要或用量较大工程、用户提出要求时	表 1 序号 1、2、6	表 1 序号 1、2	—	表 1 序号 6	异型钢材的基本尺寸及外观和出厂检验项目全检
4	国家质量监督机构要求时	表 1 序号 1、2、5、6	表 1 序号 1、2	表 1 序号 1、3	表 1 序号 6	全检
5	要　求	表 1 及设计要求	表 1 及设计要求	表 1	表 1	表 10 及表 11

7.3 判定规则

7.3.1 进厂原材料检验应全部项目合格后方可使用,不合格材料不应用于生产。

7.3.2 出厂检验时,若有一项指标不合格,则应从该批产品中再随机抽取双倍数目的试样,对不合格项目进行复检,若仍有一项不合格则判定该批产品不合格。

7.3.3 型式检验时,对表 12 中序号 1、2 检验,可以按 6.1.1 规定试样进行整体性能试验,全部项目满足要求为合格。对表 12 中序号 3、4 检验,应随机抽取试样进行规定项目检验,若检验项目有一项不合格,则应从该批产品中再随机抽取双倍数目的试样,对不合格项目进行复检,若仍有一项目不合格,则判定该批产品不合格。

8 标志、包装、储存、运输

8.1 标志

伸缩装置应有永久性的明显标志,其内容包括产品永久性商标、生产厂名、批号、生产日期和检验员代号。

8.2 包装

8.2.1 伸缩装置应根据分类、规格及货运重量规定成套包装，可采用不同的包装方式。不论采用何种包装方式，都应捆扎包装平整、牢固可靠，如有特殊要求，可由厂方与用户协商确定。

8.2.2 包装箱外应注明产品名称、规格、体积、重量及储存、运输时的注意事项。箱内应附有产品合格证。技术文件须用塑料薄膜装袋封口。

8.3 储存、运输

8.3.1 储存产品的库房应干燥通风，产品应离热源 1m 以上，不与地面直接接触，伸缩装置应存放整齐、保持清洁，严禁与酸、碱、油类、有机溶剂等相接触，也不应露天堆放。

8.3.2 产品在运输中，应避免阳光直接曝晒、雨淋、雪浸，并应保持清洁，防止变形，且不能与其他有害物质相接触，注意防火。

9 施工安装

9.1 施工安装前应按照设计图纸提供的尺寸，核对梁、板端部及桥台处安装伸缩装置的预留槽的尺寸。若图纸上未注明，则模数式伸缩装置，伸缩量为 160mm 时，预留槽深度应大于或等于 250mm，其余伸缩量应根据需要逐级加深。异型钢单缝式伸缩装置的预留槽深度应大于或等于 150mm。同时应检查核对预埋锚固钢筋的规格、数量、位置与设计的一致性，与梁、板、桥台锚固的可靠性；检查核对梁、板与桥台间的伸缩缝与设计值是否一致，若不符合设计要求，施工单位应首先处理，满足设计要求后生产厂方可安装伸缩装置。

9.2 伸缩装置上桥安装之前，应按照安装时气温调整安装时的定位值，并应由安装负责人检查签字后方可用专用卡具将其固定。

9.3 伸缩装置吊装就位前，应将预留槽内混凝土打毛并清扫干净。吊装时应按照工厂标明的吊点位置起吊，必要时可作适当加强。

9.4 安装时，伸缩装置的中心线应与桥梁中心线相重合，伸缩装置顺桥向应对称放置于伸缩缝的间隙上，然后沿桥面横坡方向，每米一点测量水平标高，并用水平尺或板尺定位，使其顶面标高与设计要求相吻合后垫平。随即穿放横向联接水平钢筋，并将伸缩装置的锚固钢筋与梁、板或桥台上预埋钢筋两侧同时焊牢。如有困难，可先将一侧焊牢，待达到已确定的安装气温时，再将另一侧锚固钢筋全部焊牢，放松卡具，使其自由伸缩。

9.5 梳齿板式伸缩装置安装，应防止产生梳齿不平、扭曲及其他的变形，严格控制由于伸缩方向的误差及横向伸缩等原因造成梳齿之间的间隙偏差，在最高温度时，梳齿间横向间隙不应小于 5mm，齿板间隙不应小于 15mm。

9.6 橡胶伸缩装置，安装后应处于受压状态。

9.7 浇注混凝土前，应彻底清扫预留槽，并在伸缩缝间隙处用泡沫塑料将间隙填塞，然后安装必要的模板。混凝土预留槽内应浇注 C40 环氧树脂混凝土或 C50 钢纤维混凝土，也可用 C50 以上强度等级的混凝土填充捣实。应防止混凝土渗入模数式伸缩装置位移控制箱内，也不允许将混凝土溅填在密封橡胶带缝中及表面上。如果发生此现象，应予以清除，然后进行正常养护。

9.8 伸缩装置两侧预留槽混凝土强度在未满足设计要求前不得开放交通。

9.9 伸缩装置施工验收应按照 JTJ 071 规定进行。

JT

中华人民共和国交通行业标准

JT/T 329.1—1997

公路桥梁预应力钢绞线用YM锚具、连接器规格系列

Series of YM prestressing strand anchorage and coupler for highway bridge

1997-09-29 发布　　　　1997-12-31 实施

中华人民共和国交通部　发布

中华人民共和国交通行业标准

公路桥梁预应力钢绞线用 YM 锚具、连接器规格系列

JT/T 329.1—1997

Series of YM prestressing strand anchorage and coupler for highway bridge

1 范围

本标准规定了公路桥梁后张预应力钢绞线用 YM 锚具、连接器产品的规格系列。

本标准适用于后张预应力混凝土结构和构件用钢绞线锚具、连接器系列产品。

2 引用标准

下列标准包含的条文，通过在本标准中引用而构成为本标准的条文。在标准出版时，所示版本均为有效。所有标准都会被修订，使用本标准的各方应探讨、使用下列标准最新版本的可能性。

JT 329.2—1997 公路桥梁预应力钢绞线用锚具、连接器试验方法及检验规则

3 要求

YM 锚具、连接器技术性能应符合 JT 329.2 的规定。

4 锚具、连接器分类及系列划分

4.1 锚具、连接器分类

锚具、连接器按其结构形式可分为三类：

a. 张拉端锚具。张拉端锚具又分为群锚和扁锚两种；

b. 固定端锚具。固定端锚具分为扎花(H 型)锚具和挤压(P 型)锚具两种；

c. 连接器。

4.2 锚具、连接器系列

各类锚具、连接器按适用的钢绞线规格可分为 YM12 和 YM15 两个系列：

a. YM12 系列锚具、连接器适用于锚固、连接 ϕ12.0 mm～ϕ12.9 mm 钢绞线；

b. YM15 系列锚具、连接器适用于锚固、连接 ϕ15.0mm～ϕ15.7 mm 钢绞线。

5 锚具、连接器结构形式及规格

5.1 张拉端群锚结构形式及规格系列

5.1.1 张拉端群锚结构形式

张拉端群锚结构形式见图 1。

中华人民共和国交通部 1997-09-29 批准　　1997-12-31 实施

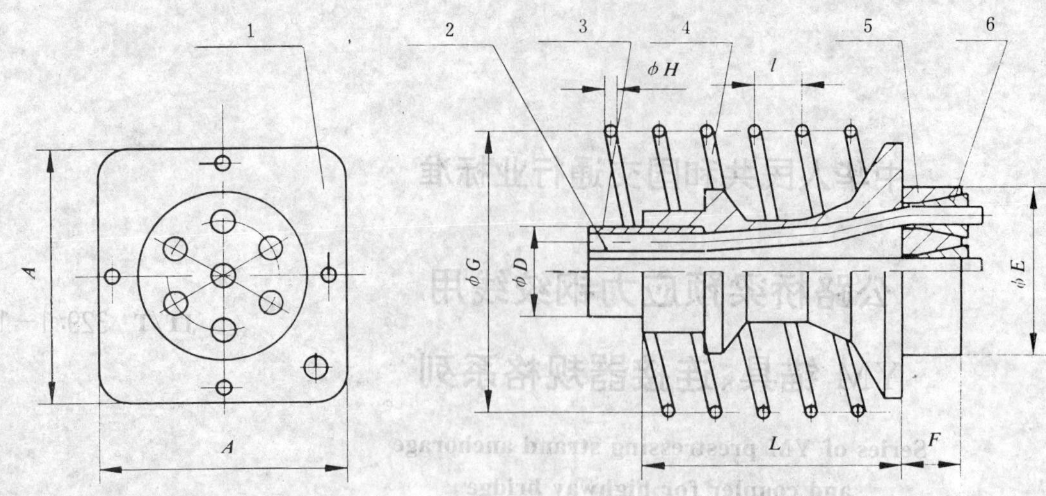

图1 张拉端群锚结构形式

1-锚下垫板；2-钢绞线；3-波纹管；4-螺旋筋；5-锚圈；6-夹片

5.1.2 张拉端群锚规格系列

张拉端群锚规格系列见表1。

表1 张拉端群锚规格系列 (单位：mm)

序号	型号	锚圈		锚下垫板		波纹管外径	螺旋筋			
		φE	F	A	L	φD	φG	φH	I	n
1	YM15-1*	48	55	80	~	~	~	~	~	~
2	YM15-3*	90	55	135	135	56	160	10	50	4
3	YM15-4*	105	55	150	145	56	190	14	50	5
4	YM15-5*	114	55	165	160	67	210	16	50	5
5	YM15-6~7*	132	60	190	175	77	240	16	60	6
6	YM15-8~9*	158	60	215	215	87	270	16	60	6
7	YM15-12*	170	70	250	250	92	320	18	60	7
8	YM15-14	192	80	270	285	97	350	18	60	7
9	YM15-16	196	80	290	285	102	370	18	60	7
10	YM15-19*	215	90	310	305	107	400	20	60	8
11	YM15-22	235	90	340	345	117	430	20	60	8
12	YM15-24*	240	100	350	350	117	450	20	60	8
13	YM15-27*	260	100	380	380	117	480	20	70	8
14	YM15-31*	270	100	390	380	132	520	22	70	9
15	YM15-37*	300	110	430	450	142	570	22	70	10
16	YM12-1*	46	55	70	~	~	~	~	~	~
17	YM12-3*	85	55	120	130	46	140	10	50	4
18	YM12-4*	90	55	135	135	56	160	14	50	4
19	YM12-5*	100	55	145	140	56	180	14	50	4
20	YM12-7*	112	55	165	160	67	210	14	50	5
21	YM12-8	126	60	175	170	72	220	16	50	5
22	YM12-9*	136	60	185	180	77	240	16	60	6

续上表

序号	型　　号	锚　　圈		锚下垫板		波纹管外径	螺　　旋　　筋			
		ϕE	F	A	L	ϕD	ϕG	ϕH	I	n
23	YM12-12	150	60	215	215	82	270	16	60	6
24	YM12-14	155	60	230	225	87	300	16	60	6
25	YM12-16	172	70	250	250	92	310	18	60	6
26	YM12-19 *	180	70	270	265	97	330	18	60	7
27	YM12-22	200	70	290	285	102	360	18	60	7
28	YM12-24 *	210	85	300	295	107	380	18	60	7
29	YM12-27 *	220	90	310	305	107	400	20	60	8
30	YM12-31 *	230	90	340	345	112	430	20	60	8
31	YM12-37 *	250	100	370	365	117	470	22	70	8
注：* 号为优选规格，锚圈布孔形式见图 2。										

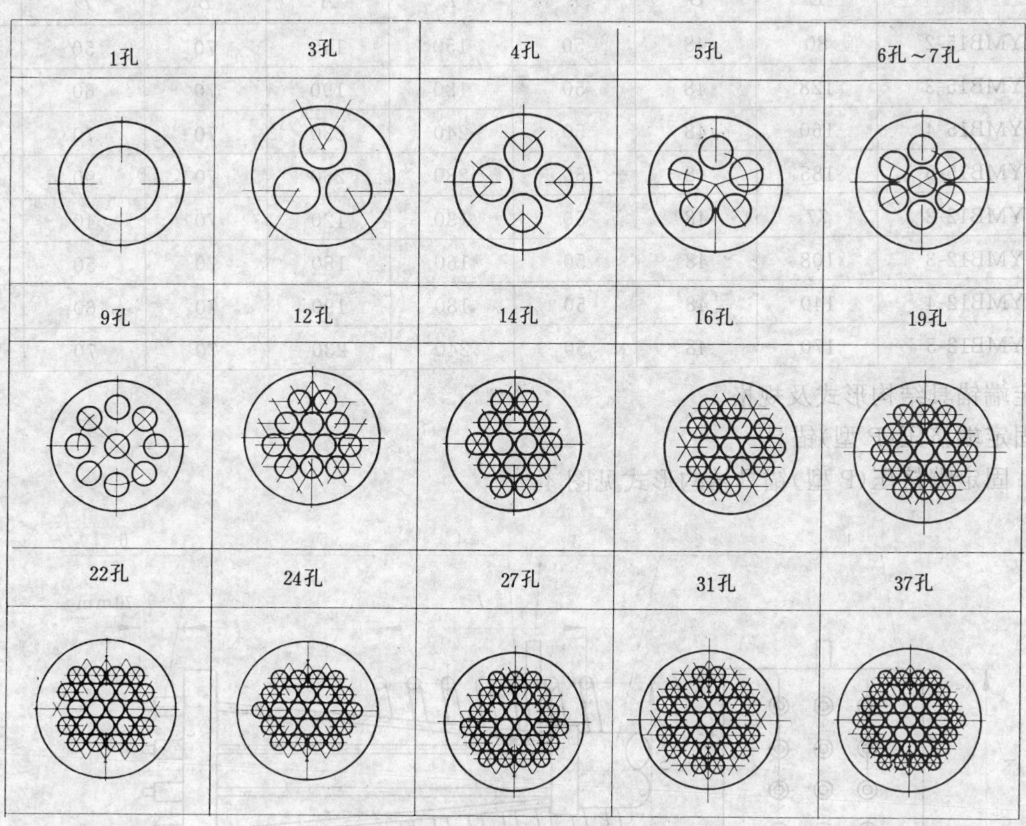

图 2　张拉端锚圈布孔形式

5.2　张拉端扁锚结构形式及规格

5.2.1　张拉端扁锚结构形式

张拉端扁锚结构形式见图 3。

5.2.2　张拉端扁锚规格系列

张拉端扁锚规格系列见表 2。

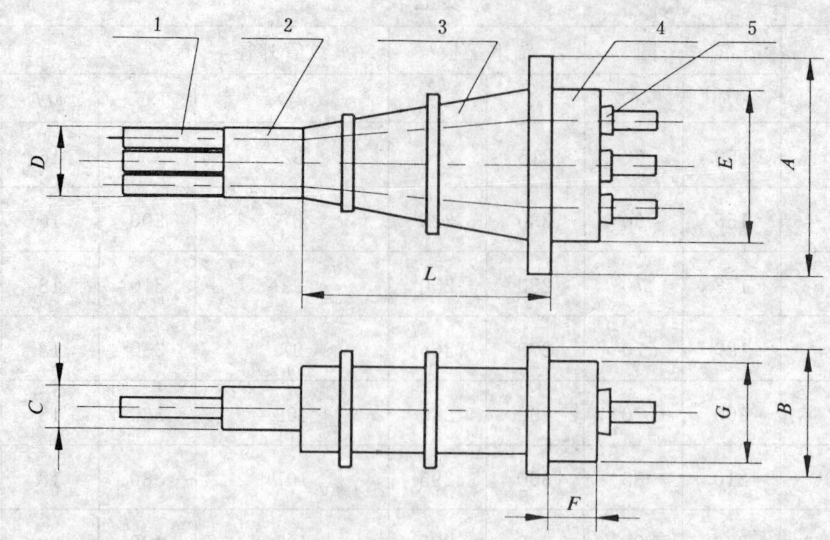

图 3 张拉端扁锚结构形式

1-钢绞线;2-波纹管;3-扁锚垫板;4-扁锚圈;5-夹片

表 2 张拉端扁锚规格系列

(单位:mm)

序号	型号	锚圈			扁锚垫板			波纹管	
		E	*G*	*F*	*L*	*A*	*B*	*D*	*C*
1	YMB15-2	80	48	50	150	140	70	50	19
2	YMB15-3	128	48	50	180	190	70	60	19
3	YMB15-4	160	48	50	240	230	70	70	19
4	YMB15-5	185	48	50	280	260	70	90	19
5	YMB12-2	77	48	50	130	120	70	40	19
6	YMB12-3	108	48	50	160	150	70	50	19
7	YMB12-4	140	48	50	180	190	70	60	19
8	YMB12-5	170	48	50	240	230	70	70	19

5.3 固定端锚具结构形式及规格

5.3.1 固定端挤压(P 型)锚具

5.3.1.1 固定端挤压(P 型)锚具结构形式见图 4。

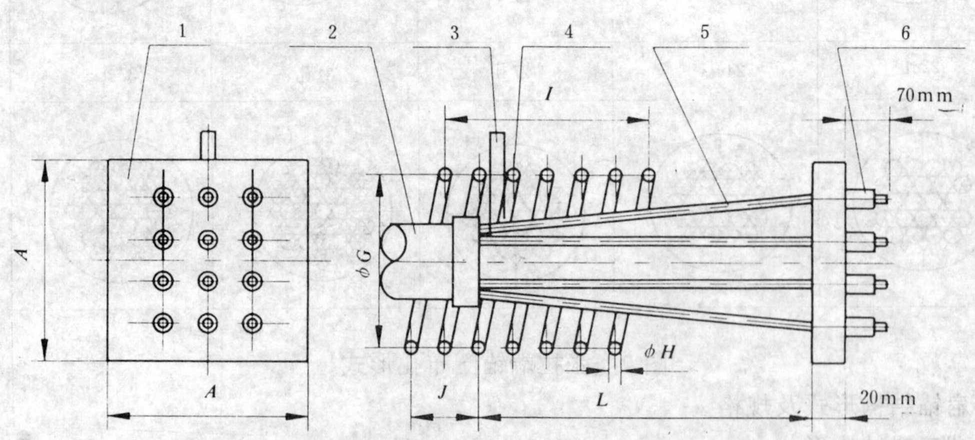

图 4 固定端挤压(P 型)锚结构形式

1-垫板;2-波纹管;3-排气孔;4-螺旋筋;5-钢绞线;6-P 型锚具

5.3.1.2 固定端挤压(P 型)锚具规格

固定端挤压(P型)锚具规格系列见表3。

表3 固定端挤压(P型)锚具规格系列 (单位:mm)

序号	型号	垫板		螺旋筋			
		A	*L*	*J*	*I*	*ϕG*	*ϕH*
1	YMP15-3	120	180	110	200	180	10
2	YMP15-4	150	240	110	250	190	14
3	YMP15-5	170	300	110	250	210	16
4	YMP15-7	200	380	120	250	210	16
5	YMP15-8	210	420	120	250	240	16
6	YMP15-9	220	440	120	300	240	16
7	YMP15-12	250	500	135	300	240	16
8	YMP15-19	300	720	135	360	270	20
9	YMP15-27	350	860	135	360	270	20
10	YMP12-3	100	120	85	200	130	10
11	YMP12-4	120	180	110	200	150	10
12	YMP12-5	130	240	110	200	170	14
13	YMP12-7	150	300	110	250	200	16
14	YMP12-8	165	360	110	250	200	16
15	YMP12-9	170	380	110	250	200	16
16	YMP12-12	200	500	120	250	210	16
17	YMP12-19	250	500	135	300	240	16
18	YMP12-27	330	720	135	360	270	20
19	YMP12-31	350	860	135	360	270	20

5.3.2 固定端扎花(H型)锚具

5.3.2.1 固定端扎花(H型)锚具结构形式

固定端扎花(H型)锚具结构形式见图5。

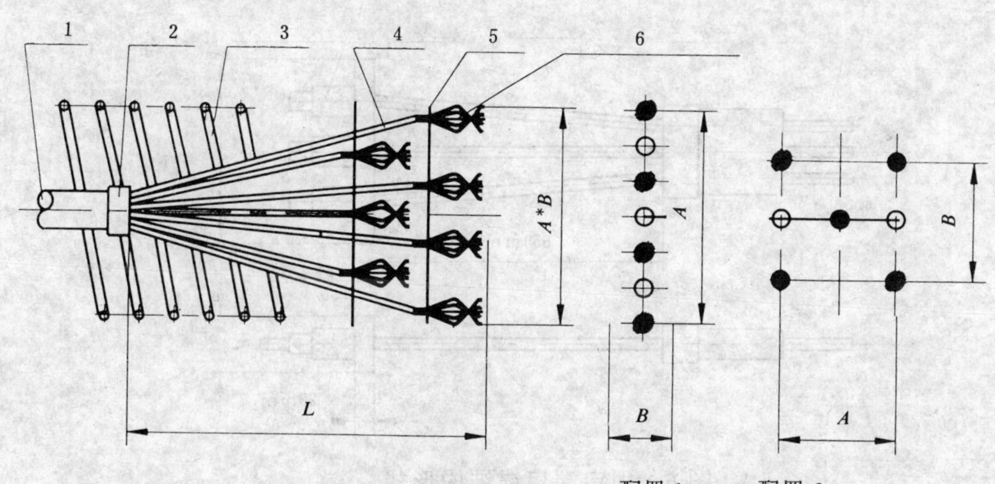

图5 固定端扎花(H型)锚具结构形式

1-波纹管;2-约束环;3-螺旋筋;4-钢绞线;5-隔架;6-钢绞线扎花球头

5.3.2.2 固定端扎花(H 型)锚具规格系列

固定端扎花(H 型)锚具规格系列见表 4。

表 4 固定端扎花(H 型)锚具规格系列 (单位:mm)

序号	型 号	配 置 1			配 置 2		
		A	*B*	*L*	*A*	*B*	*L*
1	YMH15-3	290	90	950	~	~	~
2	YMH15-4	390	90	1300	190	210	950
3	YMH15-7	450	90	1300	210	230	1150
4	YMH15-12	430	230	1300	390	330	1300
5	YMH15-19	570	230	1300	390	470	1300
6	YMH15-31	810	260	1700	570	510	1700
7	YMH15-37	1050	370	2000	690	510	2000
8	YMH12-3	230	70	930	~	~	~
9	YMH12-4	310	70	930	150	170	930
10	YMH12-7	370	70	1280	170	190	1200
11	YMH12-12	390	190	1280	310	270	1150
12	YMH12-19	470	190	1280	310	390	1280
13	YMH12-22	570	190	1280	390	390	1280
14	YMH12-31	670	220	1280	470	430	1280
15	YMH12-37	870	310	1680	570	430	1680

5.4 固定端扁锚结构形式

5.4.1 固定端扁锚结构形式

固定端扁锚结构形式见图 6。

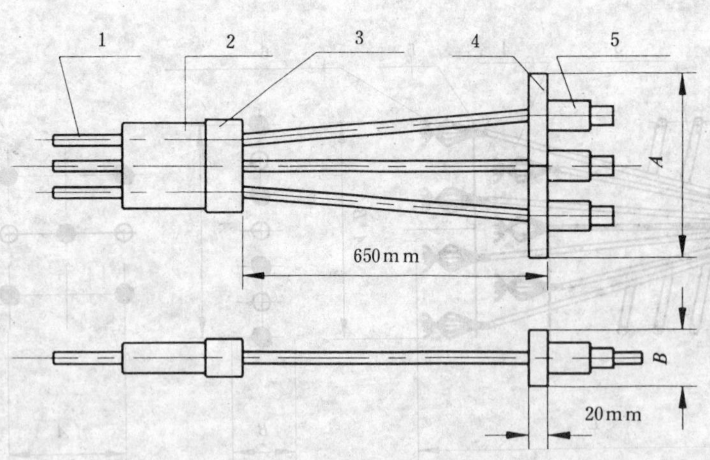

图 6 固定端扁锚结构形式

1-钢绞线;2-波纹管;3-约束环;4-垫板;5-P 型锚具

5.4.2 固定端扁锚规格系列

固定端扁锚规格系列见表5。

表5 固定端扁锚规格系列 (单位:mm)

序号	型号	A	B	序号	型号	A	B
1	YMPB15-2	150	75	5	YMPB12-2	120	75
2	YMPB15-3	200	80	6	YMPB12-3	150	75
3	YMPB15-4	250	85	7	YMPB12-4	190	80
4	YMPB15-5	300	90	8	YMPB12-5	240	80

5.5 连接器

5.5.1 连接器结构形式

连接器结构形式见图7。

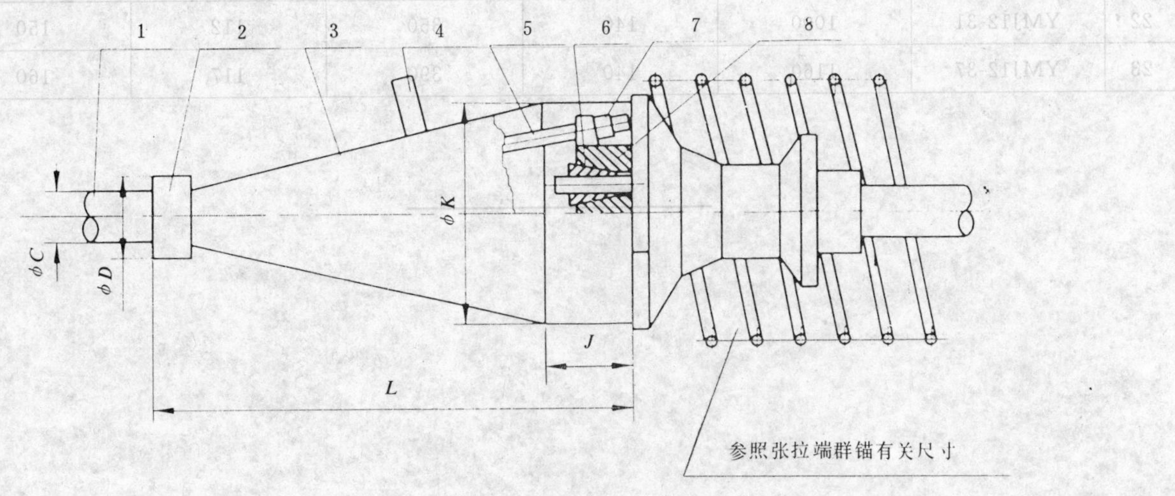

图7 连接器结构形式

1-波纹管;2-约束环;3-罩壳;4-排气孔;5-钢绞线;6-夹片;7-P型锚具;8-连接器

5.5.2 连接器规格系列

连接器规格见系列表6。

表6 连接器规格系列 (单位:mm)

序号	型号	L	J	φK	φC	φD
1	YMJ15-2	310	150	140	45	60
2	YMJ15-3	400	160	150	56	75
3	YMJ15-4	420	160	160	56	75
4	YMJ15-5	480	160	180	67	90
5	YMJ15-7	510	160	190	77	100
6	YMJ15-8	530	160	200	82	100
7	YMJ15-9	540	160	215	87	120
8	YMJ15-12	560	160	240	92	130
9	YMJ15-19	630	160	280	107	140
10	YMJ15-22	730	160	310	107	150
11	YMJ15-31	950	180	360	132	180
12	YMJ15-37	1100	200	430	142	195
13	YMJ12-3	360	140	130	45	60

续上表

序号	型　　号	L	J	φK	φC	φD
14	YMJ12-4	380	140	145	56	75
15	YMJ12-5	400	140	160	56	75
16	YMJ12-7	430	140	170	67	90
17	YMJ12-8	460	140	180	72	95
18	YMJ12-9	480	140	190	77	100
19	YMJ12-12	500	140	200	82	110
20	YMJ12-19	580	140	240	92	130
21	YMJ12-22	650	140	260	102	140
22	YMJ12-31	1000	140	350	112	150
23	YMJ12-37	1160	140	390	117	160

JT

中华人民共和国交通行业标准

JT 329.2—1997

公路桥梁预应力钢绞线用锚具、连接器试验方法及检验规则

Test method and inspect rules of prestressing strand anchorage and coupler for highway bridge

1997-09-29 发布　　1997-12-31 实施

中华人民共和国交通部　发布

中华人民共和国交通行业标准

公路桥梁预应力钢绞线用锚具、连接器试验方法及检验规则

JT 329.2—1997

Test method and inspect rules of prestressing strand anchorage and coupler for highway bridge

1 范围

本标准规定了公路桥梁后张预应力钢绞线用锚具、连接器的试验方法及检验规则等内容。

本标准用于后张预应力混凝土结构和构件钢绞线用锚具、连接器产品的检验。

2 引用标准

下列标准包含的条文，通过在本标准中引用而构成为本标准的条文。在标准出版时，所示版本均为有效。所有标准都会被修订，使用本标准的各方应探讨、使用下列标准最新版本的可能性。

GB/T 5224—1995　预应力混凝土用钢绞线

GB/T 14370—93　预应力筋用锚具、夹具和连接器

ASTM A416—90a　预应力混凝土用无涂层七丝钢绞线技术条件

BS 5896—1980　预应力混凝土用高强钢丝和钢绞线

3 定义

本标准采用下列定义。

3.1 预应力　prestress

在结构和构件承受其他作用前，预先施加的作用力所产生的应力。

3.2 后张预应力　post tensioning prestress

先浇注混凝土的构件，待达到规定强度后，再施加的预应力。

3.3 钢绞线　strand

由七根圆形断面钢丝捻成的做预应力混凝土配筋用的预应力筋。

3.4 钢绞线锚具组装件　strand—anchorage assemble

钢绞线和锚具组合装配而成的受力单元。

3.5 钢绞线连接器组装件　strand—couple assemble

钢绞线和连接器组合装配而成的受力单元。

3.6 钢绞线计算极限拉力　calculating ultimate tensile force of strand

钢绞线实际的平均极限拉力。

中华人民共和国交通部 1997-09-29 批准　　　　1997-12-31 实施

4 符号

F^{c}_{apu}——钢绞线锚具组装件中各根钢绞线计算极限拉力之和；

F_{apu}——钢绞线锚具组装件的实测极限拉力；

F_{pk}——单根钢绞线极限拉力的标准值；

f_{ptm}——由钢绞线中抽取的试件的极限抗拉强度平均值；

f_{pk}——钢绞线钢材的抗拉强度标准值；

ε_{ptm}——由钢绞线中抽取的试件应力达到极限抗拉强度时，钢绞线试件的极限应变平均值；

ε_{apu}——钢绞线锚具组装件达到实测极限拉力时的总应变；

A_{pm}——由钢绞线中抽取的试件的实际截面面积的平均值；

A_{pk}——钢绞线截面面积的标准值；

η_a——钢绞线锚具组装件静载试验测得的锚具效率系数；

n——钢绞线锚具组装件中钢绞线根数；

E——钢绞线的宏观弹性模量。

5 要求

5.1 使用要求

5.1.1 锚具、连接器应具有可靠的锚固性能和足够的承载能力，以保证充分发挥钢绞线的强度。

5.1.2 锚具、连接器适用于承受动载、静载的钢绞线预应力混凝土结构和构件。

5.2 基本特性

5.2.1 锚具的静载锚固性能，应由钢绞线锚具组装件静载试验测定的锚具效率系数 η_a 和达到实测极限拉力时的总应变 ε_{apu}确定。

锚具效率系数 η_a 按下列公式计算：

$$\eta_a = F_{apu}/F^{c}_{apu} \quad (1)$$

钢绞线锚具组装件中各根钢绞线计算极限拉力之和按下列公式计算：

$$F^{c}_{apu} = n f_{ptm} A_{pm} \quad (2)$$

锚具的静载锚固性能应满足下列要求：

$$\eta_a \geqslant 0.95;$$

$$\varepsilon_{apu} \geqslant 2\%。$$

5.2.2 在钢绞线锚具组装件达到实测极限拉力(F_{apu})时，锚具或连接器全部零件均不应出现肉眼可见的裂缝或破坏。

5.2.3 疲劳荷载性能

钢绞线锚具组装件，除必须满足静载锚固性能外，尚需满足循环次数为 2×10^6 次的疲劳性能试验。试验应力上限取钢绞线抗拉强度标准值(f_{pk})的 65％，应力幅度取 80 MPa。

试件经受 2×10^6 次循环荷载后，钢绞线因锚具影响发生疲劳破坏的面积不应大于原试件总面积的5％。

5.2.4 周期荷载性能

用于抗震结构中的锚具，还应满足循环次数为 50 次的周期荷载试验，试验应力上限取钢绞线抗拉强度标准值(f_{pk})的 80％，下限取钢绞线抗拉强度标准值(f_{pk})的 40％。

试件经 50 次周期荷载试验后，不应发生钢绞线破断、滑移和夹片松脱现象。

5.2.5 锚具内缩量应不大于 6 mm。

5.2.6 锚口摩阻损失不大于 2.5%。

5.2.7 锚具宜满足分级张拉、补张拉及放松钢绞线的要求。

5.3 连接器应具有与锚具相同的性能要求。

6 试验方法

6.1 一般规定

6.1.1 试验用的钢绞线锚具组装件应由全部零件和钢绞线组装而成，组装时不应在锚固零件上添加影响锚固性能的物质，如金钢砂、石蜡、石墨等，束中各根钢绞线应等长、平行。

6.1.2 锚具、连接器系列产品的型式试验所用的钢绞线应选用同一品种、同一规格中最高强度级别的钢绞线，并符合 GB/T 5224 或 ASTM A90a 、BS 5896 的规定 。

6.1.3 不同系列的锚具应各选取两种具有代表性尺寸的样品进行型式试验 。

6.1.4 钢绞线锚具组装件试验之前，必须进行单根钢绞线的力学性能试验，该试验的试件应同组装件试验的钢绞线是同一盘，并从中抽取。每次随机抽取 6 个试件。

6.1.5 试验用测力系统，其不确定度不应大于 2% ；测量总应变的量具，其标距的不确定度不应大于标距的 0.2%；指示应变的仪器的不确定度不应大于标距的 0.1% ，试验设备及仪器每年至少标定一次。

6.1.6 每项试验均应有详细记录，并依此记录计算锚具效率系数(η_a)、钢绞线锚具组装件达到实测极限拉力时的总应变(ε_{apu})和锚口摩阻损失等内容。

6.2 钢绞线力学性能试验

6.2.1 钢绞线力学性能试验应按 GB/T 5224《预应力混凝土用钢绞线》中有关规定进行 ，要求断口在母材上。应求出下列参数：

f_{ptm}——由钢绞线中抽取的试件的极限抗拉强度平均值；

ε_{ptm}——由钢绞线中抽取的试件应力达到极限抗拉强度时，钢绞线试件的极限应变平均值；

A_{pm}——由钢绞线中抽取的试件的实际截面面积平均值(可用称重法测定)；

E——钢绞线的宏观弹性模量。

6.2.2 钢绞线力学性能试验结果

钢绞线力学性能试验结果以表 1 表示。

表 1 钢绞线力学性能试验结果

钢 绞 线 规 格		生 产 厂 家	
公称面积，mm^2		实测 A_{pm}，mm^2	
公称直径，mm		实测 f_{ptm}，MPa	
抗拉强度标准值，MPa		实测 ε_{ptm}，%	
伸长率，%		实测 E，MPa	

试验者：　　计算者：　　委托单位：　　备注：

校对者：　　审核者：　　生产厂家：

试验单位：　　试验日期：　　检测单位：

6.3 静载试验

6.3.1 试验设备、仪器

穿心式千斤顶及配套油泵、压力传感器、试验台座、卡尺、钢卷尺。

穿心式千斤顶及配套油泵，应是经过鉴定的定型产品，千斤顶额定张拉力应大于钢绞线锚具组装件中各根钢绞线计算极限拉力之和(F^c_{apu})。

测力使用的穿心式压力传感器的额定压力，应大于钢绞线锚具组装件中各根钢绞线计算极限拉力之和(F^{c}_{apu}),必须经过法定的计量检测机构标定,并在标定的有效期内使用,其不确定度按本标准 6.1 有关规定执行。

试验台座的承载力应大于钢绞线锚具组装件中各根钢绞线计算极限拉力之和(F^{c}_{apu})的 1.5 倍,长度应大于或等于 3m。

测量总应变的卡尺的不确定度不大于标距的 0.2%。

6.3.2 组装形式

钢绞线锚具组装件静载试验组装形式按图 1。

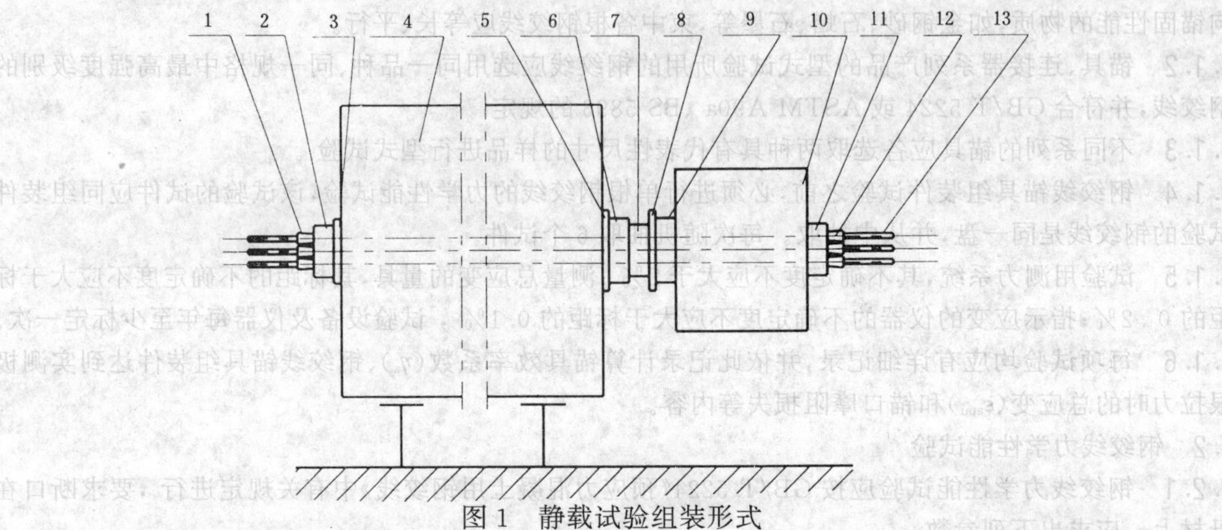

图 1 静载试验组装形式

1-钢绞线;2、12-夹片;3、11-锚圈;4、6、8、10-垫板;5-试验台座;7-千斤顶;9-传感器

6.3.3 试验方法

6.3.3.1 将锚具、钢绞线、传感器、千斤顶、试验台座按图 1 方式组装好,应使每根钢绞线受力均匀,并敲紧夹片。

6.3.3.2 用张拉设备拉至钢绞线抗拉强度标准值(f_{pk})的 10%时,测量图 1 所示 L_0 及千斤顶的活塞初始行程 L_1 尺寸并做记录;测量图 2 所示 a、b 尺寸并做记录。

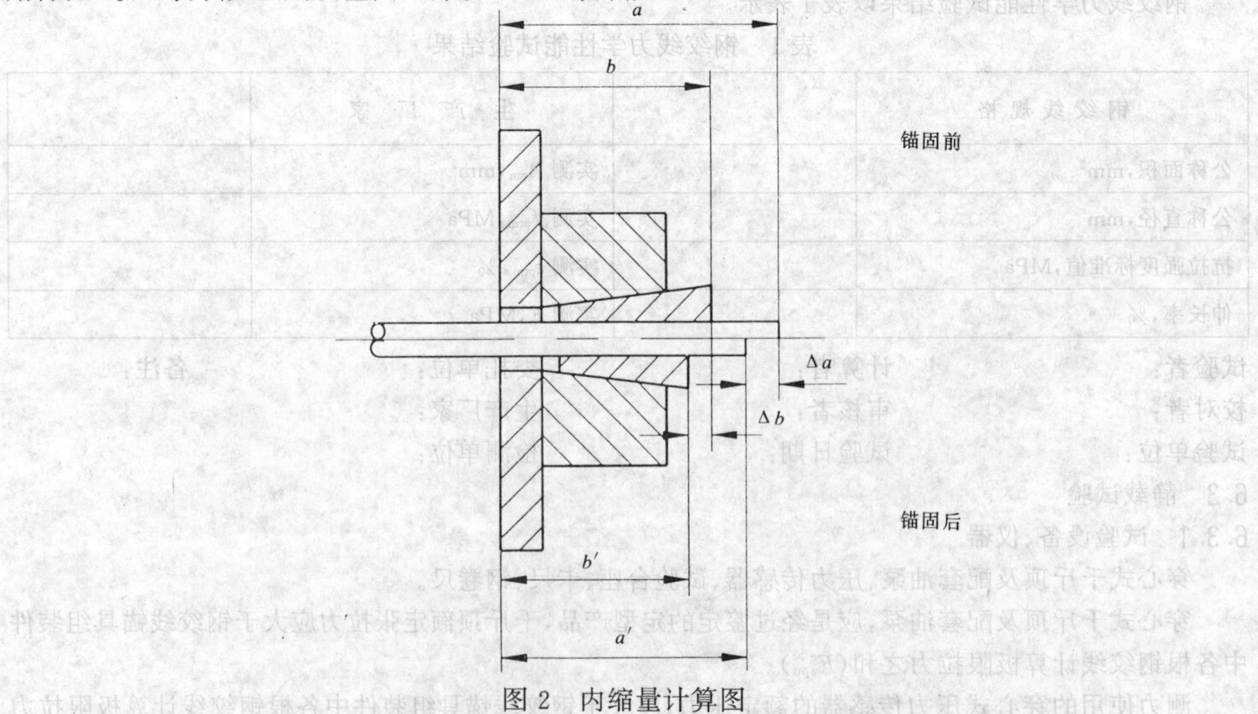

图 2 内缩量计算图

6.3.3.3 用试验设备按钢绞线抗拉强度标准值(f_{pk})的 20%、40%、60%、80% 分 4 级等速(约 100 MPa/min)张拉,张拉荷载达到 80%后锚固,持荷 1h,再逐步加大荷载,直至试件破坏。

6.3.4 试验过程中观察、记录项目包括:

——钢绞线锚具(或连接器)组装件的内缩量(见图 2 中$\triangle a$);

——锚具或连接器各零件之间的相对位移(见图 2 中$\triangle b$);

——达到钢绞线抗拉强度标准值(f_{pk})的 80%后,在持荷 1 h 时间内的锚具或连接器的变形;

——试件的实测极限拉力(F_{apu});

——达到极限拉力时的总应变(ε_{apu})。

6.3.5 静载试验结果

静载试验记录以表 2 表示。

锚具效率系数 η_a 按本标准 5.2.1 条中公式(1)计算。

总应变(ε_{apu})按式(3)计算:

$$\varepsilon_{apu} = \frac{L_2 - L_1 - \triangle a}{L_0} \times 100\% \qquad (3)$$

式中:L_1——千斤顶活塞初始行程读数;

L_2——试件破坏时活塞终了行程读数。

静载试验结果以表 3 表示。

表 2 静载试验记录

<table>
<tr><td colspan="2">锚具型号</td><td colspan="2"></td><td rowspan="2">钢绞线</td><td colspan="2">规格</td><td></td><td>计算极限拉力之和,kN</td><td colspan="3"></td></tr>
<tr><td colspan="2">千斤顶型号</td><td colspan="2"></td><td colspan="2">强度级别,MPa</td><td></td><td>实测极限拉力,kN</td><td colspan="3"></td></tr>
<tr><td colspan="2">传感器型号</td><td colspan="2"></td><td colspan="4">L_0,mm</td><td>破断情况</td><td colspan="3"></td></tr>
<tr><td rowspan="2">序号</td><td rowspan="2">加载量 kN</td><td colspan="2">夹片位移量$\triangle b$,mm</td><td colspan="4">内缩量$\triangle a$,mm</td><td rowspan="2">千斤顶活塞行程,mm</td><td rowspan="2">破断时</td><td>$\triangle a$,mm</td><td></td></tr>
<tr><td>固定端</td><td>张拉端</td><td colspan="2">固定端</td><td colspan="2">张拉端</td><td>$\triangle b$,mm</td><td></td></tr>
<tr><td></td><td></td><td></td><td></td><td colspan="2"></td><td colspan="2"></td><td></td><td colspan="2"></td><td></td></tr>
<tr><td></td><td></td><td></td><td></td><td colspan="2"></td><td colspan="2"></td><td></td><td colspan="2"></td><td></td></tr>
<tr><td></td><td></td><td></td><td></td><td colspan="2"></td><td colspan="2"></td><td></td><td colspan="2"></td><td></td></tr>
<tr><td colspan="12">持荷时间:</td></tr>
<tr><td>持荷后</td><td></td><td></td><td></td><td colspan="2"></td><td colspan="2"></td><td></td><td colspan="2"></td><td></td></tr>
<tr><td>破断时</td><td></td><td></td><td></td><td colspan="2"></td><td colspan="2"></td><td></td><td colspan="2"></td><td></td></tr>
</table>

参加人: 日期:

表 3 静载试验结果表

<table>
<tr><td rowspan="2">试件编号</td><td rowspan="2">锚具型号</td><td rowspan="2">钢绞线根数</td><td rowspan="2">钢绞线计算极限拉力之和,kN</td><td rowspan="2">钢绞线锚具组装件实测极限拉力,kN</td><td rowspan="2">锚具效率系数</td><td rowspan="2">总应变 %</td><td colspan="4">破坏情况</td></tr>
<tr><td>破断丝数</td><td>颈缩丝数</td><td>斜切口断丝数</td><td>其他</td></tr>
<tr><td></td><td></td><td></td><td></td><td></td><td></td><td></td><td></td><td></td><td></td><td></td></tr>
<tr><td></td><td></td><td></td><td></td><td></td><td></td><td></td><td></td><td></td><td></td><td></td></tr>
<tr><td></td><td></td><td></td><td></td><td></td><td></td><td></td><td></td><td></td><td></td><td></td></tr>
</table>

试验者: 计算者: 委托单位: 备注:

校对者: 审核者: 生产厂家:

试验单位: 试验日期: 监检单位:

6.4 疲劳试验

6.4.1 试验设备、仪器

疲劳试验机(一般采用脉冲千斤顶),脉冲频率不应超过 500 min^{-1},额定试验荷载应不大于钢绞线锚具组装件计算极限拉力之和(F^{c}_{apu})的 65%。

试验台座长度应大于或等于 3 m,承载力应满足试验要求。

6.4.2 进行疲劳试验时,只要试验结果有代表性,在不改变试件中各根钢绞线受力的条件下,可将钢绞线根数适当减少,或用较小规格的试件,但不应低于钢绞线根数的 1/10。

6.4.3 试验方法

以 100 MPa/min 的速度加载至试验应力上限值,再调节应力幅度达到下限值后,开始记录循环次数。

6.4.4 试验过程中观察、记录项目包括:

——试验后锚具和连接器部件及钢绞线疲劳损伤情况及变形情况;

——疲劳破坏的钢绞线的断裂位置、数量以及相应的疲劳次数。

6.4.5 疲劳试验结果

疲劳试验结果以表 4 表示。

表 4 疲劳试验结果

试验编号	锚具型号	钢绞线抗拉强度标准值,MPa	钢绞线截面面积,mm^2	试验荷载,kN		频率,次/min	疲劳次数,10^4 次	试件情况
				上限	下限			

试验者: 计算者: 委托单位: 备注:

校对者: 审核者: 生产厂家:

试验单位: 试验日期: 监检单位:

6.5 周期荷载试验

6.5.1 试验设备、仪器按本标准 6.3.1 条。

6.5.2 组装形式按本标准 6.3.2 条。

6.5.3 试验方法

组装好试件后,以约 100 MPa/min 的速度加载至钢绞线抗拉强度标准值(f_{pk})的 80%,为试验应力上限;再卸荷至(f_{pk})的 40%为试验应力下限,为第一周期;然后卸荷自下限经上限回复到下限为一个周期,重复 50 个周期。

6.5.4 周期荷载试验结果

周期荷载试验结果以表 5 表示。

表 5 周期荷载试验结果

试件编号	锚具型号	钢绞线抗拉强度标准值,MPa	钢绞线截面面积,mm^2	试验应力,MPa		试验次数,次	试件情况
				上限	下限		

试验者: 计算者: 委托单位: 备注:

校对者: 审核者: 生产厂家:

试验单位: 试验日期: 监检单位:

6.6 辅助性试验

6.6.1 钢绞线锚具组装的内缩量试验

6.6.1.1 试验设备、仪器按本标准 6.3.1 条。

6.6.1.2 组装形式按本标准 6.3.2 条。

6.6.1.3 试验方法

内缩量可用测量锚固处的钢绞线相对位移的方法直接测出 。组装好后测量图 2 中每根钢绞线的 a_i 尺寸 ,并做记录 。用试验设备张拉钢绞线锚具组装件至抗拉强度标准值(f_{pk})的 80%后锚固 ,测量每根钢绞线的 a_i' 尺寸用下式计算出每根钢绞线$\triangle a_i$;

$$\triangle a_i = a_i - a_i' \tag{4}$$

组装件的内缩量用下式计算:

$$\triangle a = \frac{1}{n}\sum_{i=1}^{n}\triangle a_i \tag{5}$$

6.6.1.4 内缩量试验结果

试验用试件应不少于三个,取平均值。

内缩量试验结果以表 6 表示。

表 6 内缩量试验结果

试件编号	锚 具 型 号	钢绞线抗拉强度标准值,MPa	钢绞线截面面积,mm^2	内缩量(平均值)$\triangle a$,mm

试验者: 计算者: 委托单位: 备注:

校对者: 审核者: 生产厂家:

试验单位: 试验日期: 监检单位:

6.6.2 锚口摩阻损失试验

6.6.2.1 试验设备、仪器按本标准 6.3.1 条。

6.6.2.2 组装形式按图 3。

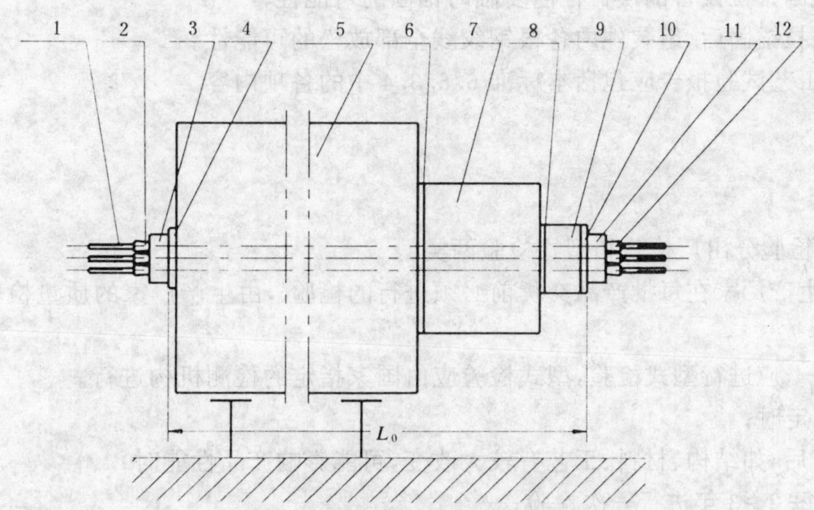

图 3 锚口摩阻损失试验组装形式

1、12-夹片;2、7、11-锚圈;3、5-垫板;4-试验台座;6、9-传感器;8-限位板;10-千斤顶;13-钢绞线

6.6.2.3 试验方法

按本标准 6.6.2.2 方式组装好试件，用试验设备张拉组装件至钢绞线抗拉强度标准值(f_{pk})的80%后锚固，测出锚具前后钢绞线拉力差值$\triangle F$。

6.6.2.4 锚口摩阻损失 u 按下式计算：

$$u=\frac{\triangle F}{nF_{pk}\times 80\%}\times 100\% \qquad (6)$$

式中：$\triangle F$——锚具前后钢绞线拉力差值；

n——钢绞线锚具组装中的钢绞线根数。

试验用试件不应少于三个，取平均值。

6.6.2.5 锚口摩阻损失试验结果

锚口摩阻损失试验结果以表 7 表示。

表 7 锚口摩阻损失测定值

试件编号	锚具型号	钢绞线根数 n	钢绞线极限拉力标准值，kN	锚固前后钢绞线拉力差值，kN	锚口摩阻损失，%	锚口摩阻损失平均值，%

试验者： 计算者： 委托单位： 备注：

校对者： 审核者： 生产厂家：

试验单位： 试验日期： 监检单位：

6.6.3 张拉锚固工艺试验

6.6.3.1 试验设备、仪器按本标准 6.3.1 条。

6.6.3.2 组装形式按本标准 6.3.2 条。

6.6.3.3 试验方法

用试验设备按钢绞线抗拉强度标准值(f_{pk})的 20%、40%、60%、80%分 4 级张拉组装件，每张拉 1 级锚固 1 次，张拉完毕后，放松组装件中各根钢绞线。

6.6.3.4 通过张拉、锚固工艺试验观察：

——多次张拉或因张拉设备倒换行程需要临时锚固的可能性；

——经过多次张拉锚固后，组装件内各根钢绞线全部放松的可能性。

6.6.3.5 张拉锚固工艺试验报告应包括本标准 6.6.3.4 中的各项内容。

7 检验规则

7.1 检验分类

锚具、连接器的检验分出厂检验和型式检验两类。

7.1.1 出厂检验为生产厂家在每批产品交货前必须进行的检验，由生产厂家的质量检验部门进行，并做出检验记录。

7.1.2 下列情况之一，应进行型式检验，型式检验应由国家指定的检测机构进行。

a)新产品定型鉴定时；

b)投入批量生产后，如结构、材料、工艺有较大改变，可能影响产品性能时；

c)正常生产时，每 2～3 年进行一次检验；

d)产品长期停产后，恢复生产时；

e)出厂检验结果与上次型式检验有较大差别时；

f)国家质量监督机构提出进行型式检验时。

7.2 检验项目

7.2.1 出厂检验应包括下列检验项目

a)表面质量、粗糙度、几何尺寸、硬度；

b)静载试验。

7.2.2 型式检验应包括下列项目

a)表面质量、粗糙度、几何尺寸、硬度；

b)静载试验；

c)疲劳试验；

d)周期荷载试验；

e)辅助性试验。

7.3 产品组批、抽样方法

每批产品的数量是指同一类产品，同一批原材料，用同一种工艺投产的数量，每批不应超过10 000孔，外观检查抽取10%，且不少于10套，硬度检验抽取10%，且不少于10套。

在第6章中提及的试验各抽取三组进行试验。

7.4 检验结果的判定

外观检验如表面无裂缝，尺寸符合设计要求，判为合格；如有一套表面有裂缝或超过允许偏差，应取双倍数量重做检验，如仍有一套不符合要求，则应逐套检查，合格者方可用。

夹片的硬度检验，每个零件测试三点，当硬度值符合设计要求的范围判为合格，如有一个零件不合格，则应另取双倍数量的零件重做检验，如仍有一个零件不合格，则应逐个检验，合格者方可使用。

静载锚固能力检验、疲劳荷载检验、周期荷载检验，如符合第5章要求的判为合格；如有一个零件不符合要求，则应另取双倍数量重做试验，如仍有一个试件不合格，则该批产品判为不合格品。

附录 **A**(提示的附录)

荷载传递试验和锚具偏转角度试验

A1 符号

$f_{ck\cdot 0}$——施加全部预应力时混凝土的最小特征抗压强度；

$f_{cm\cdot 0}$——施加全部预应力时混凝土的平均抗压强度；

F_u——混凝土试件实测破坏荷载；

f_{ck}——混凝土 28 天龄期的抗压强度标准值。

A2 要求

A2.1 荷载传递试验

锚具应满足预应力能可靠地从锚具传递到混凝土构件中。分级加载至试验应力上限后，需进行至少10次的慢速循环加载，循环加载后，试件应逐步加载至破坏。试件应力上限取钢绞线抗拉强度标准值(f_{pk})的 80%，下限取钢绞线抗拉强度标准值(f_{pk})的 12%，试件破坏时应满足：

$$F_u \geqslant F_{pk}\frac{f_{cm\cdot 0}}{f_{ck\cdot 0}}$$

$$F_u \geqslant 1.1F_u$$

每个试件必须满足下列要求：

第一次达到上限荷载($0.8F_{pk}$)时，试件裂缝宽度不大于 0.1 mm；

最后一次达到下限荷载($0.12F_{pk}$)时，试件裂缝宽度不大于 0.1 mm；

最后一次达到上限荷载($0.8F_{pk}$) 时，试件裂缝宽度不大于 0.25 mm；

循环加载过程中试件纵向和横向应变读数应达到稳定，如果最后两次循环的应变小于 5%，即可认为应变已经稳定 。

循环加载过程中裂缝读数应达到稳定，如果在最后两次循环裂缝宽度增量不大于 0.02 mm，即可认为裂缝宽度已经稳定。

A2.2 锚具偏转角度性能

当钢绞线锚具组装件的轴线与设计轴线存在角度偏差时，需按 6.3 节给定的方法进行锚具偏转角度性能的试验 。试验结果应满足：

$$\eta_a \geqslant 0.95;$$

$$\varepsilon_{apu} \geqslant 2\%。$$

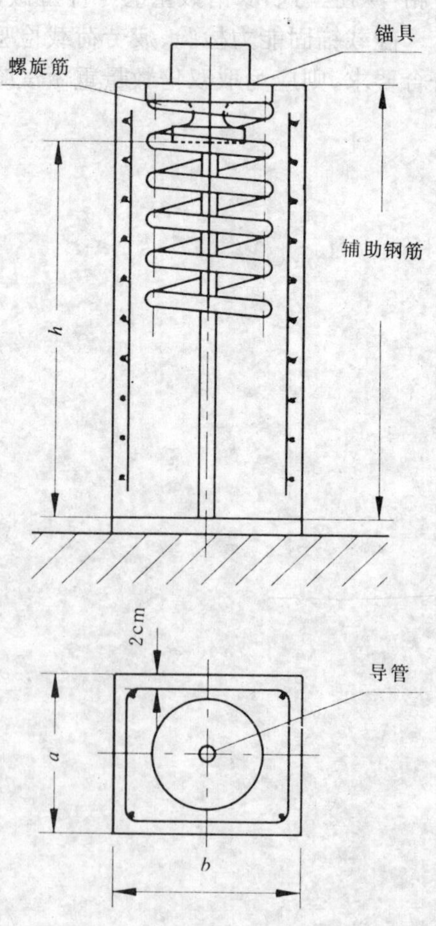

图 A1 荷载传递试验试件

A3 试验方法

A3.1 荷载传递试验

A3.1.1 试件应包含隐埋于混凝土构件中的锚具部件，布置应当与实际使用情况相同。

试件应为受轴向压力试验的混凝土棱柱体，其外边尺寸 a

和 b 对应于结构中规定的钢绞线束最小轴中心距，承压面以下的试件高度为 h≥2b，其中 b>a，如图 A1 所示。包括锚具在内的试件部分应包括螺旋筋，它应当与规定的预应力体系和钢绞线相对应的螺旋筋具有同种尺寸和形式。为装配螺旋筋，可采用辅助钢筋，如满足下列条件，不需要辅助筋：

——纵向的钢筋总面积不大于 2 cm^2

——每立方米混凝土中，均匀布置于整个试件高度上的箍筋含量不大于 50 kg。

试件混凝土的材料、配合比、密实度及其特征强度应与实际应用中所用的相同。试件浇注一天后拆模板，然后进行蒸汽养护直至试验。测定抗压强度的圆柱或立方体试块应同样处理。

A3.1.2 试件应安装在已标定好的试验设备上，荷载按钢绞线抗拉强度标准值(f_{pk})的 20%、40%、60%、80%(如图 A2)分级加载，当达到 80%后，需进行至少 10 次的慢速循环加载，上限荷载和下限荷载分别为 $0.8f_{pk}A_{pk}n$，循环加载后，逐步增加荷载直至试件破坏。

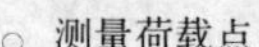

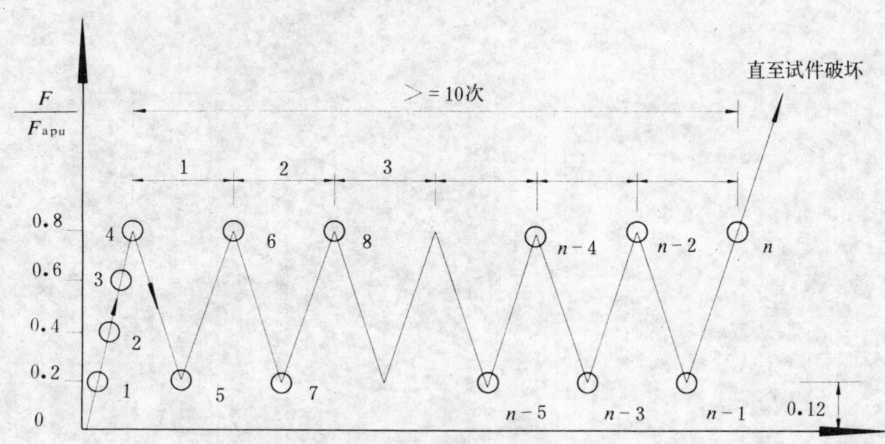

图 A2 荷载传递试验的过程

循环加载时，在每次循环的上限和下限荷载时进行测量，决定试件的应变和裂缝宽度是否达到满意的稳定状态，达到满意的稳定状态后才停止循环加载。图 A2 绘出了加载和测量次序。

在最后的加载破坏时，试件的混凝土平均抗压强度应满足：

$$f_{cm\cdot0}\leqslant 1.3f_{ck\cdot0};f_{cm\cdot0}\leqslant 0.85f_{ck}$$

A3.1.3 试验时应进行下列各项测量和观察并记录结果：

——各次循环加载时，对应上限和下限荷载，在最大劈裂应力影响区内试件表面纵向和横向应变；

——上述时刻试件表面的裂缝形式、宽度及扩展情况；

——用肉眼观察或测量与混凝土接触的锚具部件变形；

——破坏位置和形式；

——破坏荷载 F_u。

A3.2 锚具偏转角度试验

将锚具与试验台座的轴线偏转 5°，按 6.3 进行试验，并提出试验报告。

中华人民共和国交通行业标准

JT 391—1999

公路桥梁盆式橡胶支座

Pot-type elastomeric pad bearing for highway bridge

1999-04-12 发布　　1999-09-01 实施

中华人民共和国交通部　发布

中华人民共和国交通行业标准

JT 391—1999

公路桥梁盆式橡胶支座

代替 JT 3141—90

Pot-type elastomeric pad bearing for highway bridge

1 范围

本标准规定了公路桥梁盆式橡胶支座的产品规格、分类、型号、技术要求、试验方法、检验规则、标志、包装、储存、运输的要求及安装养护注意事项。

本标准适用于承载力为 0.8MN ~ 60MN 的桥梁盆式橡胶支座(以下简称盆式支座)。

2 引用标准

下列标准所包含的条文,通过在本标准中引用而构成为本标准的条文。在标准出版时,所示版本均为有效。所有标准都会被修订,使用本标准的各方应探讨使用下列标准最新版本的可能性。

GB 527—83 硫化橡胶物理试验方法的一般要求

GB/T 528—92 硫化橡胶和热塑性橡胶拉伸性能的测定

GB 700—88 碳素结构钢

GB 1033—86 塑料密度和相对密度试验方法

GB/T 1039—92 塑料力学性能试验方法总则

GB/T 1040—92 塑料拉伸性能试验方法

GB/T 1184—1996 形状和位置公差未注公差的规定

GB/T 1682—94 硫化橡胶低温脆性的测定——单试样法

GB/T 1804—92 一般公差线性尺寸的未注公差

GB 2041—89 黄铜板

GB/T 3280—92 不锈钢冷轧钢板

GB 3512—83 橡胶热空气老化试验方法

GB 6031—85 硫化橡胶国际硬度的测定(30—85IRHD 常规试验法)

GB 7233—87 铸钢件超声探伤及质量评级方法

GB 7759—87 硫化橡胶在常温和高温下恒定形变压缩永久变形的测定

GB 7762—87 硫化橡胶耐臭氧老化试验静态拉伸试验方法

GB/T 8923—88 涂装前钢材表面锈蚀等级和除锈等级

GB/ 11352—89 一般工程用铸造碳钢件

JB/T 5943—91 工程机械焊接件通用技术条件

HG/T 2502—93 5201 硅脂

3 分类、型号及规格

3.1 分类

3.1.1 按使用性能分类

中华人民共和国交通部 1999-04-12 发布 1999-09-01 实施

(1)双向活动支座(多向活动支座):具有竖向承载、竖向转动和多向滑移性能,代号为SX。

(2)单向活动支座:具有竖向承载、竖向转动和单一方向滑移性能,代号为DX。

(3)固定支座:具有竖向承载和竖向转动性能,代号为GD。

3.1.2 按适用温度范围分类

(1)常温型支座:适用于-25℃~+60℃使用。

(2)耐寒型支座:适用于-40℃~+60℃使用,代号为F。

3.2 型号

支座型号表示方法如图1。

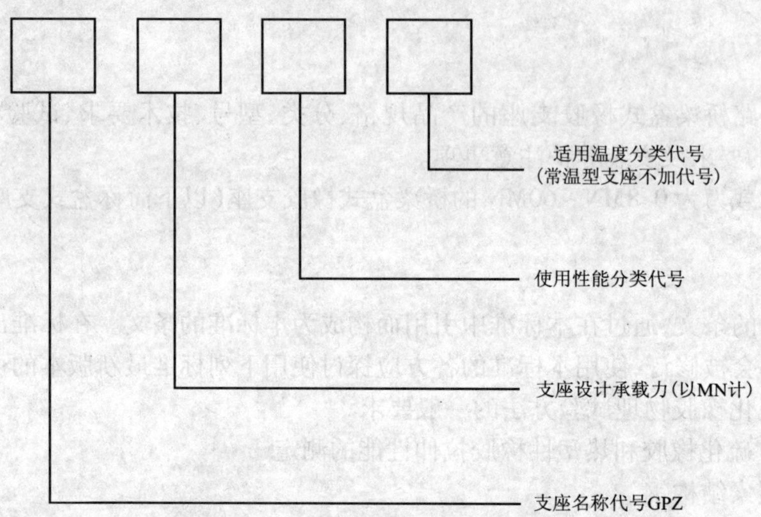

图1

例如:GPZ15SXF:表示GPZ系列中设计承载力为15MN的双向(多向)活动的耐寒型盆式支座。

GPZ35DX:表示GPZ系列中设计承载力为35MN的单向活动的常温型盆式支座。

GPZ50GD:表示GPZ系列中设计承载力为50MN的固定的常温型盆式支座。

3.3 结构形式

双向(多向)活动支座和单向活动支座由上座板(包括顶板和不锈钢滑板)、聚四氟乙烯滑板、中间钢板、密封圈、橡胶板、底盆、地脚螺栓和防尘罩等组成。单向活动支座沿活动方向还设有导向挡块。

固定支座由上座板、密封圈、橡胶板、底盆、地脚螺栓和防尘罩等组成。

减震型支座还应有消能和阻尼件。

双向活动支座结构示意见图2,规格系列见表1。

单向活动支座结构示意见图3,规格系列见表2。

固定支座结构示意见图4,规格系列见表3。

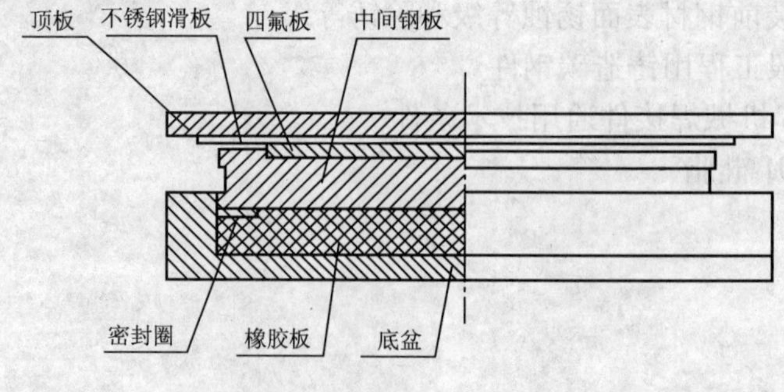

图2

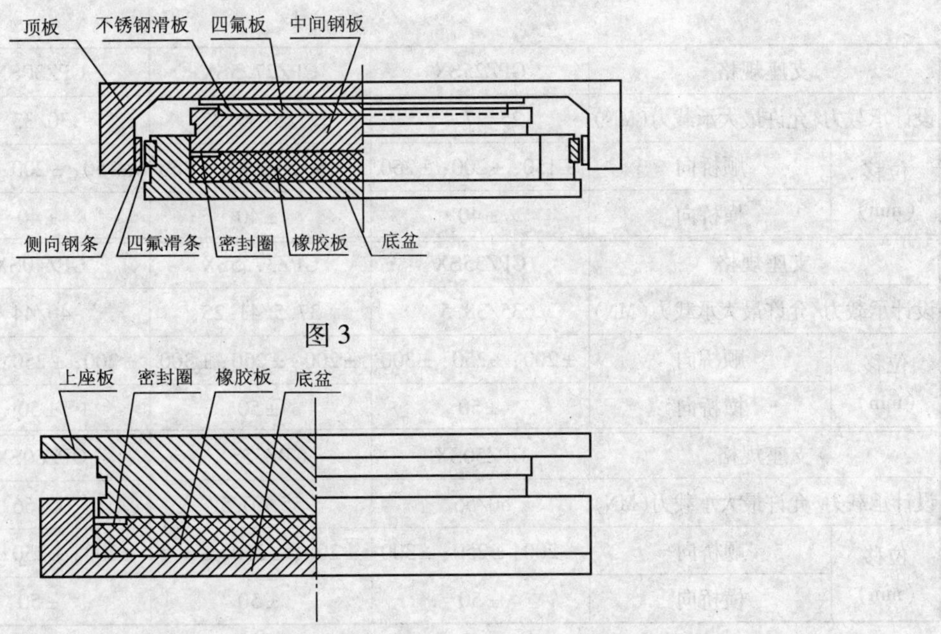

图3

图4

表1　双向活动支座规格系列

支座规格		GPZ0.8SX	GPZ1SX	GPZ1.25SX	GPZ1.5SX
设计承载力/允许最大承载力(MN)		0.8/0.88	1/1.1	1.25/1.375	1.5/1.65
位移（mm）	顺桥向	±50；±100；±150	±50；±100；±150	±50；±100；±150	±50；±100；±150
	横桥向	±40	±40	±40	±40
支座规格		GPZ2SX	GPZ2.5SX	GPZ3SX	GPZ3.5SX
设计承载力/允许最大承载力(MN)		2/2.2	2.5/2.75	3/3.3	3.5/3.85
位移（mm）	顺桥向	±50；±100；±150	±50；±100；±150	±50；±100；±150	±100；±150；±200
	横桥向	±40	±40	±40	±40
支座规格		GPZ4SX	GPZ5SX	GPZ6SX	GPZ7SX
设计承载力/允许最大承载力(MN)		4/4.4	5/5.5	6/6.6	7/7.7
位移（mm）	顺桥向	±100；±150；±200	±100；±150；±200	±100；±150；±200	±100；±150；±200
	横桥向	±40	±40	±40	±40
支座规格		GPZ8SX	GPZ9SX	GPZ10SX	GPZ12.5SX
设计承载力/允许最大承载力(MN)		8/8.8	9/9.9	10/11	12.5/13.75
位移（mm）	顺桥向	±100；±150；±200	±100；±150；±200	±150；±200；±250	±150；±200；±250
	横桥向	±40	±40	±40	±40
支座规格		GPZ15SX	GPZ17.5SX	GPZ20SX	GPZ22.5SX
设计承载力/允许最大承载力(MN)		15/16.5	17.5/19.25	20/22	22.5/24.75
位移（mm）	顺桥向	±150；±200；±250	±150；±200；±250	±150；±200；±250	±150；±200；±250
	横桥向	±40	±40	±40	±40

续表 1

支座规格		GPZ25SX	GPZ27.5SX	GPZ30SX	GPZ32.5SX
设计承载力/允许最大承载力(MN)		25/27.5	27.5/30.25	30/33	32.5/35.75
位移(mm)	顺桥向	±150；±200；±250	±150；±200；±250	±150；±200；±250	±200；±250；±300
	横桥向	±40	±40	±40	±50
支座规格		GPZ35SX	GPZ37.5SX	GPZ40SX	GPZ45SX
设计承载力/允许最大承载力(MN)		35/38.5	37.5/41.25	40/44	45/49.5
位移(mm)	顺桥向	±200；±250；±300	±200；±250；±300	±200；±250；±300	±200；±250；±300
	横桥向	±50	±50	±50	±50
支座规格		GPZ50SX	GPZ55SX	GPZ60SX	
设计承载力/允许最大承载力(MN)		50/55	55/60.5	60/66	
位移(mm)	顺桥向	±200；±250；±300	±200；±250；±300	±200；±250；±300	
	横桥向	±50	±50	±50	

表 2　单向活动支座规格系列

支座规格		GPZ0.8DX	GPZ1DX	GPZ1.25DX	GPZ1.5DX
设计承载力/允许最大承载力(MN)		0.8/0.88	1/1.1	1.25/1.375	1.5/1.65
位移(mm)	顺桥向	±50；±100；±150	±50；±100；±150	±50；±100；±150	±50；±100；±150
	横桥向	±3	±3	±3	±3
支座规格		GPZ2DX	GPZ2.5DX	GPZ3DX	GPZ3.5DX
设计承载力/允许最大承载力(MN)		2/2.2	2.5/2.75	3/3.3	3.5/3.85
位移(mm)	顺桥向	±50；±100；±150	±50；±100；±150	±50；±100；±150	±100；±150；±200
	横桥向	±3	±3	±3	±3
支座规格		GPZ4DX	GPZ5DX	GPZ6DX	GPZ7DX
设计承载力/允许最大承载力(MN)		4/4.4	5/5.5	6/6.6	7/7.7
位移(mm)	顺桥向	±100；±150；±200	±100；±150；±200	±100；±150；±200	±100；±150；±200
	横桥向	±3	±3	±3	±3
支座规格		GPZ8DX	GPZ9DX	GPZ10DX	GPZ12.5DX
设计承载力/允许最大承载力(MN)		8/8.8	9/9.9	10/11	12.5/13.75
位移(mm)	顺桥向	±100；±150；±200	±100；±150；±200	±150；±200；±250	±150；±200；±250
	横桥向	±3	±3	±3	±3
支座规格		GPZ15DX	GPZ17.5DX	GPZ20DX	GPZ22.5DX
设计承载力/允许最大承载力(MN)		15/16.5	17.5/19.25	20/22	22.5/24.75
位移(mm)	顺桥向	±150；±200；±250	±150；±200；±250	±150；±200；±250	±150；±200；±250
	横桥向	±3	±3	±3	±3
支座规格		GPZ25DX	GPZ27.5DX	GPZ30DX	GPZ32.5DX
设计承载力/允许最大承载力(MN)		25/27.5	27.5/30.25	30/33	32.5/35.75
位移(mm)	顺桥向	±150；±200；±250	±150；±200；±250	±150；±200；±250	±200；±250；±300
	横桥向	±3	±3	±3	±3

续表 2

支座规格		GPZ35DX	GPZ37.5DX	GPZ40DX	GPZ45DX
设计承载力/允许最大承载力(MN)		35/38.5	37.5/41.25	40/44	45/49.5
位移(mm)	顺桥向	±200；±250；±300	±200；±250；±300	±200；±250；±300	±200；±250；±300
	横桥向	±3	±3	±3	±3
支座规格		GPZ50DX	GPZ55DX	GPZ60DX	
设计承载力/允许最大承载力(MN)		50/55	55/60.5	60/66	
位移(mm)	顺桥向	±200；±250；±300	±200；±250；±300	±200；±250；±300	
	横桥向	±3	±3	±3	

表 3 固定支座规格系列

支座规格		GPZ0.8GD	GPZ1GD	GPZ1.25GD	GPZ1.5GD
设计承载力/允许最大承载力(MN)		0.8/0.88	1/1.1	1.25/1.375	1.5/1.65
位移(mm)	顺桥向	0	0	0	0
	横桥向	0	0	0	0
支座规格		GPZ2GD	GPZ2.5GD	GPZ3GD	GPZ3.5GD
设计承载力/允许最大承载力(MN)		2/2.2	2.5/2.75	3/3.3	3.5/3.85
位移(mm)	顺桥向	0	0	0	0
	横桥向	0	0	0	0
支座规格		GPZ4GD	GPZ5GD	GPZ6GD	GPZ7GD
设计承载力/允许最大承载力(MN)		4/4.4	5/5.5	6/6.6	7/7.7
位移(mm)	顺桥向	0	0	0	0
	横桥向	0	0	0	0
支座规格		GPZ8GD	GPZ9GD	GPZ10GD	GPZ12.5GD
设计承载力/允许最大承载力(MN)		8/8.8	9/9.9	10/11	12.5/13.75
位移(mm)	顺桥向	0	0	0	0
	横桥向	0	0	0	0
支座规格		GPZ15GD	GPZ17.5GD	GPZ20GD	GPZ22.5GD
设计承载力/允许最大承载力(MN)		15/16.5	17.5/19.25	20/22	22.5/24.75
位移(mm)	顺桥向	0	0	0	0
	横桥向	0	0	0	0
支座规格		GPZ25GD	GPZ27.5GD	GPZ30GD	GPZ32.5GD
设计承载力/允许最大承载力(MN)		25/27.5	27.5/30.25	30/33	32.5/35.75
位移(mm)	顺桥向	0	0	0	0
	横桥向	0	0	0	0

续表 3

支座规格		GPZ35GD	GPZ37.5GD	GPZ40GD	GPZ45GD
设计承载力/允许最大承载力(MN)		35/38.5	37.5/41.25	40/44	45/49.5
位移(mm)	顺桥向	0	0	0	0
	横桥向	0	0	0	0
支座规格		GPZ50GD	GPZ55GD	GPZ60GD	
设计承载力/允许最大承载力(MN)		50/55	55/60.5	60/66	
位移(mm)	顺桥向	0	0	0	
	横桥向	0	0	0	

4. 技术要求

4.1 支座性能

4.1.1 竖向承载力

本标准系列支座的竖向承载力(即支座反力,单位 MN)分 31 级,即 0.8、1、1.25、1.5、2、2.5、3、3.5、4、5、6、7、8、9、10、12.5、15、17.5、20、22.5、25、27.5、30、32.5、35、37.5、40、45、50、55 和 60。

在竖向设计荷载作用下,支座压缩变形值不得大于支座总高度的 2%,盆环上口径向变形不得大于盆环外径的 0.5‰,支座残余变形不得超过总变形量的 5%。

4.1.2 水平承载力

本标准系列中,固定支座在各方向和单向活动支座非滑移方向的水平承载力均不得小于支座竖向承载力的 10%。

抗震型支座水平承载力不得小于支座竖向承载力的 20%。

4.1.3 转角

支座转动角度不得小于 0.02rad。

4.1.4 摩阻系数

加 5201 硅脂润滑后,常温型活动支座设计摩阻系数最小取 0.03。

加 5201 硅脂润滑后,耐寒型活动支座设计摩阻系数最小取 0.06。

4.1.5 位移

活动支座位移量超过表 1、表 2 规定时,可按实际需要适当加大位移量。

4.2 支座用材的物理机械性能

4.2.1 橡胶

盆式支座用橡胶板应以氯丁橡胶、天然橡胶或三元乙丙橡胶为原料,严禁使用再生的或加工研碎的硫化橡胶。

常温型支座橡胶板采用氯丁橡胶,耐寒型支座橡胶板采用天然橡胶或三元乙丙橡胶。

橡胶板用胶料的物理机械性能见表 4。

表 4 橡胶板用胶料的物理机械性能

项目	橡胶种类		
	氯丁橡胶	天然橡胶	三元乙丙橡胶
硬度(IRHD)	60 ± 3	60 ± 3	60 ± 3
拉伸强度(MPa)	≥17.0	≥18.0	≥15.2
扯断伸长率(%)	≥400	≥450	≥350

续表4

项目		橡胶种类		
		氯丁橡胶	天然橡胶	三元乙丙橡胶
脆性温度(℃)		≤-40	≤-55	≤-60
恒定形变压缩永久变形(%)(70℃×22h)		≤20	≤25	≤25
耐臭氧老化(试验条件(25pphm~50pphm,20%伸长,40℃×96h)		无龟裂	无龟裂	无龟裂
热空气老化试验	试验条件(℃×h)	100×70	70×168	100×70
	硬度变化(IRHD)	<+15	±10	<+10
	拉伸强度降低率(%)	<15	<15	<15
	扯断伸长率降低率(%)	<40	<20	<40

4.2.2 聚四氟乙烯板

盆式支座用聚四氟乙烯板应是纯的模压板材,而非车削板材。加工原料不得用回头料或掺加任何填料。聚四氟乙烯板的物理机械性能应符合表5的要求。

表5 聚四氟乙烯板的物理机械性能

项目	单位	指标
相对密度(比重)	kg/m^3	2 130~2 200
拉伸强度	MPa	≥30
断裂伸长	%	≥300

4.2.3 不锈钢板

双向和单向活动支座不锈钢滑板及单向活动支座的侧向滑条采用0Cr19Ni13Mo3、0Cr17Ni12Mo2或1Cr18Ni9Ti牌号精轧不锈钢板,其化学成分及力学性能应符合GB/T 3280的有关规定。钢板表面应符合No.4级的加工要求,表面硬度应为HV150~HV200。

沿海桥和跨海桥支座用不锈钢滑板优选0Cr19Ni13Mo3或0Cr17Ni12Mo2牌号钢板。

不锈钢板长度不大于1 500mm,板厚采用2mm;不锈钢板长度大于1 500mm,板厚采用3mm。

4.2.4 5201硅脂

聚四氟乙烯板用5201—2硅脂润滑。5201—2硅脂必须经过检验,应保证支座在使用温度范围内不会干涸,对滑移面材料不得有害,并具有良好的抗臭氧、耐腐蚀及防水性能。其理化性能指标应符合HG/T 2502的有关规定。

4.2.5 钢件

4.2.5.1 支座顶板、上座板、中间钢板等若采用钢板时,钢板技术要求应符合GB 700的有关规定。

4.2.5.2 支座顶板、上座板、中间钢板、钢盆若采用铸钢件时,其化学成分、热处理后的机械性能和冲击韧性等均应符合GB 11352中ZG 230—450或ZG270—500的有关规定。

4.2.6 铜板

盆式支座密封圈用黄铜板,其化学成分、机械性能等均应符合GB 2041的有关规定。

4.3 支座用材规格

4.3.1 橡胶板

盆式支座用橡胶板的设计允许压应力为25MPa。橡胶板偏差要求应符合表6的规定。支座装配时,橡胶板与盆环的间隙不得超过0.5mm或橡胶板公称直径的0.2%。生产厂可按设计直径及偏差要求,适当考虑加工余量。

表6　橡胶板偏差

橡胶板直径(mm)	直径偏差(mm)	厚度偏差(mm)
≤500	+0.5 0	+2.0 0
>500～1 000	+1.0 0	+2.5 0
>1 000～1 500	+1.5 0	+3.0 0
>1 500	+2.0 0	+5.0 0

4.3.2　聚四氟乙烯板

活动支座用聚四氟乙烯板的设计允许压应力为30MPa。聚四氟乙烯板的尺寸偏差应符合表7的规定。支座装配时聚四氟乙烯板和嵌放它的凹槽之间的缝隙不得大于0.5mm或聚四氟乙烯板公称直径的0.1%。聚四氟乙烯板的生产厂可按设计直径及偏差要求适当考虑加工余量。

表7　聚四氟乙烯板的尺寸偏差

直径(mm)	直径或长度偏差(mm)	厚度偏差(mm)
≤500	+1.5 0	+0.5 0
>500～1 200	+2.0 0	+0.75 0
>1 200	+3.0 0	+1.0 0

聚四氟乙烯板的滑动面上应设有存放5201—2硅脂的储脂槽，储脂槽不能用机械方法成形。储脂槽的平面布置和尺寸见图5。

4.4　支座用材的外观质量

4.4.1　橡胶板

橡胶板外观不得有裂纹、掉块、损伤及鼓泡，外观质量应符合表8的要求，不允许有表8规定的三项以上的缺陷同时存在。

表8　橡胶板外观质量

缺陷名称	要　求
气泡	①橡胶板直径 d≤500mm，允许有深度小于2mm、面积小于100mm^2 的气泡，但不得多于两处
	②橡胶板直径 d>500mm～1 000mm，允许有深度小于2mm、面积小于200mm^2 的气泡，但不得多于三处
	③橡胶板直径 d>1 000mm，允许有深度小于2mm、面积小于300mm^2 的气泡，但不得多于三处
杂质	①橡胶板直径 d≤500mm，允许有深度小于2mm、面积小于100mm^2 的杂质，但不得多于两处
	②橡胶板直径 d>500mm～1 000mm，允许有深度小于2mm、面积小于200mm^2 的杂质，但不得多于三处
	③橡胶板直径 d>1 000mm，允许有深度小于2mm、面积小于300mm^2 的杂质，但不得多于三处
凹凸不平	所有规格橡胶板不允许呈凹形或凸形，除下述局部凹凸不平外，整个橡胶板应是平的：
	①橡胶板直径 d≤500mm，允许有深度小于2mm、面积小于100mm^2 的下凹或凸起，但不得多于两处
	②橡胶板直径 d>500mm～1 000mm，允许有深度小于2mm、面积小于200mm^2 的下凹或凸起，但不得多于三处
	③橡胶板直径 d>1 000mm，允许有深度小于2mm、面积小于300mm^2 的下凹或凸起，但不得多于三处

续表 8

缺陷名称	要　求
明疤	①橡胶板直径 $d \leqslant 500$mm，允许有深度小于 2mm、面积小于 100mm² 的明疤，但不得多于两处
	②橡胶板直径 $d > 500$mm～1 000mm，允许有深度小于 2mm、面积小于 200m² 的明疤，但不得多于三处
	③橡胶板直径 $d > 1\ 000$mm，允许有深度小于 2mm、面积小于 300mm² 的明疤，但不得多于三处
压偏	不得超过橡胶板直径的 2‰

注：制品允许修补，但修补处应平整。

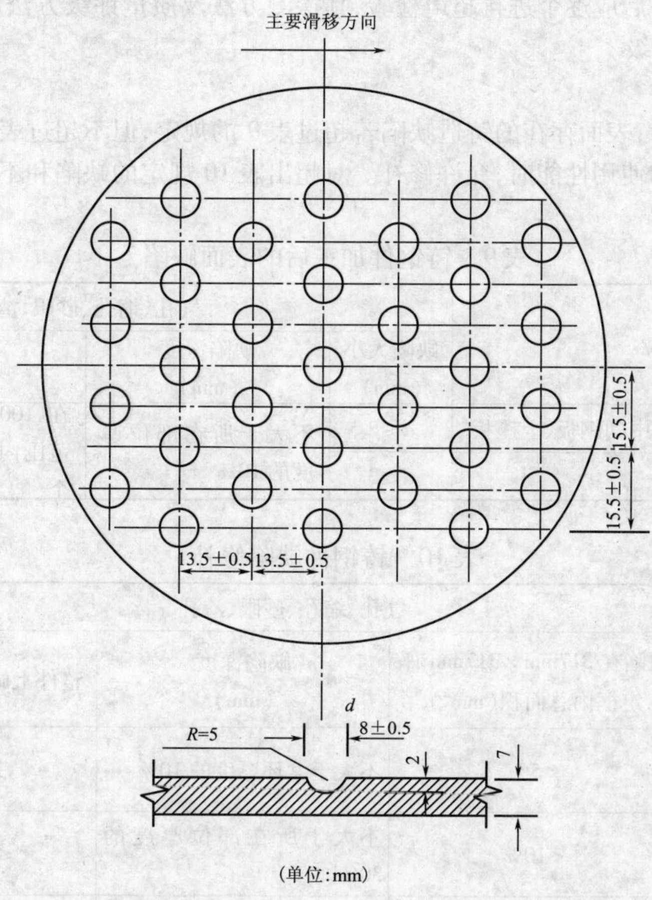

图 5

4.4.2　聚四氟乙烯板材

聚四氟乙烯板材为树脂本色。板材表面应光滑，不允许有裂纹、气泡、分层；不允许有影响使用的机械损伤等缺陷；不允许夹带任何杂质。

4.4.3　不锈钢板

不锈钢板不得有分层，表面不得有裂纹、气泡、杂质、结疤等影响使用的缺陷。

不锈钢板和顶板焊接后平面度最大偏差 ΔD 为 $0.000\ 3D$，D 为聚四氟乙烯板的直径。

4.4.4　硅脂

5201—2 硅脂为乳白色或浅灰色半透明脂状物，不允许有机械杂质。

4.4.5　黄铜板

各类支座密封圈用的黄铜板表面应光滑清洁，不应有分层、裂纹、起皮、杂质和绿锈。允许有轻微的、局部的、不使板材厚度超出其允许偏差的划伤、斑点、凹坑、皱纹、压入物等缺陷。

密封圈可由2层～3层黄铜圈叠置而成。

4.5 焊接

焊接必须牢固,焊缝应光滑、平整、连续。焊接技术应符合JB/T 5943的有关要求。

4.6 铸钢件

4.6.1 牌号级别

盆式支座用铸钢件牌号级别为ZG230—450或ZG270—500,其化学成分和铸件热处理后的机械性能及冲击韧性应符合GB 11352的有关要求。

4.6.2 内在质量

铸钢件外观检查合格后应逐个进行超声检验,其探测方法及质量评级方法应按GB 7233的规定进行。铸钢件质量要求为I级。

4.6.3 缺陷

铸钢件经机械加工后,表面存在的铸造缺陷若超过表9的规定,但不超过表10的规定,且经修补后不影响铸钢件使用寿命和使用性能时,允许修补。对超出表10规定的缺陷和不允许存在裂纹等的铸钢件,则不得修补。

表9 铸钢件加工后的表面缺陷

部位	气孔、缩孔、砂眼、渣孔			
	缺陷大小(mm)	缺陷深度(mm)	缺陷个数	缺陷间距(mm)
盆环、盆环外径以内的底板、中间钢板、上座板	$d \leq 2$	不大于所在部位厚度的10%	在100mm×100mm范围内,不得多于两个	≥80
盆环外径以外底板、顶板	$d \leq 3$			

表10 铸钢件缺陷修补

部位	气孔、缩孔、砂眼、渣孔			裂纹 蜂窝状孔眼
	缺陷在317mm×317mm评定框内总面积(mm^2)	缺陷深度(mm)	整件上缺陷处数	
盆环	<5%	不大于盆环厚度的10%	1	不允许存在
顶板、盆环外径以内的底板、中间钢板、上座板	<10%	不大于所在部位厚度的30%	≤2	不允许存在
盆环外径以外的底板	<15%	不大于底板厚度的50%	≤2	不允许存在

4.6.4 焊补

铸钢件焊补前,必须将缺陷处清铲至呈现良好金属为止,并将距坡口边沿30mm范围内及坡口表面清理干净。焊后应修磨至符合铸件表面质量要求,且不得有未焊透、裂纹、夹渣、气孔等缺陷。盆环和底板焊补后不应影响机械性能。焊补处表面颜色允许与母体稍有差异。

4.7 机加工件

4.7.1 支座各件加工严格按图样要求进行。

4.7.2 加工后的配合面及摩阻表面不允许有降低表面质量的印记。

4.7.3 零件加工后在搬运、存放时必须防止其表面受到损伤、腐蚀及变形。

4.7.4 图样中未注明公差尺寸的极限偏差应符合GB/T 1804中的C级要求。

4.7.5 图样中未注明的形状和位置公差、平面度应符合GB/T 1184中的K级规定,平行度应符合GB/T 1184中的有关规定。

4.8 支座防腐蚀

4.8.1 为提高支座使用寿命,支座钢件应进行防腐蚀处理。

4.8.2 按图样要求采用镀锌处理时,锌膜最小厚度为25μm。

4.8.3 钢件表面进行喷涂防锈蚀时,按如下要求进行:

a)待涂装表面应进行表面处理,首先清除附着于钢材表面的杂质,用稀释剂或清洗剂除去油污及脏物,并对边、角和焊缝进行打磨,如有腐蚀性盐类,应用清水冲洗干净并吹干其表面。

b)用喷射或抛射除锈法将待涂装表面的氧化皮、铁锈及其他杂质清除干净后,用真空吸尘器将钢材表面再清除一次。处理后机加工表面应达到GB/T 8923中规定的Sa2.5级,处理后表面粗糙度要求为30μm~75μm。

c)在表面处理后4h之内进行涂装,以防处理表面生锈。各道漆层均采用无气喷涂法。底漆为环氧富锌底漆,干膜平均厚度要求为80μm;中间层漆为环氧云铁底漆,干膜平均厚度要求为100μm;面漆为中黄色脂肪族类可复涂聚氨脂面漆三道,干膜平均厚度为70μm~80μm。

d)对边、角、焊缝等部位,在喷涂前应先涂刷一道,然后再进行大面积喷涂,以保证该部位的漆膜厚度。

e)施工中应经常使用湿膜测厚仪测定湿漆膜厚度,以控制干漆膜厚度并保证漆膜厚度均匀。漆膜厚度未达到要求处,必须补涂。

4.9 支座组装

4.9.1 凡待装的零、部件,必须有质量检验部门的合格标记。外购件和协作件须有证明其合格的证件,方可进行装配。

4.9.2 凡已喷涂的零、部件,在油漆未干透前,不得进行装配。

4.9.3 零、部件装配前,必须将铁屑、毛刺、油污、泥沙等杂物清除干净。其配合面及摩阻表面不允许有锈蚀、碰伤和影响使用性能的划痕。相互配合的表面均应干净。

4.9.4 装配橡胶板和聚四氟乙烯板时,不得用锤直接敲击。若须敲击时,中间应垫以软垫或不易损伤橡胶板和聚四氟乙烯板表面的垫块。橡胶板下不应有空气垫层。

4.9.5 中间钢板嵌放聚四氟乙烯板前,应将中间钢板凹槽擦净后均匀涂抹一薄层环氧树脂,以对聚四氟乙烯板进行粘贴。

4.9.6 安装橡胶板前,盆腔内清除干净后均匀涂抹一层5201—2硅脂进行润滑。

4.9.7 活动支座上座板和底盆组装前,应用丙酮或酒精将不锈钢滑板和聚四氟乙烯板擦洗干净,并在聚四氟乙烯板的储脂槽内注满5201—2硅脂。

4.9.8 支座外露表面应平整、美观、焊缝均匀。喷漆表面应光滑,不得有漏漆、流痕、皱褶等现象。

4.9.9 组装后支座高度偏差Δh要求为:

承载力为0.8MN~5MN的支座,Δh不大于3mm;

承载力大于5MN~20MN的支座,Δh不大于4mm;

承载力大于20MN的支座,Δh不大于5mm。

5 试验方法

5.1 橡胶

5.1.1 橡胶硬度测定应按GB 6031的规定进行。

5.1.2 橡胶拉伸强度、扯断伸长率测定应按GB 527、GB/T 528的规定进行。

5.1.3 脆性温度试验应按GB/T 1682的规定进行。

5.1.4 橡胶恒定形变压缩永久变形测定应按GB 7759的规定进行。

5.1.5 耐臭氧老化试验应按GB 7762的规定进行。

5.1.6 热空气老化试验方法应按GB 3512的规定进行。

5.2　聚四氟乙烯板

5.2.1　聚四氟乙烯板的相对密度测定应按 GB 1033 的规定进行。

5.2.2　聚四氟乙烯板的拉伸强度和断裂伸长测定应按 GB/T 1040 规定的方法进行。

5.3　整体支座

5.3.1　一般规定

整体支座力学性能测试应在专门试验机构中进行,条件许可时也可在制造厂中进行。

5.3.2　试验样品

测试支座力学性能原则上应选实体支座,如试验设备不允许对大型支座进行试验,经与用户协商可选用小型支座。

测试支座摩阻系数选用支座承载力不大于 2MN 的双向活动支座或用聚四氟乙烯板试件代替,试件厚 7mm,直径 80mm~100mm,试件工况与支座相同。

5.3.3　试验内容

试验内容应包括:荷载作用下的支座竖向压缩变形、荷载作用下盆环径向变形和支座或试验摩阻系数的测定。

5.3.4　试验方法

5.3.4.1　荷载试验:其检验荷载应是支座设计承载力的 1.5 倍,并以 10 个相等的增量加载。在支座顶底板间均匀安装四只百分表,测试支座竖向压缩变形;在盆环上口相互垂直的直径方向安装四只千分表,测试盆环径向变形。加载前应对试验支座预压 3 次,预压荷载为支座设计承载力。试验时检验荷载以 10 个相等的增量加载。加载前先给支座一个较小的初始压力,初始压力的大小可视试验机精度具体确定,然后逐级加载。每级加载稳压后即可读数,并在支座设计荷载时加测读数,直至加载到检验荷载后,卸载至初始压力,测定残余变形,此时一个加载程序完毕。一个支座需往复加载 3 次。

5.3.4.2　支座或试件摩阻系数测定采用双剪试验方法。试验时支座或试件储脂坑内均应涂满硅脂。对磨件不锈钢板选用 4.2.3 所规定的牌号,表面粗糙度为 1μm。试验温度常温为 21℃ ±1℃,低温为 -35℃ ±1℃。预压时间为 1h,支座预压荷载为设计承载力,试件按 30MPa 压应力计算。试验时先给支座或试件施加垂直设计承载力,然后施加水平力并记录其大小。当支座或试件一发生滑动,即停止水平力加载,由此计算初始摩阻系数。重复上述加载至第五次,测出各次的滑动摩阻系数。

一般情况下只做常温试验,当有低温要求时再进行低温试验。

试件数量为 3 组。

5.3.5　试验数据整理与要求

5.3.5.1　支座压缩变形和盆环径向变形量分别取相应各测点实测数据的算术平均值。

5.3.5.2　根据实测各级加载的变形量分别绘制荷载—竖向压缩变形曲线和荷载—盆环径向变形曲线。两变形曲线均应呈线性关系。卸载后支座复原不能低于 95%。

5.3.5.3　支座或试件滑动摩阻系数取第二次~第五次实测平均值。3 组试件摩阻系数平均值作为该批聚四氟乙烯板的摩阻系数。实测支座摩阻系数应小于等于 0.01,试件摩阻系数应低于整体支座实测值。

5.3.6　试验结果判定

5.3.6.1　试验支座的竖向压缩和盆环径向变形如满足 4.1.1 的规定,支座为合格,该试验支座可以继续使用。

5.3.6.2　实测荷载—竖向压缩变形曲线或荷载—盆环径向变形曲线呈非线性关系,该支座为不合格。

5.3.6.3　支座卸载后,如残余变形超过总变形量的 5%,应重复上述试验;若残余变形不消失或有增长趋势,则认为该支座不合格。

5.3.6.4　支座在加载中出现损坏,则该支座为不合格。

5.3.6.5　实测支座摩阻系数大于 0.01 时,应检查材质后重复进行试验;若重复试验后的摩阻系数仍大于0.01,则认为该支座摩阻系数不合格。

6 检验规则

6.1 型式检验

6.1.1 检验要求

有下列情况之一时,一般应进行型式检验:

a)新产品投产时的试制定型检验;

b)正式生产后,如结构、材料、工艺有较大改变,可能影响产品性能时;

c)产品停产两年后,恢复生产时;

d)出厂检验结果与上次型式检验有较大差异时;

e)国家质量监督机构提出进行型式检验的要求时。

6.1.2 检验项目

6.1.2.1 橡胶板

a)橡胶板半成品和成品的胶料物理机械性能按4.2.1的规定项目进行检验。

b)外形尺寸按产品图样要求进行检验,其中橡胶板直径用钢直尺量测,厚度用游标卡尺量测,直径、厚度至少各测四点。

c)外观质量用目测法按4.4.1规定进行检验。不合格产品可进行一次修补,修补后仍不合格,则该产品为不合格。

6.1.2.2 聚四氟乙烯板

a)聚四氟乙烯板的物理机械性能按GB 1033和GB/T 1040中规定的方法进行检验,并应满足4.2.2规定的指标。试样的制备和数量及试验时的标准环境应符合GB/T 1039的有关规定。

b)板材外形尺寸,其直径用精度为1mm的钢直尺测量,厚度用精度为0.02mm的量具测量,直径和厚度至少各测四点,尺寸偏差应满足4.3.2的规定。

c)在自然光线下,按4.4.2要求用目测法检查外观质量。

6.1.2.3 钢件

支座钢件按产品图样要求用钢尺、游标卡尺和塞规等检验外形尺寸和平面度,并按4.5和4.6的要求检验其内在质量和外观质量。

6.1.2.4 整体支座

a)支座外观质量按4.9.8的规定进行检验。

b)外形尺寸按产品图样要求进行检验。

c)支座竖向压缩变形和盆环径向变形及整体支座摩阻系数测定按5.3.4的规定进行。检验大规格支座摩阻系数有困难时,可用小规格支座代替。

6.1.2.5 外购件

外购件如钢件、不锈钢板、5201—2硅脂、涂料等应查验其质量证明书,必要时应进行复验。

6.1.3 抽样

6.1.3.1 抽样对象

经生产厂检验部门验收合格,且为本评定周期内生产的产品(整体支座及各部件)。

6.1.3.2 抽样方式

随机抽样,抽样后由质检部门封存。

6.1.4 抽样周期和数量

a)整体支座每3年抽样一次进行型式检验,每一次抽样支座最少为3个,其中一个支座承载力必须在10MN以上。

b)橡胶板以50块为一批或当产品不足50块时,也应至少每半年对橡胶板的质量进行全面检验。

其中热空气老化试验每季度不少于一次,脆性温度试验每半年不少于一次,并应保证橡胶板所用胶料的耐臭氧老化试验符合要求。如试验结果不合格,应取双倍试样对不合格项目进行复试,复试后仍有不合格项,则该批产品为不合格。

胶料物理机械性能除对半成品定期检验外,还应对成品进行解剖检验,试件应取自橡胶板芯部。成品解剖检验项目包括:硬度、拉伸强度和扯断伸长率。成品芯部胶料物理机械性能允许比 4.2.1 规定的指标有所变化,其中硬度变化率小于等于 10%,拉伸强度下降小于等于 10%,扯断伸长率下降小于等于 30%。

c)聚四氟乙烯板应以同原料、同工艺连续生产的产品为一批进行物理机械性能检验及质量考核。

d)铸钢件的内在质量及外观质量应逐件检验,并用超声波无损探伤仪逐件探伤。

6.2 出厂检验

6.2.1 制造厂质量检验部门应按产品图样、技术条件检验支座及各部件产品质量,检验合格后,签发产品合格证书,方可出厂。

6.2.2 应逐个进行整体支座和部件装配质量及外观质量的检验。

7 标志、包装、储存和运输

7.1 聚四氟乙烯板

7.1.1 聚四氟乙烯板应装于塑料袋中,外用纸箱或木箱包装。每箱产品应附有产品合格证。合格证上标明产品牌号、规格、批号、数量、生产厂名、检验员和制造日期。

7.1.2 聚四氟乙烯板应呈包装状态平放在清洁并不受阳光直接照射的库房内。

7.1.3 产品在运输中应防止撞击和日晒雨淋。

7.2 硅脂

硅脂的标志、包装、储存和运输应符合 HG/T 2502 的有关规定。

7.3 支座

7.3.1 每个支座应有标志牌,其内容应包括:产品名称、规格型号、主要技术指标(设计承载力、位移量)、生产厂名、出厂编号和出厂日期。

7.3.2 每个支座应有包装,包装应牢固可靠。箱外应注明产品名称、规格、制造日期、体积和质量。箱内应附有产品合格证和使用说明书。箱内技术文件须装入封口的塑料袋中以防受潮。

7.3.3 支座储存、运输中应避免阳光直接照晒、雨雪浸淋,并保持清洁。严禁与酸、碱、油类、有机溶剂等可影响支座质量的物质相接触,距热源应在 5m 以外。

8 安装和养护

8.1 安装准备

8.1.1 盆式支座下面建议设置支承垫石,并按支座底板地脚螺栓间距与底柱规格预留螺栓孔位置,要求支承垫石表面平整。施工时支承垫石顶面的标高要注意预留支座底板下环氧砂浆垫层厚度。支座底板以外垫石做成坡面,以防积水。

8.1.2 支座安装前方可开箱,并检查支座各部件及装箱清单。支座安装前不得随意拆卸支座。

8.2 安装步骤与注意事项

8.2.1 在支座设计位置处划出中心线,同时在支座顶、底板上也标出中心线。

8.2.2 将地脚螺栓穿入底板(顶板)地脚螺栓孔并旋入底柱内,底板和底柱之间垫以直径略大于底柱直径的橡胶垫圈。

8.2.3 支座就位对中并调整水平后,用环氧砂浆或高标号砂浆灌注地脚螺栓孔及支座底板垫层。待砂浆硬化后拆除调整支座水平用的垫块,并用环氧砂浆填满垫块位置。环氧砂浆要求灌注密实。

8.2.4 当支座采用焊接连接时,在支座顶、底板相应位置处预埋钢板,支座就位后用对称断续方式焊接。焊接时注意防止温度过高时对橡胶板、聚四氟乙烯板的影响。焊接后要在焊接部位做防锈处理。

8.2.5 如T梁采用盆式支座，施工安装时在梁端应采取临时支撑措施，以防T梁侧倾。待两片T梁间横隔板焊成整体后，方可拆除临时支撑。

8.2.6 活动支座开箱后要注意对聚四氟乙烯板和不锈钢滑板的保护，防止划伤和脏物粘附于不锈钢滑板与聚四氟乙烯滑板表面，并注意检查5201—2硅脂是否注满。

8.2.7 支座中心线与主梁中心线应重合或平行，单向活动支座安装时，上、下导向块必须保持平行，交叉角不得大于5′。

8.2.8 连续梁桥等在实行体系转换切割临时锚固装置时，必须采取隔热措施，以免损坏橡胶板和聚四氟乙烯板。

8.3 养护

盆式支座使用期间内按有关养护规范定期进行检查与养护。

中华人民共和国交通行业标准

JT/T 449—2001

公路悬索桥吊索

Hanger of highway suspension bridge

2001-08-30 发布　　　　2001-12-01 实施

中华人民共和国交通部　发布

中华人民共和国交通行业标准

公路悬索桥吊索

JT/T 449—2001

Hanger of highway suspension bridge

1 范围

本标准规定了公路悬索桥吊索的产品结构、材料、技术要求、工艺要求、试验方法、检验规则、标志、包装、贮存及运输等内容。

本标准适用于公路悬索桥用平行钢丝束和钢丝绳吊索产品。

2 引用标准

下列标准所包含的条文,通过本标准的引用而构成为本标准的条文。本标准出版时,所示版本均为有效。所有标准都会被修订,使用本标准的各方应探讨使用下列标准最新版本的可能性。

GB/T 231—1984　金属布氏硬度试验方法
GB/T 467—1997　阴极铜
GB/T 470—1997　锌锭
GB/T 699—1999　优质碳素结构钢技术条件
GB/T 3077—1999　合金结构钢技术条件
GB/T 4162—1991　锻轧钢棒超声波检验方法
GB/T 5796—1986　梯形螺纹
GB/T 7233—1987　铸钢件超声波探伤及质量评级标准
GB/T 8918—1996　钢丝绳
GB/T 9443—1988　铸钢件渗透探伤及缺陷显示痕迹的评级方法
GB/T 9444—1988　铸钢件磁粉探伤及质量评级方法
GB/T 11256—1989　粗直径钢丝绳
GB/T 11352—1989　一般工程用铸造碳钢件
GB/T 17101—1997　桥梁缆索用热镀锌钢丝
JB 3965—1985　钢制压力容器磁粉探伤

3 定义、符号

3.1 定义

本标准采用下列定义。

3.1.1 吊索 hanger

悬索桥连接主缆索夹与加劲梁的组装件。

3.1.2 平行钢丝束吊索 hanger of parallel wire strands

采用高强镀锌钢丝平行集束为索体的吊索。

中华人民共和国交通部 2001-08-30 批准　　2001-12-01 实施

3.1.3 钢丝绳吊索 hanger of wire ropes

采用优质钢芯钢丝绳为索体的吊索。

3.1.4 锚头 hanger anchorage

吊索两端用于与加劲梁及主缆索夹联结的构件。

3.1.5 冷铸锚 cold-cast anchorage

采用锚杯内冷铸带钢丸环氧树脂的锚头。

3.1.6 热铸锚 hot-cast anchorage

采用锚杯内热铸锌铜合金的锚头。

3.1.7 加劲梁 stiffening girder

作为桥面直接承受竖向活载的梁体。

3.1.8 公称截面积 nominal cross-section area

根据单根钢丝的公称直径(镀锌后的直径)计算的钢丝截面积乘以索体的钢丝数量。

3.1.9 公称破断荷载 nominal breaking load P_b

平行钢丝束吊索公称破断荷载为钢丝的标准抗拉强度乘以索体的公称截面积。

钢丝绳吊索公称破断荷载为GB/T 8918中规定的最小破断力。

3.2 符号

3.2.1 PSS——平行钢丝束吊索

3.2.2 GSS——钢丝绳吊索

3.2.3 LM——冷铸锚

3.2.4 RM——热铸锚

4 产品结构

4.1 吊索成品(见图1)

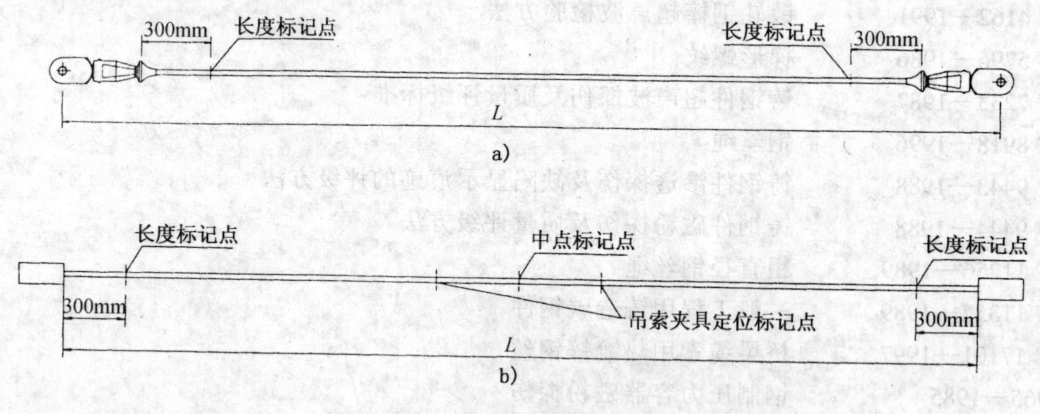

L:吊索成品长度单位:mm

图1 吊索成品示意

4.2 吊索断面(见图2、图3)

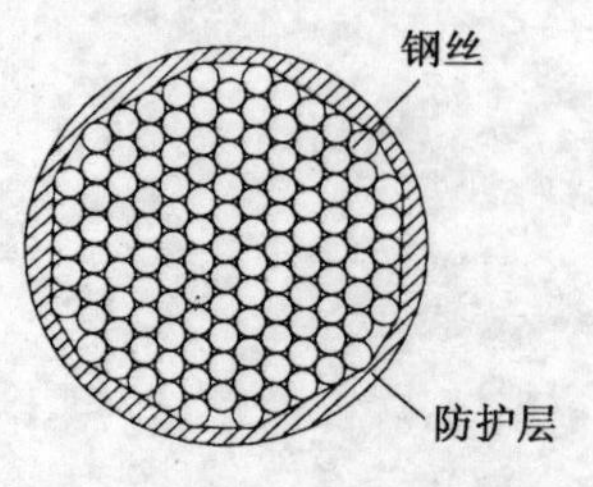

图2 平行钢丝束吊索断面示意

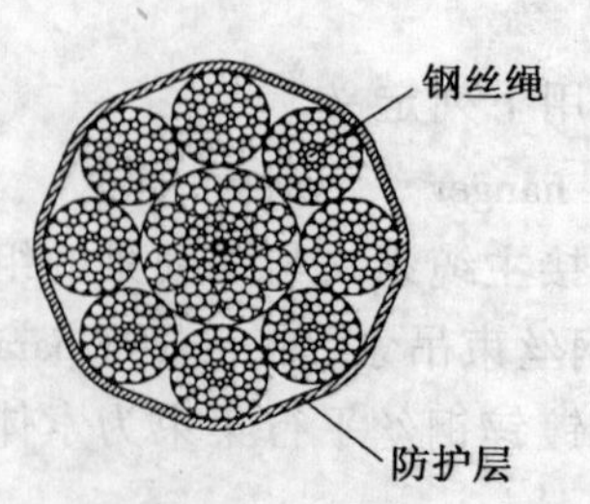

图3 钢丝绳吊索断面示意

4.3 锚头(见图4)

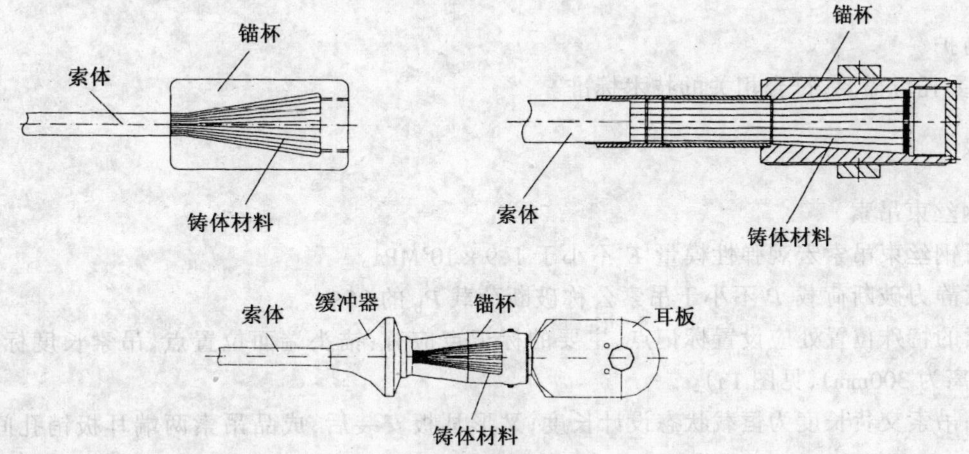

图4 锚头构造示意

4.4 吊索型号

4.4.1 平行钢丝束吊索型号表示方法

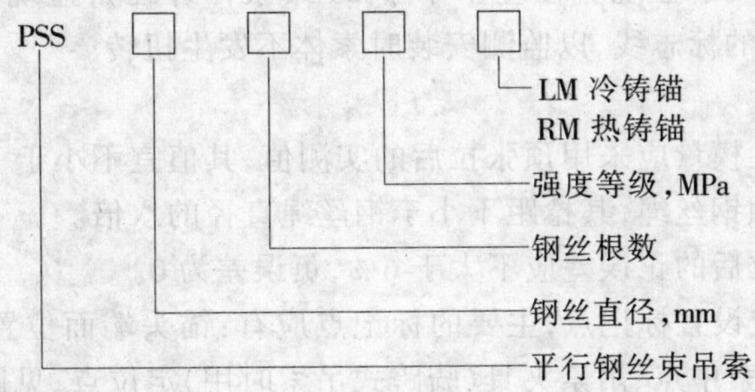

4.4.2 钢丝绳吊索型号表示方法

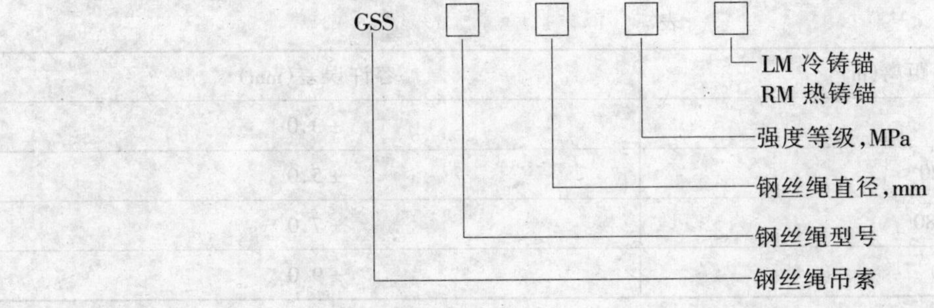

5 材料

5.1 高强镀锌钢丝

应符合 GB/T 17101 的各项指标要求。

5.2 钢丝绳

应选用优质钢芯钢丝绳,其技术条件应符合 GB/T 8918 及 GB/T 11256 的各项指标要求。

5.3 主要受力构件

对于锚头锚杯、盖板或销接式锚头的耳板、销轴等必须选用优质钢材制造,其技术条件应符合 GB/T 11352、GB/T 699 和 GB/T 3077 的规定。

5.4 锚内铸体

5.4.1 热铸锚:选用低熔点锌铜合金,其中锌含量为(98±0.2)%,应符合 GB/T 470 的规定;铜含量为(2±0.2)%,应符合 GB/T 467 的规定。

5.4.2 冷铸锚:冷铸料由环氧树脂、铁砂、矿粉、固化剂、增韧剂等组成,各种物料均应符合相关的技术标准。

5.5 吊索防护

应根据委托方需要,符合相关的技术标准。

6 技术要求

6.1 平行钢丝束吊索

6.1.1 平行钢丝束吊索宏观弹性模量 E 不小于 1.9×10^5MPa。

6.1.2 吊索静力破断荷载 P 不小于吊索公称破断荷载 P_b 的 95%。

6.1.3 吊索的特殊位置处应设置标记点,主要的标记点应有:锚头端面位置点、吊索长度标记点(与锚头端面的距离为 300mm),见图 1a)。

6.1.4 成品吊索交货长度为恒载状态设计长度;叉形耳板安装后,成品吊索两端耳板销孔间长度容许误差为 ±2mm。

6.1.5 疲劳性能符合如下要求:用脉动荷载加载,上限荷载为 $0.35P_b$,应力幅为 150MPa;经 2×10^6 次脉冲循环加载试验后,吊索断丝率不大于 5%;吊索护层不应有明显损伤,锚头无损坏。

6.1.6 吊索应能弯曲盘绕,最小盘绕直径应不小于 $20D$(索体外径),盘绕弯曲后,外形不应有明显变形。吊索侧面应设置沿轴向的标志线,以监测安装时索体不发生扭转。

6.2 钢丝绳吊索

6.2.1 钢丝绳吊索宏观弹性模量应采用预张拉后的实测值,其值宜不小于 1.1×10^5MPa。

6.2.2 钢丝绳宜采用线接触钢丝绳,其捻距不小于钢丝绳直径的八倍。

6.2.3 钢丝绳直径在预张拉后的正误差应不大于 6%,负误差为 0。

6.2.4 吊索的特殊位置处应设置标记点,主要的标记点应有:锚头端面位置点、吊索长度标记点(与锚头端面的距离为 300mm),吊索中点、吊索夹具(骑跨式吊索时用)定位点,见图 1b)。

6.2.5 成品吊索交货长度为恒载状态设计长度,吊索长度标记点间距离容许误差应满足表 1 要求。

表 1

长度标记点间距离(m)	容许误差(mm)
<60	±3.0
60~120	±5.0
120~180	±7.0
>180	±9.0

6.2.6 吊索锚头端面与最近标记点间距离容许误差为 ±3mm。

6.2.7 疲劳性能应符合 6.1.5 的规定。

6.2.8 吊索侧面应设置沿轴向的标志线,以监测安装时索体不发生扭转。

6.3 锚头

6.3.1 一般要求

6.3.1.1 锚头规格尺寸应符合设计要求。

6.3.1.2 锚头材料为铸钢件,探伤检验要求的质量要求应符合 GB/T 7233、GB/T 9443 及 GB/T 9444 的规定。

6.3.1.3 锚头材料为锻钢件,探伤检验要求的质量要求应符合 GB/T 4162 和 JB 3965 的规定。

6.3.1.4 锚头的各主要受力构件硬度测试应符合 GB/T 231 的规定。

6.3.1.5 销接式锚头叉形耳板以螺纹安装至锚杯时,应保证吊索两端锚头耳板方向一致。

6.3.1.6 锚头灌铸后吊索与锚头端面的垂直度应控制在 90°±0.5°。

6.3.1.7 锚杯内浇铸材料应密实,无气孔。

6.3.2 热铸锚

6.3.2.1 浇铸合金前应将锚杯预热,预热温度应根据当地气温条件经试验后确定,以保证合金浇铸温度不低于规定值。

6.3.2.2 热铸合金的浇铸温度应控制在(460±10)℃范围。

6.3.2.3 锚杯内浇铸材料实际浇铸量应为理论计算铸入量的92%以上。

6.3.2.4 锚头浇铸完毕冷却至常温后以设计荷载的1.25倍顶压力进行顶压检验,持荷时间5min,索体外移量小于5mm为合格。

6.3.3 冷铸锚

6.3.3.1 锚头浇铸完毕后以设计荷载的1.25倍进行预张拉。预拉后,冷铸锚中锚板回缩值小于5mm为合格。

6.3.3.2 冷铸体的试件强度常温下应不小于147MPa。

7 工艺要求

7.1 平行钢丝束吊索

7.1.1 钢丝束应同心左向绞合形成,最外一层钢丝绞合角为2°~4°,其相应捻距为40~60倍的索体外径,视吊索中钢丝数量而异。

7.1.2 吊索中钢丝应排列整齐,扭绞均匀,无交叉错位。

7.1.3 钢丝束外绕包层右旋,每圈搭接应不小于带宽的1/3。绕包层应齐整致密、无破损、无缺漏。

7.1.4 绕包后的钢丝束,外挤包PE护层。护层应紧密包覆,在正常的生产、运输、吊装过程中不松脱。

7.1.5 成品吊索在自然状态下应保持顺直,不应有螺旋形卷曲。

7.1.6 成品吊索护层表面不应有深于1mm的划痕。

7.1.7 锚头与索体的锚固能力应不小于相应规格吊索公称破断荷载 P_b 的95%。

7.2 钢丝绳吊索

7.2.1 制作吊索前,需对钢丝绳进行预张拉,以消除非弹性变形。判别非弹性变形消除的标准是最后二次预张拉的非弹性变形量之差不大于预张拉长度的0.15‰。

7.2.2 预张拉荷载为钢丝绳公称破断荷载 P_b 的55%,持荷时间不小于60min,预张拉次数至少不低于三次,应以消除非弹性变形为准。

7.2.3 钢丝绳预张拉时宜采用临时锚具张拉,若采用夹具锚固张拉时,应保证钢丝绳芯无滑动;张拉完成后,临时锚具或夹具处钢丝绳应切除,不得留在成品吊索长度范围内。

7.2.4 预张拉不得损伤钢丝绳,钢丝绳的切割应采用砂轮切割。

7.2.5 钢丝绳护层应根据委托方要求制作。

7.2.6 锚头与索体的锚固能力应不小于相应规格吊索公称破断荷载 P_b 的95%。

7.3 锚头

7.3.1 进行锚头安装的索体必须经检验合格,灌铸料满足材料指标要求后方可进行灌锚工艺。

7.3.2 锚头表层防护不得有损伤,螺纹不得有任何碰伤,并能够自由旋合。

7.3.3 锚头的各外露件,应作发黑处理。也可以作镀锌防护,电镀锌件在镀后应作脱氢处理。

7.3.4 热铸锚进行顶压检验前,油压表及测力仪器等检测设备应通过计量检定,配套使用。

7.3.5 对于热铸锚,浇铸热铸合金时,热铸锚的锚杯应预热,钢丝应均匀散开在锚杯中。

7.3.6 对于冷铸料,在浇铸前应将定位板按设计位置定位于锚杯中,钢丝镦头抵紧定位板。浇铸冷铸料时应强迫振实,并有可靠的防漏措施。

8 试验方法

8.1 预张拉

8.1.1 使用液压千斤顶作为加载装置,荷载由压力表控制,压力表的精度不低于1.5级。

8.1.2 预张拉装置的加载精度,在测定范围内要保持在±2%以内。

8.1.3 将拉索置于台座中,逐渐加载至预拉力的10%,检查加载装置及拉索连接系统准确可靠后,继续缓慢加载至预拉索力,并分5级加载。

8.1.4 加载速度不大于100MPa/min。

8.2 吊索长度测量

8.2.1 吊索在进行预张拉后,在恒载拉力下进行长度标记。

8.2.2 长度测定时所用测力及测距仪器均需进行标定并持有标定证书。

8.2.3 长度标记后,卸载至零荷载,然后重新加载至恒载下复测长度,其误差应满足6.1.4和6.2.5规定。

8.3 静载试验

8.3.1 试验吊索长度(不计两端锚头长度)不小于3m,试验吊索根数不少于三根。

8.3.2 试验由$0.1P_b$(公称破断荷载)开始,逐级加载至$0.5P_b$,每级$0.1P_b$,加载速度为每分钟100MPa,每级持荷时间2min,测量每级吊索长度变化。当荷载达到$0.5P_b$后持荷10min,然后继续逐级加载,每级$0.05P_b$,加载速度每分钟100MPa,每级持荷时间2min,测量每级索长的变化。

8.3.3 当加载至$1.0P_b$时,持荷时间2min后继续加载至荷载达到极限或索体中钢丝的破断率达到5%时,所得的拉力即为实测破断荷载。

8.3.4 试验完成后需进行锚头剖面检查,进行灌铸合金致密性分析。

8.4 弹性模量

8.4.1 吊索的弹性模量可以用试验索进行测定,也可以在成品索上进行测定。

8.4.2 平行钢丝束吊索弹性模量的测定应在预张拉后进行。

8.4.3 钢丝绳吊索弹性模量的测定应在预张拉消除非弹性变形后进行。

8.4.4 弹性模量应在破断荷载的10%~40%范围内测定,先预拉至$0.45P_b$,持荷10min后卸载至$0.1P_b$,持荷5min后再逐级加载,每级$0.05P_b$、持荷5min测读标距范围内的索长变化。取得荷载与索长变化的数据,求出吊索的宏观弹性模量。

8.5 弯曲静载试验

8.5.1 骑跨式钢丝绳吊索宜进行弯曲静载试验(两根拉断试验)。

8.5.2 试验吊索长度(不计两端锚头长度)不小于钢丝绳直径的100倍,张拉盘直径与索夹槽直径相同,试验吊索根数不少于两根。

8.5.3 试验装置示意见图5。

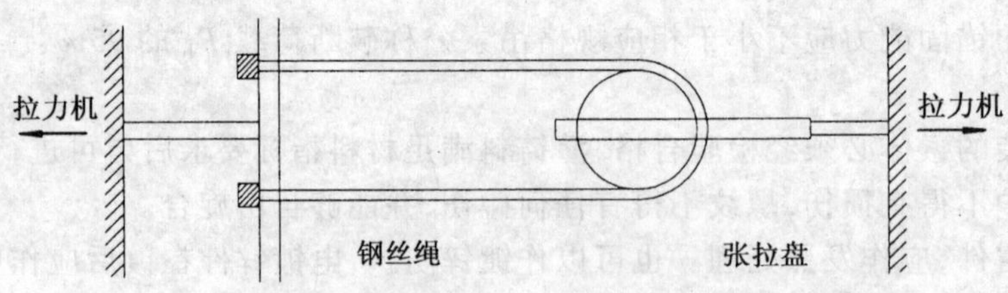

图5 弯曲静载试验装置示意

8.5.4 加载过程同8.3.2,测出吊索的破断荷载,该断裂荷载不小于85%的理论破断荷载时为合格。

8.6 疲劳试验

8.6.1 试验吊索长度(不计两端锚头长度)不小于3m,试验吊索根数不少于两根。

8.6.2 先加设计荷载1.2倍的静载并持荷10min卸载,然后按6.1.5规定脉动荷载加载,疲劳性能符合6.1.5的要求。

9 检验规则

9.1 检验分类

吊索的检验分为出厂检验和型式检验。

9.2 出厂检验

吊索的出厂检验项目见表2。

表2 吊索出厂检验

序号	检验项目	检验要求	检验方法	取样规定
	平行钢丝束吊索			每根
1	钢丝排列	合格	目测	
2	绕包层	合格	7.1.3	
3	挤包护层	合格	7.1.4	
4	吊索长度	合格	6.1.4	
5	预拉及锚回缩(或顶压量)	合格	6.3.2.4、6.3.3.1	
6	索体与锚头连接的密封性能	合格	目测	
	钢丝绳吊索			每根
7	钢丝绳	合格	GB/T 8918	
8	护层	合格	7.2.5	
9	吊索长度	合格	6.2.5	
10	预拉及锚回缩(或顶压量)	合格	6.3.2.4、6.3.3.1	
11	索体与锚头连接的密封性能	合格	目测	
	锚头			每副
12	超声波探伤	合格	GB/T 4162、GB/T 7233	
13	磁粉探伤	合格	JB 3965	
14	硬度	合格	GB/T 231	
15	螺纹	合格	GB/T 5796	
16	外形尺寸	合格	实测	
17	表面防护处理	合格	目测	
18	互换性	合格	实测实配	

9.3 型式检验

吊索的静载试验、弹性模量试验、疲劳性能试验属型式检验。在下列之一情况下,吊索应按本标准规定进行型式检验。

a)生产设备、产品设计、工艺、材料等方面有重大变更时;

b)定期或积累一定产量后,每二至三年进行一次检验;

c)需方根据工程设计提出要求,由双方协商确定时;

d)出厂检验结果与上次型式检验有较大差异时;

e)国家质量监督机构提出进行型式检验的要求时。

9.4 判定规则

9.4.1 钢丝、钢丝绳、锚头及护层等,凡已判定为不合格品者,均不得用于制造吊索。

9.4.2 新型吊索未通过型式检验,不得投产。

9.4.3 凡本标准表2中所规定的吊索出厂检验项目中有一项未获通过,该根吊索即被视为不合格产品,需方有权拒收。

10 标志、包装、贮存及运输

10.1 标志

10.1.1 每根吊索的两端锚头上,必须用红色油漆注明吊索编号和规格。

10.1.2 每根吊索均应挂有合格标牌,并应牢固地系于吊索两端锚头处。标牌上应清楚写明工程名称、吊索编号、长度、质量、制造厂名及制作日期。

10.2 包装

10.2.1 成品吊索采用成盘包装;索盘直径不应小于吊索直径的20倍。吊索两端锚头要牢固地固定在索盘上。

10.2.2 背骑式钢丝绳成品吊索上盘时,应将吊索在中央对弯,由中央向两侧卷绕,中央对弯部分的弯曲半径要大于钢丝绳直径的8倍以上。

10.2.3 成品吊索索盘应用不损伤吊索表面质量的防水及防腐蚀材料进行包装,具体要求可由委托方提出。

10.3 贮存

10.3.1 成品吊索索盘宜存放于仓库内,露天存放时,应采取防雨措施进行遮盖。

10.3.2 成品吊索索盘应水平堆放在离地面30~50cm的支架上,可以叠置,层间应加垫木。保持场地的干燥、通风、不污染,以保证吊索不发生锈蚀及损伤。

10.4 运输

10.4.1 成品吊索索盘在运输过程中应绑扎牢固,以保持运输过程中的稳定。

10.4.2 起吊及装卸时,应避免碰撞等伤及吊索表面质量情况的发生。

ICS 93.040
P 28
备案号：

中华人民共和国交通行业标准

JT/T 502—2004

公路桥梁波形伸缩装置

Highway bridge wave-type expansion

and contraction installation

2004-04-16 发布　　　　2004-07-15 实施

中华人民共和国交通部　发布

公路桥梁波形伸缩装置

1 范围

本标准规定了公路桥梁波形伸缩装置(以下简称伸缩装置)的形式、主要尺寸、性能要求、试验方法、检验规则、施工安装和维护等技术要求。

本标准适用于伸缩量为20mm~100mm公路桥梁连接处使用的波形伸缩装置,其他桥梁伸缩装置可参照使用。

2 规范性引用文件

下列文件中的条款通过本标准的引用而成为本标准的条款。凡是注日期的引用文件,其随后所有的修改单(不包括勘误的内容)或修订版均不适用于本标准,然而,鼓励根据本标准达成协议的各方研究是否可使用这些文件的最新版本。凡是不注日期的引用文件,其最新版本适用于本标准。

GB/T 699 优质碳素结构钢

GB/T 700 碳素结构钢(neq DIN 630)

GB/T 912 碳素结构钢和低合金结构钢热轧薄钢板和钢带

GB/T 1184 形状和位置公差 未注公差值(eqv ISO 2768.2)

GB 1499 钢筋混凝土用热轧带肋钢筋(neq ISO 6935.2)

GB/T 1591 低合金高强度结构钢(neq ISO 4950)

GB/T 1690 硫化橡胶耐液体试验方法(neq ISO 1817)

GB/T 1801 极限与配合公差带和配合的选择(eqv ISO 1829)

GB/T 1804 一般公差 未注公差的线形和角度尺寸的公差(eqv ISO 2768.1)

GB/T 3274 碳素结构钢和低合金结构钢 热轧厚钢板和钢带(neq ГОСТ14637)

GB/T 6343 泡沫塑料和橡胶 表观(体积)密度的测定(neq ISO 845)

GB/T 6669 软质泡沫聚合材料 压缩永久变形的测定(idt ISO 1856)

GB/T 10808 软质泡沫塑料撕裂性能试验方法(eqv ASTM D 3574)

GB/T 12467.1~12467.4 焊接质量要求 金属材料的熔化焊(idt ISO 3834)

GB/T 13477 建筑密封材料试验方法(neq ISO 7389)

GB 16776 建筑用硅酮结构密封胶(neq ASTM C 1184)

GB/T 17794 柔性泡沫橡塑绝热制品(neq ASTM C 534)

JT/T 327 公路桥梁橡胶伸缩装置

JTG F80 公路工程质量检验评定标准

JB/T 5943 工程机械焊接件通用技术条件

JC 483 聚硫建筑密封膏

3 术语和定义

JT/T 327 中所确立的以及下列术语和定义适用于本标准。

3.1 公路桥梁波形伸缩装置 Highway bridge wave-type expansion and contraction installation

为使车辆平稳通过桥面并满足桥梁上部结构变形的需要,在桥梁伸缩缝处设置的由波形板和专用密封胶等组成的伸缩装置。

4 产品分类

4.1 产品结构

产品结构为波形伸缩装置,由波形板、专用密封胶、U形底槽、锚固钢筋、泡沫棒等组成,外形设计为波浪形状。

4.2 主参数

伸缩装置采取分段制作,每段长1m,伸缩量为20mm、40mm、60mm、80mm、100mm。

4.3 型号

由产品名称代号及伸缩量组成。

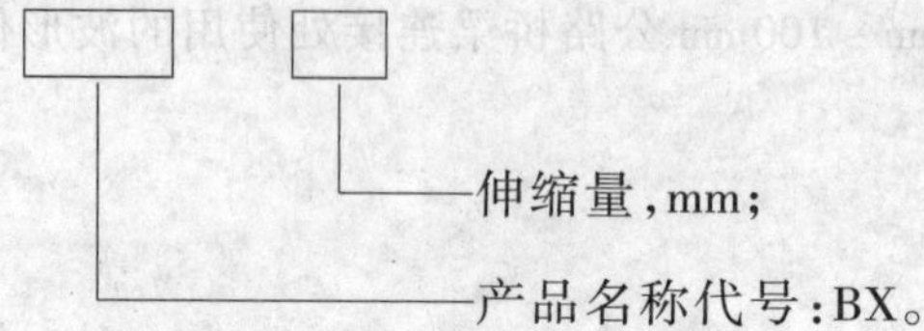

示例:伸缩量为80mm的波形伸缩装置表示为:BX 80。

5 技术要求

5.1 一般要求

5.1.1 伸缩装置应按本标准规定的要求及有关部门审定的图纸技术文件设计、制造,其公差应满足5.3及设计图纸的要求。标准未规定或图纸未注公差,尺寸应符合GB/T 1804的规定,形位公差符合GB/T 1184、GB/T 1801的规定。

5.1.2 伸缩装置可适用的工作环境温度为-45℃~+60℃。伸缩装置应能承受桥梁结构中梁体温度变化、混凝土徐变及收缩、梁端旋转、梁的挠度等因素影响,并保证桥面与伸缩装置有良好的连接。

5.1.3 伸缩装置的结构及外观设计应保证伸缩装置的刚度和整体稳定性,应能承受行车荷载的作用而不发生变形,且方便施工、维护,确保车辆正常行驶。

5.2 构件材料和性能

5.2.1 专用密封胶

专用密封胶适用的环境温度为-50℃~+75℃,其技术性能应符合表1的要求。

表1 专用密封胶技术性能

序号	项目		指标要求
1	密度,g/cm^3		1.60~1.70
2	适用期,h		2~6
3	表干时间,h		<24
4	渗出性指数		<4
5	流平性		光滑平整
6	低温柔性,℃		-45
7	拉伸粘结强度,MPa		≥0.45
8	最大伸长率(+25℃),%		>300
9	恢复率,%		>80
10	拉伸—压缩循环性能	级别	不低于8020
		粘结破坏面积,%	<10

表 1(续)

序号	项目		指标要求
11	加热失重,%		<10
12	热空气老化试验	试验条件,℃×h	70×96
		拉伸强度降低率,%	≤15
		粘结强度降低率,%	≤25
13	紫外线老化试验	试验条件,℃×h	60×500
		外观	无龟裂
		伸长率降低率,%	<10
		粘结强度降低率,%	<10
14	耐臭氧老化(25~50pphm)(20%伸长)	试验条件,℃×h	40×96
		外观	无龟裂
15	耐油污性膨胀率(一号机油,室温×70h),%		<45

5.2.2 波形板

波形板材料应选用机械性能不低于 Q345B 的不等厚异型钢板材,并采用一次热轧成型工艺形成的波形板,其质量要求应符合 GB/T 699、GB/T 1591、GB/T 3274 的规定,抗拉强度不低于 425MPa,屈服点不低于 300MPa。

5.2.3 U 形底槽

U 形底槽材料为强度不低于 Q235C 的普通薄钢板,其质量要求应符合 GB/T 700、GB/T 912 的规定,应与波形板成一整体,且应能保证伸缩装置的刚度和均匀变形。

5.2.4 锚固钢筋

锚固钢筋为螺纹钢筋,其材质应符合 GB 1499 的规定,直径应不小于 Φ18,长度不小于 300mm,抗拉强度不低于 500MPa,屈服点不低于 380MPa,伸长率不低于 29%,钢筋加工后的抗拉强度不低于 300MPa。锚固钢筋采用直连、弯连两种形式,安装时交替组合。

5.2.5 泡沫棒

采用强度适中、有一定弹性的聚乙烯材料发泡成型,其技术性能见表 2,置于 U 形槽内的断面形状见表 4。

表 2 泡沫棒技术性能

项目	单位	指标要求	测试方法
表观密度	kg/m^3	>25	GB/T 6343
撕裂强度	N/cm	>2.5	GB/T 10808
23℃×72h 压缩回弹率(压缩 50%)	%	≥70	GB/T 6669 GB/T 17794

5.3 尺寸公差

5.3.1 伸缩装置长度公差为每延米不大于 ±2mm。宽度、厚度公差应满足表 3 要求。

表 3 伸缩装置宽度、厚度公差

单位:mm

宽度范围	公差	厚度范围	公差
≤50	+2.0 -1.0	≤100	+1.5 -1.0

表 3(续)

宽度范围	公差	厚度范围	公差
>50	+2.0 -1.5	100~150	+2.0 -1.5
注:表中正公差为伸缩体顶面允许值,负公差为伸缩体底面允许值			

5.3.2 伸缩装置的角度为45°,波形板加工成型后的垂直度为0.5mm、水平度为1.5mm,板高为100mm~150mm,专用密封胶在自然状态下的尺寸公差应满足表4的要求。

表 4 专用密封胶尺寸公差

单位:mm

图示	宽度范围	公差	厚度范围	公差
专用密封胶 a b_1 b_2 b_3 泡沫棒 波形板	$a \leqslant 50$	+1.5 0	$b_1 = 6$	±1
			$b_2 = 21$	±1.5
			$b_3 = 45$	±2
	$a > 50$	+2 0	$b_1 = 8$	±1
			$b_2 = 23$	±1.5
			$b_3 = 45$	±2

5.4 伸缩装置性能要求

5.4.1 伸缩装置按6.3进行最大拉伸和压缩水平摩阻力、变位均匀性试验时,变位应均匀,整体结构应保持同步,变位测量值与标准值最大偏差值、最大水平摩阻力应符合表5要求。

5.4.2 伸缩装置按6.4进行竖向高度变形试验时,竖向高度变形量应符合表5要求。

5.4.3 伸缩装置按6.5进行加载疲劳试验时,波形板与密封胶之间应粘结良好、连接牢固紧密,波形板粘结抗剥离性能、胶面外观应符合表5规定。

5.4.4 伸缩装置应具有可靠的防水性能,当按6.6进行防水性能试验时,防水性能应满足表5规定。

5.4.5 当按6.7进行防砂石嵌入试验时,伸缩装置应能有效地阻止砂石、脏物的嵌入,排出石子,试验后伸缩装置表面应无损坏现象。

5.4.6 当按6.8进行伸缩装置维修方便性能试验时,密封胶应在2h后与整体固化牢固。

表 5 伸缩装置基本性能

序号	项目	指标
1	拉伸、压缩时最大水平摩阻力,kN/m	<4
2	拉伸、压缩时变位均匀性(每单元变位最大偏差值的绝对值),mm/m	≤1.5
3	拉伸、压缩时竖向高度变形量的绝对值,mm	<2
4	波形板粘结抗剥离性能(粘结破坏面积),%	<5
5	胶面外观	无皱折、无裂纹
6	防水性能	24h无渗、漏

5.5 制造、装配和外观质量要求

5.5.1 伸缩装置外观表面应光洁、平整,不允许有锈斑、油污、裂纹、毛刺等缺陷。波形板内壁上端部表面应经拉毛滚花处理成斜坡状。

5.5.2 专用密封胶配胶、灌胶的环境应清洁,环境温度应与胶体设定的操作温度相一致。灌胶前应对波形板进行检验,确保波形板两侧清洁、无锈蚀、无油污。

5.5.3 专用密封胶外观应为凹形圆滑过渡,表面应无裂纹及明疤缺胶等现象,并应保证密实、无气泡、无杂质,灌后胶面尺寸符合表4要求,偏差在允许范围以内,粘结牢固无剥离现象。

5.6 施工安装要求

5.6.1 伸缩装置宜采用反切法施工安装,先组装后锚固,再进行混凝土施工,各环节应严格按 JTG F80 相关条款的要求控制施工安装质量。

5.6.2 安装前应按照设计图纸核对施工完的梁、板端部及桥台处安装伸缩装置的预留槽尺寸,检查预埋锚固钢筋与梁(或板)、桥台锚固程度,将预留槽内的石子、杂物、混凝土清扫干净并打毛。锚固钢筋与桥面板钢筋或台背预埋筋应分别焊为一体,同时两侧分别增加两条横向连接钢筋,与锚固系统焊接成网状结构。横向连接钢筋材质应符合 GB 1499。组焊时不得撬击、捶打伸缩装置。

5.6.3 焊接质量应满足 GB/T 12467.1~12467.4、JB/T 5943 的要求,不得有未焊透、夹渣、气泡等缺陷,焊渣应清除干净。

5.6.4 伸缩装置的波形板沿口及桥面的标高应与混凝土的上表面相吻合,保证车辆行车舒适、无跳车感,伸缩装置的直线度不得低于 5mm/10m。

5.6.5 在每段伸缩胶体连接处应采用现场灌胶粘结等防渗水处理。

5.6.6 伸缩装置两侧应使用高强度高韧性的钢纤维混凝土或其他高性能混凝土,并做好防污措施。

6 试验方法

6.1 解剖试验

将伸缩装置沿垂直方向锯开,采用相应精度的量具测量专用密封胶、波形板、泡沫棒的内部结构尺寸,并用目测法观察波形板与密封胶粘结情况。

6.2 专用密封胶材料试验

专用密封胶材料试验应按 GB/T 13477、GB 16776 及 JC 483 的规定,其耐液体试验应符合 GB/T 1690 的规定。

6.3 伸缩装置水平摩阻力、变位均匀性试验

6.3.1 试验装置:在万能实验机上做试验,或设置一边固定、一边可以移动的试验台,试验台设有导向装置,并能对组装好的伸缩装置进行力学性能试验。

6.3.2 试验方法:组装联接两组各长 3m 的伸缩装置,置于试验平台上,两边用定位螺栓或其他的有效方法将试样模拟锚固后,用万能试验机夹头或用千斤顶拉伸和压缩伸缩装置,在进行变位均匀性试验时,预先在试验段每米的两端和中间位置作好明显标记,再对伸缩装置进行往返压缩、拉伸至最大值时,测量伸缩装置各断面的宽度变位值和读取加力值。

6.4 伸缩装置竖向高度变形试验

组装联接两组各长 3m 的伸缩装置,使伸缩装置拉伸及压缩到最大拉伸、压缩值时,测量竖向高度变形值,重复三次,取平均值。

6.5 加载疲劳试验

取 1m 伸缩装置拉伸至最大伸长量的 1/2 处,模拟车轮对伸缩装置进行连续冲击,单轮载 100kN,冲击速度 40km/h,冲击次数 100 万次,测定波形板与胶体粘结破坏面积,并观察胶面外观。重复三次,取平均值。

6.6 密封胶防水性能试验

试件在最大拉伸状态下,向伸缩装置内注满水,使水面与波形板平齐,并观察 24h 后的渗漏情况。

6.7 防砂石嵌入试验

在试件上堆积少量石子(粒径为 1cm~3cm),用重 3.63kg(8 磅)重锤敲击石子,重锤落距 1m、连续 10

次，清除石子后观察伸缩装置表面。

6.8 维修方便性能试验

切割部分密封胶，再灌注适量密封胶，保持2h后，观察密封胶与伸缩装置的固化及粘结情况。

7 检验规则

7.1 检验分类

伸缩装置检验分型式检验和出厂检验。

7.2 型式检验

7.2.1 有下列情况之一时，应进行型式检验：

a)新产品投产时或老产品转厂生产作试制定型鉴定时；

b)正式生产后，因材料、结构尺寸、工艺有较大改变，可能影响伸缩装置性能时；

c)正常生产后，如出现异常情况，产品质量不符合要求或者积累一定产量后进行例行检验时；

d)产品停产一年以上，恢复生产时；

e)重点桥梁工程或用量较大桥梁工程；

f)国家质量监督机构或用户提出要求时。

7.2.2 型式检验按表6进行。

7.3 出厂检验

7.3.1 伸缩装置应进行出厂检验，检验项目为表6中的1、4、5项。其中第1项为全检，其余项按7.4的规定抽检。

7.4 组批与抽样

7.4.1 组批

伸缩装置应成批检验，一个检验批可由一个生产批组成，或由采用相同材料、工艺和设备的几个生产批组成，每批数量不超过1000件。

7.4.2 抽样

从每批产品中随机抽取不少于三件。

7.5 判定规则

检验不合格时，应再取双倍试样对不合格项目进行复验，复验后仍有项目不合格，则该批产品为不合格。

表6 检验内容

序号	检验项目	试验方法	技术要求
1	外观检验	采用目测法及相应精度的量具测量	外观无缺陷，外形尺寸符合5.3.1
2	解剖试验	6.1	5.3和5.5
3	专用密封胶材料试验	6.2	5.2.1
4	伸缩装置水平摩阻力、变位均匀性试验	6.3	5.4.1
5	伸缩装置竖向高度变形试验	6.4	5.4.2
6	加载疲劳试验	6.5	5.4.3
7	密封胶防水性能试验	6.6	5.4.4
8	防砂石嵌入试验	6.7	5.4.5
9	维修方便性能试验	6.8	5.4.6

8 标志、包装、运输、储存

8.1 标志标识

经检验合格的伸缩装置，应在产品上标明型号、标准号、制造厂名及制造日期。每件伸缩装置都应有标识，其内容包括产品商标、型号、生产日期、批号、公司名称、检验员代号。

8.2 包装

8.2.1 伸缩装置应采用密封包装。长途运输，应采用保护措施，以防产品损坏。

8.2.2 伸缩装置的胶面应用保护膜粘贴好，外露丝扣均应套上塑料套管。

8.2.3 产品合格证及技术文件装入塑料袋。

8.3 运输

运输时应避免阳光直接曝晒、雨淋雪浸、防止震动变形、碰撞及胶面损坏。

8.4 储存

伸缩装置应储存在干燥、通风、温度适宜、远离热源的场所，避免与酸、碱、盐、油、有机溶剂等具有腐蚀性的物质相接触。

ICS 93.080.10
P 66
备案号：

中华人民共和国交通行业标准

JT/T 529—2004

预应力混凝土桥梁用塑料波纹管

Plastic bellows for prestressed concrete bridge

2004-04-16 发布　　2004-07-15 实施

中华人民共和国交通部　发布

预应力混凝土桥梁用塑料波纹管

1 范围

本标准规定了预应力混凝土桥梁用塑料波纹管产品的分类、技术要求、试验方法、检验规则、标志、包装、运输和贮存等。

本标准适用于以高密度聚乙烯树脂(HDPE)或聚丙烯(PP)为主要原料,经热熔挤出成型的预应力混凝土桥梁用塑料波纹管。

2 规范性引用文件

下列文件中的条款通过本标准的引用而成为本标准的条款。凡是注明日期的引用文件,其随后所有的修改单(不包括勘误的内容)或修订版均不适用于本标准,然而,鼓励根据本标准达成协议的各方研究是否使用这些文件的最新版本。凡是不注日期的引用文件,其最新版本适用于本标准。

GB/T 2918　塑料试样状态调节和试验的标准环境(idt ISO 291)
GB/T 8806　塑料管材尺寸测量方法(eqv ISO 3126)
GB/T 9647　热塑性塑料管材环刚度的测定
GB/T 11116　高密度聚乙烯树脂
GB/T 14152　热塑性塑料管材耐外冲击性能试验方法　时针旋转法(eqv ISO 3127)
GB/T 18742.1　冷热水用聚丙烯管道系统 第一部分:总则(NEQ ISO/DIS 15874)

3 产品分类、结构和型号

3.1 分类

塑料波纹管按截面形状可分为圆形和扁形两大类。

3.2 结构

塑料波纹管的结构见图1和图2。波峰4 mm~5mm,波距30 mm~60mm。

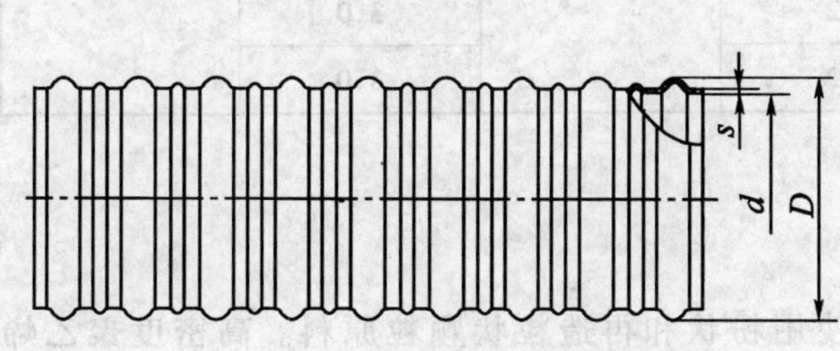

图1　圆形塑料波纹管

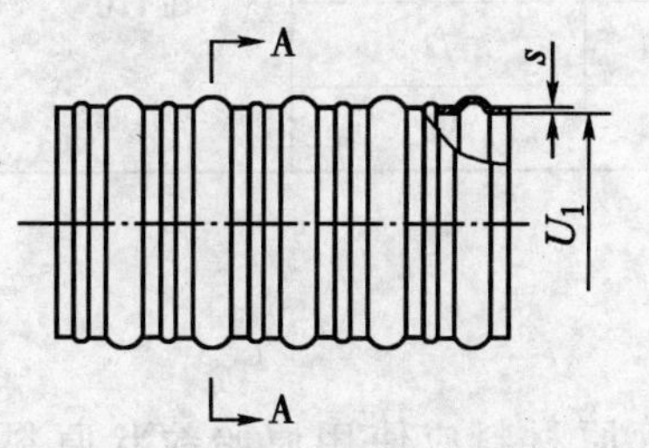

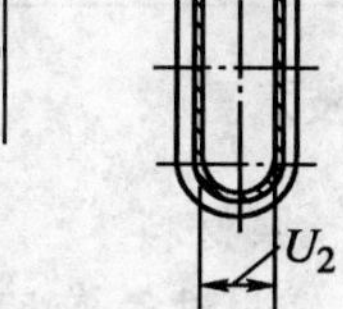

图2　扁形塑料波纹管

3.3 型号

型号表示方式:

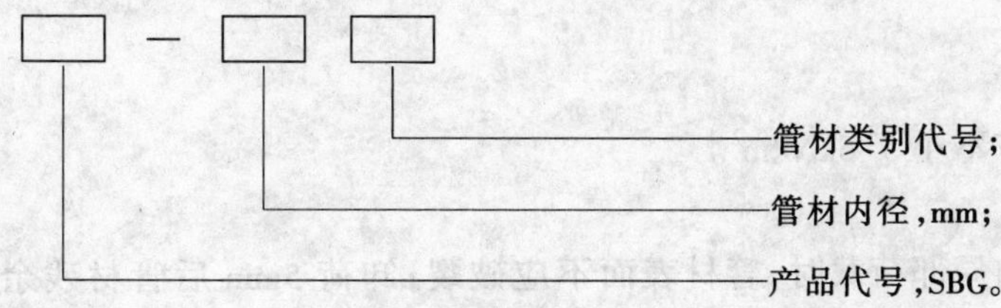

管材类别代号:圆形管代号为 Y;扁形管代号为 B。

管材内径:圆形管以 d 表示;扁形管以长轴 U_1 表示。

示例 1:内径为 50mm 的圆形塑料波纹管型号:SBG—50Y。

示例 2:长轴方向内径为 41mm 的扁形塑料波纹管型号:SBG—41B。

4 产品规格系列与尺寸偏差

4.1 圆形塑料波纹管

4.1.1 圆形塑料波纹管规格见表 1。

4.1.2 圆形塑料波纹管的长度规格一般为 6,8,10m,偏差 0 ~ +10mm。

表 1 圆形塑料波纹管规格

<table>
<tr><th rowspan="2">型号</th><th colspan="2">内径 d,mm</th><th colspan="2">外径 D,mm</th><th colspan="2">壁厚 s,mm</th><th rowspan="2">不圆度</th><th colspan="2" rowspan="2">配套使用的锚具</th></tr>
<tr><th>标称值</th><th>偏差</th><th>标称值</th><th>偏差</th><th>标称值</th><th>偏差</th></tr>
<tr><td>SBG—50Y</td><td>50</td><td rowspan="3">±1.0</td><td>63</td><td rowspan="3">±1.0</td><td>2.5</td><td rowspan="7">+0.5</td><td rowspan="7">6%</td><td>YM12—7</td><td>YM15—5</td></tr>
<tr><td>SBG—60Y</td><td>60</td><td>73</td><td>2.5</td><td>YM12—12</td><td>YM15—7</td></tr>
<tr><td>SBG—75Y</td><td>75</td><td>88</td><td>2.5</td><td>YM12—19</td><td>YM15—12</td></tr>
<tr><td>SBG—90Y</td><td>90</td><td rowspan="4">±2.0</td><td>106</td><td rowspan="4">±2.0</td><td>3.0</td><td>YM12—22</td><td>YM15—17</td></tr>
<tr><td>SBG—100Y</td><td>100</td><td>116</td><td>3.0</td><td>YM12—31</td><td>YM15—22</td></tr>
<tr><td>SBG—115Y</td><td>115</td><td>131</td><td>3.0</td><td>YM12—37</td><td>YM15—27</td></tr>
<tr><td>SBG—130Y</td><td>130</td><td>146</td><td>3.0</td><td>YM12—42</td><td>YM15—31</td></tr>
</table>

4.2 扁形塑料波纹管

扁形塑料波纹管规格见表 2。

表 2 扁形塑料波纹管规格 单位为毫米

<table>
<tr><th rowspan="2">型号</th><th colspan="2">长轴 U_1</th><th colspan="2">短轴 U_2</th><th colspan="2">壁厚 s</th></tr>
<tr><th>标称值</th><th>偏差</th><th>标称值</th><th>偏差</th><th>标称值</th><th>偏差</th></tr>
<tr><td>SBG—41B</td><td>41</td><td rowspan="4">±1.0</td><td>22</td><td rowspan="4">+0.5</td><td>2.5</td><td rowspan="4">+0.5</td></tr>
<tr><td>SBG—55B</td><td>55</td><td>22</td><td>2.5</td></tr>
<tr><td>SBG—72B</td><td>72</td><td>22</td><td>3.0</td></tr>
<tr><td>SBG—90B</td><td>90</td><td>22</td><td>3.0</td></tr>
</table>

5 技术要求

5.1 原材料

塑料波纹管原材料应使用原始粒状原料,严禁使用粉状和再造粒状颗粒原料。高密度聚乙烯(HDPE)应满足 GB/T 11116 的要求,聚丙烯(PP)应满足 GB/T 18742.1 的要求。

5.2 外观

塑料波纹管的外观应光滑,色泽均匀,内外壁不允许有隔体破裂、气泡、裂口、硬块及影响使用的划伤。

5.3 环刚度

塑料波纹管环刚度应不小于 $6kN/m^2$。

5.4 局部横向荷载

塑料波纹管承受横向局部荷载时,管材表面不应破裂;卸荷 5min 后管材残余变形量不得超过管材外径的 10%。

5.5 柔韧性

塑料波纹管按规定的弯曲方法反复弯曲五次后，专用塞规能顺利地从塑料波纹管中通过，则塑料波纹管的柔韧性合格。

5.6 抗冲击性

塑料波纹管低温落锤冲击试验的真实冲击率 *TIR* 最大允许值为 10%。

6 试验方法

6.1 试验环境

试验环境按 GB/T 2918 规定，常温为(23±2)℃。

6.2 试验试样

试样在试验前应按试验环境进行状态调节 24h 以上。

6.3 外观

用肉眼直接观察，内壁可以用光源照看。

6.4 尺寸测量

塑料波纹管的内径和壁厚按 GB/T 8806 规定测量。

6.5 不圆度

按 GB/T 8806 规定，沿塑料波纹管同一截面测量管材的最大外径和最小外径，按公式(1)计算管材的不圆度值 Δd。

$$\Delta d = \frac{d_{max} - d_{min}}{d_{max} + d_{min}} \times 200\% \tag{1}$$

式中：d_{max}——最大外径，mm；

d_{min}——最小外径，mm。

取五个试样的试验结果的算术平均值作为不圆度。

6.6 环刚度

6.6.1 试样

从五根管材上各取长(300±10)mm 试样一段，两端应与轴线垂直切平。

6.6.2 试验方法

按 GB/T 9647 进行，上压板下降速度为(5±1)mm/min，当试样垂直方向的内径变形量为原内径的 3%时，记录此时试样所受的负荷。

6.6.3 结果计算

试验结果按公式(2)计算：

$$S = \left(0.0186 + 0.025 \times \frac{\Delta Y}{d_i}\right) \times \frac{F}{\Delta Y \cdot L} \tag{2}$$

式中：S——试样的环刚度，kN/m^2；

ΔY——试样内径垂直方向 3%变化量，m；

F——试样内径垂直方向 3%变形时的负荷，kN；

d_i——试样内径，m；

L——试样长度，m。

6.7 局部横向荷载

6.7.1 取样件长 1100mm，在样件中部位置波谷处取一点，用端部为 $R = 6mm$ 的圆柱顶压头施加横向荷载 F，要求在 30s 内达到规定荷载值 800N，持荷 2min 后观察管材表面是否破裂；卸荷 5min 后，在加载处测量塑料波纹管外径的变形量。加载图示见图 3。

单位为毫米

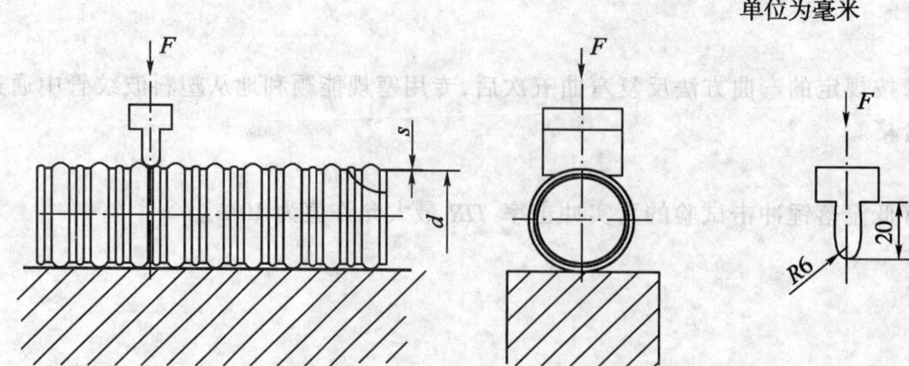

图 3　塑料波纹管横向荷载试验

6.7.2　每根样件测试一次,记录数据,取五个样件的平均值。

6.8　柔韧性

6.8.1　将一根长 1100mm 的样件,垂直地固定在测试平台上,按图 4 所示位置安装两块弧形模板,其圆弧半径 r 应符合表 3 规定。

单位为毫米

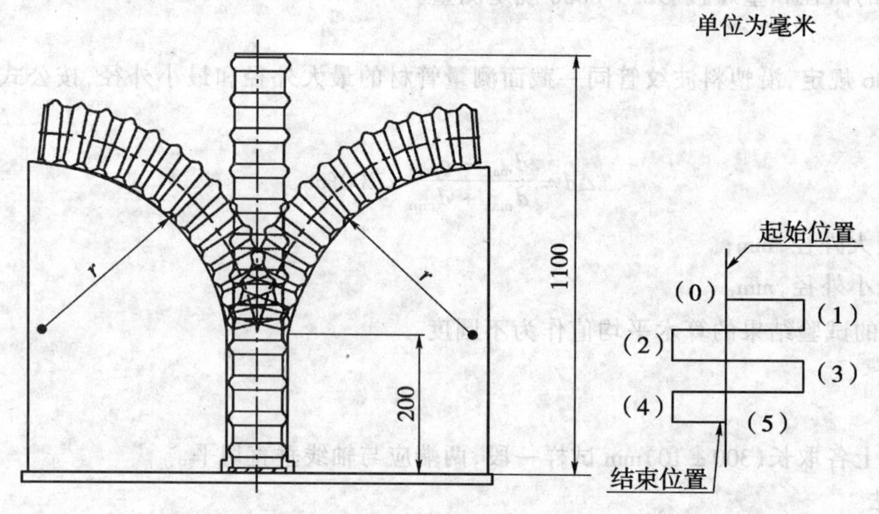

图 4　塑料波纹管柔韧性试验

表 3　塑料波纹管柔韧性　　单位为毫米

内 径 d	曲率半径 r	试验长度 L	内 径 d	曲率半径 r	试验长度 L
≤90	1500	1100	>90	1800	1100

6.8.2　在样件上部 900mm 的范围内,用手向两侧缓慢弯曲样件至弧形模板位置(见图 4),左右往复弯曲五次。

6.8.3　按图 5 所示做一塞规,当样件弯曲至最终结束位置保持弯曲状态 2min 后,观察塞规能否顺利地从波纹管中通过。

6.9　抗冲击性

试验温度为(0±1)℃,落锤质量和冲击高度见表 4。试验方法按 GB/T 14152 规定进行。

单位为毫米

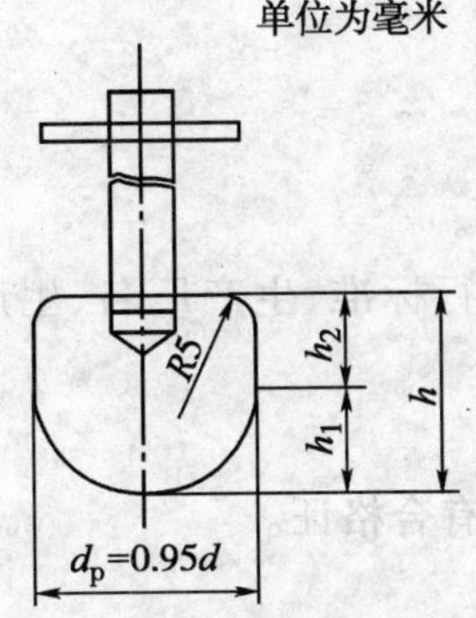

图 5　塞规的外形

d 为圆形塑料波纹管内径；
$h = 1.25d_p$，$h_1 = 0.5d_p$，$h_2 = 0.75d_p$。

表 4　落锤质量和冲击高度

内径，mm	落锤质量，kg	冲击高度，mm
≤90	0.5	2000
90～130	1.0	2000

7　检验规则

7.1　检验分类

检验分为出厂检验和型式检验两大类。

7.1.1　出厂检验

塑料波纹管需经生产厂质量检验部门检验合格，并附有合格证，方可出厂。

出厂检验项目为第 4 章、第 5 章 5.2 和 5.3。

7.1.2　型式检验

型式检验项目为第 4 章和第 5 章的全部项目。

若有下列情况之一，应进行型式检验：

a） 新产品或老产品转厂生产的试制定型鉴定；

b） 正式生产后，如设备、原料、工艺有较大改变，可能影响产品性能时；

c） 正常生产时，每年定期进行一次检验；

d） 出厂结果与上次型式检验有较大差异时；

e） 产品长期停产后恢复生产时；

f） 国家质量监督机构提出进行型式检验的要求时。

7.2　组批与抽样

7.2.1　组批

产品以批为单位进行验收，同一配方、同一生产工艺、同设备稳定连续生产的一定数量的产品为一批，每批数量不超过 10000m。

7.2.2　抽样

产品检验以批为单位，外观质量检测时每次抽取五根（段）进行检测。

7.3　判断规则

7.3.1　外观质量的判定

外观质量检测抽取的五根（段）产品中，当有三根（段）不符合 5.2 规定时，则该五根（段）所代表的产品不合格；若有两根（段）不符合规定时，可再抽取五根（段）进行检测，若仍有两根（段）不符合规定，则该批产品为不合格。

7.3.2　复验判定

在外观质量检验后，检验其他指标均合格时则判该批产品为合格批。

若其他指标中有一项不合格，则应在该产品中重新抽取双倍样品制作试样，对指标中的不合格项目进行复检，复检全部合格，判该批为合格批；检测结果若仍有一项不合格，则判该批产品为不合格。复检结果作为最终判定的依据。

8 标志、包装、运输和贮存

8.1 标志

产品出厂时应有明显标志,内容包括产品名称与商标、规格、数量、执行标准、生产厂名、生产日期等。

8.2 包装

塑料波纹管应用非金属绳捆扎,必要时用木架固定。每包装单位应附有合格证。

8.3 运输

塑料波纹管搬运时,不得抛摔或在地面拖拉,运输时防止剧烈的撞击,以及油污和化学品污染。

8.4 贮存

8.4.1 塑料波纹管应贮存在远离热源及油污和化学品污染源的地方。室外堆放不可直接堆放在地面上,并应有遮盖物,避免曝晒。

8.4.2 塑料波纹管存放地点应平整,堆放高度不超过 2m。

8.4.3 塑料波纹管贮存期自生产之日起,一般不超过一年。

ICS 93.080.20
P66
备案号：

中华人民共和国交通行业标准

JT/T 531—2004

桥梁结构用芳纶纤维复合材料

Aramid fiber reinforced composites for bridge structures

2004-08-17 发布　　　　2004-12-01 实施

中华人民共和国交通部　发布

桥梁结构用芳纶纤维复合材料

1 范围

本标准规定了桥梁结构用芳纶纤维复合材料产品的术语和定义、分类、技术要求、试验方法、检验规则和包装、标志、储存与运输。

本标准适用于桥梁结构的设计、加固、修复。

2 规范性引用文件

下列文件中的条款通过本标准的引用而成为本标准的条款。凡是注日期的引用文件,其随后所有的修改单(不包括勘误的内容)或修订版均不适用于本标准,然而,鼓励根据本标准达成协议的各方研究是否可适用这些文件的最新版本。凡是不注日期的引用文件,其最新版本适用于本标准。

GB/T 3354 定向纤维增强塑料拉伸性能检验方法

GB/T 3366 碳纤维增强塑料纤维体积含量试验方法

GB/T 3857 玻璃纤维增强热固性塑料耐化学药品性能实验方法

GB/T 14522 机械工业产品用塑料、涂料、橡胶材料人工气候加速试验方法(neq ASTM G53)

JT/T 532—2004 桥梁结构用碳纤维片材

3 术语和定义

下列术语和定义适用于本标准。

3.1

芳纶纤维增强树脂材料 aramid Fiber Reinforced Polymer (简称 AFRP)

经环氧树脂浸渍的、连续芳纶纤维按一定方向规则排列所形成的平面或棒状复合材料。

3.2

芳纶纤维布 AFRP-sheet

未经树脂浸渍的、连续芳纶纤维经向单向排列,纬向为聚酯等纤维材料的机织物。简称芳纶布。

3.3

芳纶纤维板 AFRP plate

经树脂浸渍的、连续芳纶纤维经向单向排列,纬向为聚酯等纤维材料的机织物。简称芳纶板。

3.4

芳纶纤维筋、索 AFRP-tendons, AFRP-cables

由若干股连续芳纶纤维束按特定的工艺经配套树脂浸渍固化而成的条棒状芳纶纤维增强树脂材料。树脂固化后刚度较大、不易弯曲的制品称为筋(AFRP - tendons),树脂固化后刚度较小、可以弯曲盘绕成卷的制品称为索(AFRP - cables)。简称芳纶筋和芳纶索。

4 产品分类

4.1 类型

芳纶纤维复合材料按型式布状、板状和棒状(筋、索)分为:芳纶布、芳纶板、芳纶筋和芳纶索。

4.2 型号

4.2.1 芳纶布

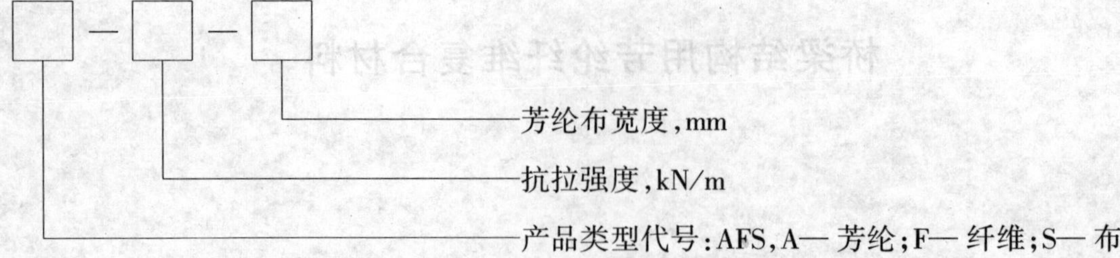

示例:抗拉强度为 600kN,宽度为 300 mm 芳纶纤维布的型号:AFS - 600 - 300。

4.2.2 芳纶板

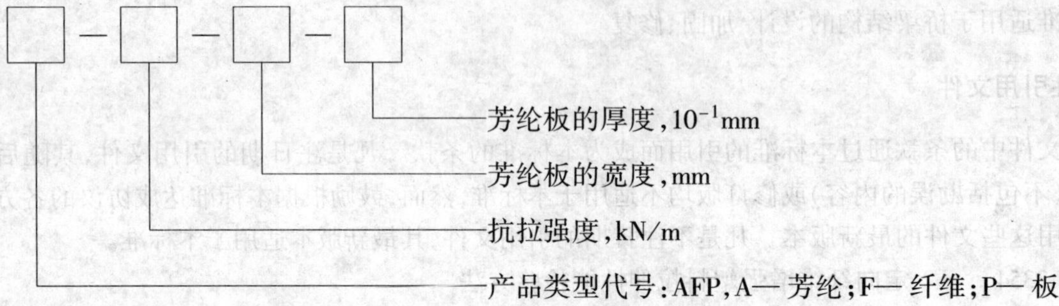

示例:抗拉强度为 600kN,宽度为 300 mm,1.5 mm 厚度为芳纶纤维板的型号:AFP - 600 - 300 - 15。

4.2.3 芳纶筋

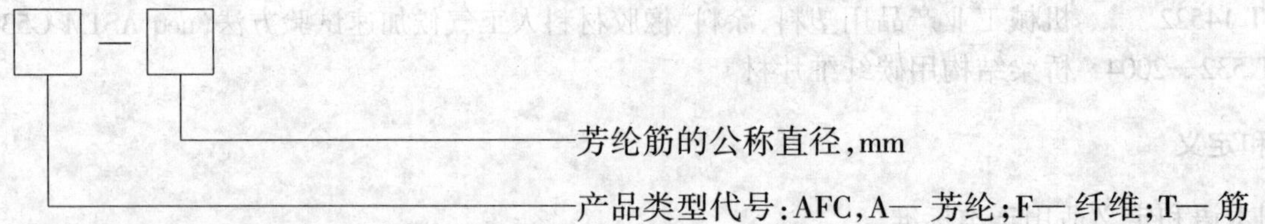

示例:标称直径为 15 mm 芳纶筋的型号:AFT - 15。

4.2.4 芳纶索

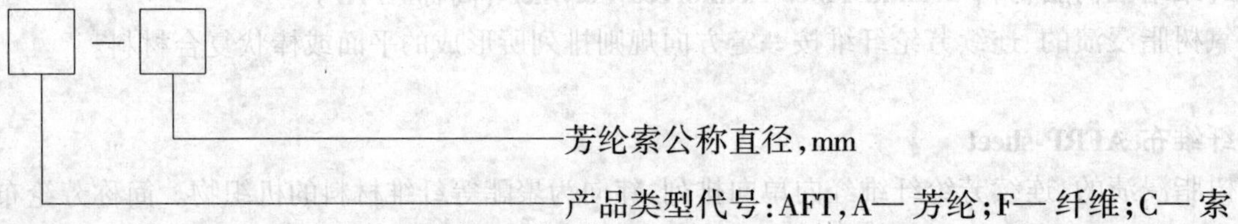

示例:标称直径为 15 mm 芳纶索的型号:AFC - 15。

4.3 尺寸规格

4.3.1 芳纶布、板

4.3.1.1 每卷芳纶布的长度为 50m。

4.3.1.2 芳纶布、板的宽度有:100,300,500mm。

4.3.2 芳纶筋、索

4.3.2.1 每根芳纶筋、索的公称直径为 3,5,7,9,11,13,15,17mm。

4.3.2.2 每根芳纶筋产品的常规长度为 2m 或 6m。

4.3.2.3 芳纶索每盘长度一般为 80m 或 100m。芳纶索盘绕的最小直径为 2m。

5 技术要求

5.1 一般要求

5.1.1 凡在桥梁结构中应用的芳纶复合材料,应在具有国家计量认证合格证书的专业实验室或相关专业的国家重点实验室进行材料性能测试。

5.1.2 芳纶纤维布的产品规格与单位面积质量见表1。

表1 芳纶纤维布的产品规格与单位面积质量

型号	设计厚度,mm	单位面积质量及误差	
		单位面积质量,g/mm^2	单位面积质量误差,%
AFS-400	0.193	2.80	±5
AFS-600	0.286	4.15	
AFS-900	0.430	6.23	
AFS-1200	0.572	8.30	

5.1.3 芳纶纤维板的纤维体积含量,应不少于40%。

5.1.4 芳纶筋、索的产品规格及单位长度质量见表2。

表2 芳纶筋、索产品性能指标

项目	型号规格							
	AFT-3	AFT-6	AFT-7	AFT-9	AFT-11	AFT-13	AFT-15	AFT-17
	AFC-3	AFC-6	AFC-7	AFC-9	AFC-11	AFC-13	AFC-15	AFC-17
直径,mm	3.0	6.3	7.3	9.0	10.4	12.7	14.7	16.4
截面积,mm^2	7	32	42	63	85	127	170	212
单位长度质量,g/m	8	45	60	90	120	180	240	300

5.1.5 与芳纶纤维共同使用的粘结材料,应选用与混凝土和芳纶纤维具有良好适配性的粘结材料(包括底层树脂、找平树脂材料、浸渍树脂或粘合树脂),宜采用环氧树脂粘结材料。粘结材料的性能要求及实验方法,按照JT/T 532-2004的附录A。

5.2 外观

5.2.1 芳纶纤维布的外观

5.2.1.1 表面干净,不得夹杂杂物,不得有灰尘和其他污染,不得有破洞。

5.2.1.2 缺纬、脱纬现象每100m不得多于三处。

5.2.1.3 断经现象,每100m不得多于三处。

5.2.1.4 纤维排列均匀,不得有歪斜、起皱现象。

5.2.1.5 芳纶纤维布的尺寸误差:宽度不大于±5mm,每卷长度短缺不超过总长度的1%。

5.2.2 芳纶纤维板的外观

5.2.2.1 表面平整、干净,不得有灰尘和其他污染。

5.2.2.2 芳纶纤维板表面可观察到的气泡,每平方米不得超过五处。

5.2.2.3 芳纶纤维板所用的芳纶纤维布的外观应符合5.2.1的要求。

5.2.3 芳纶纤维筋、索的外观

5.2.3.1 表面干净,或粘有石英砂。

5.2.3.2 芳纶纤维筋、索的表面不得发现有纤维断丝的现象。

5.2.3.3 芳纶纤维筋、索直径均匀,各束股粘结紧密,不得有松股现象。

5.2.3.4 芳纶纤维筋、索的尺寸误差:短缺长度不大于0.5%。

5.3 力学性能

5.3.1 芳纶纤维布、板的力学性能指标应满足表3的规定。

表3 芳纶纤维布、板的基本力学性能指标

力 学 性 能	芳纶纤维布	芳纶纤维板
抗拉强度标准值,MPa	≥2060	1300
弹性模量,MPa	≥110 000	≥70 000
断裂延伸率,%	≥2	≥2
芳纶纤维布的性能指标按纤维的净面积计算,芳纶纤维板的性能指标按板材的截面积计算。 抗拉强度标准值为平均值减去1.645倍标准差。 弹性模量和断裂延伸率取平均值。		

5.3.2 芳纶筋、索的力学性能指标应满足表4的规定。

表4 芳纶筋、索的主要力学性能指标

力 学 性 能	芳纶筋	芳 纶 索
抗拉强度标准值,MPa	≥1150	≥1150
弹性模量,MPa	≥65 000	≥65 000
断裂延伸率,%	≥2	≥2
密度,g/cm^3	≥1.4	≥1.4
芳纶筋、索的性能指标按筋、索的有效截面积计算(包含树脂面积)。 抗拉强度标准值为平均值减去1.645倍标准差。 弹性模量和延伸率取平均值。		

5.4 耐候性能

在使用的自然环境条件下,芳纶纤维复合材料的耐候性应不低于表5的规定。

表5 芳纶复合材料耐候性能指标

序 号	项 目	指 标 要 求
1	外 观	无斑点、不起泡、无裂纹、尺寸稳定
2	拉伸强度保持率,%	≥95
3	伸长率保持率,%	≥95

5.5 耐化学腐蚀性能

在需求方要求的化学药品环境下,芳纶纤维复合材料应符合表6的规定。

表6 芳纶复合材料耐化学腐蚀性能指标

序 号	项 目	指 标 要 求
1	拉伸强度保持率,%	≥95
2	伸长率保持率,%	≥95

6 试验方法

6.1 芳纶纤维板、筋、索的纤维体积含量

按GB/T 3366的规定试验。

芳纶纤维板、筋、索产品中的纤维体积含量,可以按照以下公式计算:

$$V_f = \frac{W_f/D_f}{(W_f/D_f) + (W_r/D_r)}$$

式中：V_f——芳纶纤维体积含量，%；

W_f——芳纶纤维的单位质量，板：g/m²；筋：g/m；

D_f——芳纶纤维密度，1.45g/cm³；

W_r——环氧树脂单位质量，板：g/m²；筋：g/m；

D_r——环氧树脂密度，1.2g/cm³。

6.2 外观质量

在光线明亮的场所，距离 1m，对样本进行观测检验。

6.3 力学性能指标

按照 GB/T 3354 的规定进行试验。

6.4 耐候性能

按照 GB/T 14522 的规定进行试验。

6.5 耐化学腐蚀性能

按照 GB/T 3857 的规定进行试验，力学性能按 GB/T 3354 的规定执行。

7 检验规则

芳纶复合材料产品检验分出厂检验和型式检验。

7.1 出厂检验

出厂检验项目包括：外观质量、芳纶纤维布的单位面积质量、芳纶纤维板中纤维体积含量、以及芳纶筋、索的单位长度质量。

7.1.1 批次的组成

正常连续生产，芳纶纤维布 3000m² 为一批次；芳纶纤维板以用户定货量为一批次；芳纶筋、索以 1000m 为一批次，不满此数也按一批次计。

7.1.2 批次样本

从提交的检查批中随机抽样，芳纶纤维布每批取样量为 10m²；芳纶筋或索每批取样量为 10m 长。

7.1.3 判定规则

每个项目均以全部试件合格为合格。若有某项不合格，应双倍抽样重检，若仍不合格，则定该批次产品为不合格产品。

7.2 型式检验

型式检验项目包括 5.2、5.3、5.4 和 5.5 的全部项目要求。

7.2.1 产品出现下列情况之一时，应进行型式检验：

a) 正式生产后的新产品或产品转厂生产的试件定型鉴定；

b) 产品的配方、原料或工艺有较大改变，可能影响产品质量；

c) 产品停产六个月以上，重新恢复生产时；

d) 国家质量监督机构提出进行型式检验要求时。

7.2.2 进行型式检验的产品样件，应当从经出厂检验合格的产品中随机抽取。

7.2.3 在型式检验中有一项不合格，则为不合格。

8 标志、包装、运输、贮存

8.1 标志

8.1.1 包装箱外表面应有明显且牢固的标志。

8.1.2 包装标志上应标明：

a) 制造厂名或供应商名及地址；

b) 产品名称和产品标记；

c) 产品数量；

d) 产品商标；

e) 制造日期或生产批号；

f) 产品有效期。

8.2 包装

8.2.1 芳纶纤维布自缠绕成卷，或紧密缠绕在硬纸管上。在芳纶布卷外有防潮、遮光、柔软的材料包装，然后装在干燥的纸箱内(或类似的包装物)。包装箱内应衬有防潮纸。

8.2.2 芳纶板产品用结实、柔软的包装材料包装，然后装在干燥纸箱内(或类似的包装物)。箱内应衬有防潮纸。

8.2.3 芳纶筋、索产品，用结实、柔软的包装材料包装。芳纶筋、索之间应尽量包扎紧密，防止相互间摩擦、碰撞。包装材料应具防止挤压、磕碰、撞击的保护作用。

8.2.4 包装箱内应附有产品检验证，内容包括：

a) 生产厂名，或供应商名；

b) 产品型号、规格；

c) 产品合格证；

d) 产品出厂检验报告；

e) 产品数量；

f) 生产日期。

8.3 贮存

芳纶复合材料应密封贮存，应放置在避光、清洁、干燥、通风、防油污染的环境中。

8.4 运输

运输中应防火、防水、防潮、防挤压、防撞击，小心轻放。特别注意避免接近热源和火源，保证包装材料的完好无损。

ICS 93.080.20
P66
备案号：

中华人民共和国交通行业标准

JT/T 532—2004

桥梁结构用碳纤维片材

Garbon fiber reinforced polymer laminate for bridge structures

2004-08-17 发布　　2004-12-01 实施

中华人民共和国交通部　发布

中华人民共和国交通行业标准

JT/T 532—2004

桥梁结构用碳纤维片材

Carbon fiber reinforced polymer laminate for bridge structures

2004-08-17发布　　2004-12-01实施

中华人民共和国交通部　发布

桥梁结构用碳纤维片材

1 范围

本标准规定了桥梁结构维修、加固用碳纤维片材的术语和定义、产品分类、技术要求、试验方法、检验规则和包装、标志、贮存、运输。

本标准适用于桥梁结构用碳纤维片材和配套树脂类粘结材料。

2 规范性引用文件

下列文件中的条款通过本标准的引用而成为本标准的条款。凡是注日期的引用文件,其随后所有的修改单(不包括勘误的内容)或修订版均不适用于本标准。然而,鼓励根据本标准达成协议的各方研究是否可使用这些文件的最新版本。凡是不注日期的引用文件,其最新版本适用于本标准。

GB/T 2568　树脂浇铸体拉伸性能试验方法
GB/T 2569　树脂浇铸体压缩性能试验方法(neq ISO 604)
GB/T 2570　树脂浇铸体弯曲性能试验方法
GB/T 2794　胶粘剂粘度的测定(eqv ASTM D1084)
GB/T 3354　定向纤维增强塑料拉伸性能试验方法
GB/T 3366　碳纤维增强塑料纤维体积含量试验方法
GB/T 3857　玻璃纤维增强热固性塑料耐化学药品性能试验方法
GB/T 7124　胶粘剂拉伸剪切强度测定方法(eqv ISO 4587)
GB/T 12954　建筑胶粘剂通用试验方法(neq JIS K6833)
GB/T 14522　机械工业产品用塑料、涂料、橡胶材料人工气候加速试验方法(neq ASTM G53)
CECS 146:2003　碳纤维片材加固混凝土结构技术规程

3 术语和定义

下列术语和定义适用于本标准。

3.1

碳纤维片材　carbon fiber reinforced polymer laminate

碳纤维片材是碳纤维布和碳纤维板的总称。

3.2

碳纤维布 carbon fiber sheet

碳纤维布为连续碳纤维单向或多向排列,未经树脂浸渍或用少量树脂浸渍的布状碳纤维制品。

3.3

碳纤维板 carbon fiber plate

碳纤维板为连续碳纤维单向或多向排列,并经树脂浸渍固化的板状碳纤维制品。

4 产品分类

4.1 分类

碳纤维片材的按形状(布状或板条状)分为碳纤维布和碳纤维板。

4.2 型号

4.2.1　碳纤维布

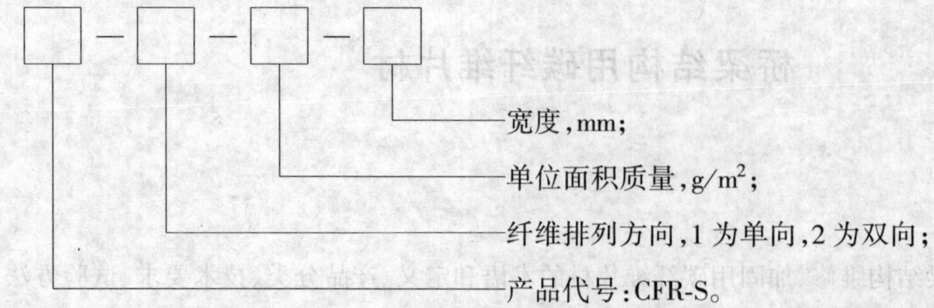

示例:宽度为 600mm,单位面积质量为 200g/m² 的单向碳纤维布的型号为:CFR-S—1—200—600。

4.2.2　碳纤维板

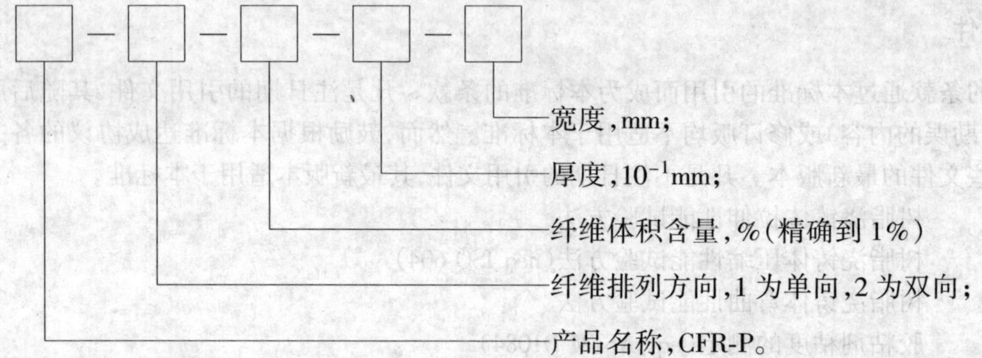

示例:宽度为 100mm,厚度为 1.5mm,纤维体积含量为 65%的单向碳纤维板的型号为:CFR-P—1—65—15—100。

4.3　尺寸规格

4.3.1　碳纤维片材外形为卷状。

4.3.2　碳纤维片材的长度为每卷 50,100m。

4.3.3　碳纤维布的宽度为 150,250,333,500,600,1000mm。

4.3.4　碳纤维布单位面积质量为 150,200,250,300,350,400,450g/m²。

4.3.5　碳纤维板的宽度为 50,80,100mm。

4.3.6　碳纤维板的厚度为 1,1.2,1.4,1.6,1.8mm。

4.3.7　碳纤维片材的尺寸误差应不大于 ±1%。

5　技术要求

5.1　一般要求

5.1.1　碳纤维布的单位面积质量误差为 0~5%。

5.1.2　碳纤维板的纤维体积含量应在 60%~70%之间。

5.1.3　应使用与混凝土及碳纤维有良好适配性的粘结材料(包括底层树脂、找平树脂、浸渍树脂或粘结树脂),宜采用环氧树脂类粘结材料。粘结材料的性能要求及试验方法见附录 A。

5.2　外观

5.2.1　表面干净,不得有破洞处,不得夹杂杂物,不得有灰尘和其他污染。

5.2.2　缺纬、脱纬、断纬及缺经、脱经、断经现象每 100m 不得多于三处。

5.2.3　纤维排列均匀、顺直、不得有歪斜、弯起、起皱现象。

5.3　力学性能

碳纤维片材的主要力学性能指标应满足表 1 的规定。

表 1　碳纤维片材的主要力学性能指标

性　能	碳纤维布	碳纤维板
抗拉强度标准值,MPa	≥3100	≥2000
弹性模量,MPa	≥2.1×10^5	≥1.4×10^5
断裂延伸率,%	≥1.5	≥1.5

a　抗拉强度标准值应具有95%的保证率。

b　碳纤维布的性能指标按纤维的净面积计算,碳纤维板的性能指标按板材试件截面面积计算。

5.4　耐候性能

碳纤维片材的耐候性能应符合表2的规定。

表 2　碳纤维片材的耐侯性能指标

序号	项　目	指标要求
1	外观	无斑点、起泡、裂纹等,尺寸稳定
2	拉伸强度保持率,%	≥95%
3	伸长率保持率,%	≥95%

5.5　耐化学药品性能

碳纤维片材的耐化学药品性能应符合表3的规定。

表 3　碳纤维片材耐化学药品性能指标

序　号	项　目	指标要求
1	拉伸强度保持率,%	≥95
2	伸长率保持率,%	≥95

6　试验方法

6.1　碳纤维板的纤维体积含量

按 GB/T 3366 的规定试验。

6.2　外观

在光线明亮的场所,距离1m,对样本进行检验。

6.3　主要力学性能

按 GB/T 3354 的规定试验。

6.4　耐候性能

6.4.1　按照 GB/T 14522 中的人工气候(氙灯)暴露试验方法进行,试验温度取为63℃±3℃,相对湿度为90%±5%,喷水周期取为每隔48min喷水12min,试验周期取105d。

6.4.2　耐候性能试验完毕后,按 GB/T 3354 的规定进行力学性能指标测试。

6.5　耐化学药品性能

除力学性能指标按 GB/T 3354 的规定执行外,其他按 GB/T 3857 的规定执行。

7　检验规则

产品检验分出厂检验和型式检验。

7.1 出厂检验

出厂检验项目包括外观质量、碳纤维布单位面积质量及碳纤维板中的纤维体积含量。

7.2 型式检验

7.2.1 型式检验项目包括5.3、5.4和5.5的全部要求。

7.2.2 产品在下列情况之一时,应进行型式检验:

a) 正式生产后新产品或者产品转厂生产的试制定型鉴定;

b) 产品的配方、原料或工艺有较大改变,可能影响产品质量时;

c) 产品停产六个月以上恢复生产时;

d) 国家质量监督机构提出进行型式检验的要求时。

7.3 组批和抽样

7.3.1 正常连续生产时,碳纤维布以3000m² 为一批,碳纤维板以500m² 为一批,不满此数亦按一批计。

7.3.2 每批中抽查5%,但不少于五卷。

7.4 判定规则

每个项目均以全部试件合格为合格。若有某项不合格,应双倍抽样重检,若仍不合格,则判定为不合格产品。

8 标志、包装、运输、贮存

8.1 标志

8.1.1 包装箱外表面应有明显且牢固的标志。

8.1.2 包装标志上应标明:

a) 制造厂名及地址;

b) 产品名称和型号;

c) 产品数量;

d) 商标;

e) 制造日期或生产批号。

8.2 包装

8.2.1 碳纤维布应紧密整齐地卷在硬纸管上,不得有折叠和不匀称等现象,每卷应用结实、柔软的包装材料包装,然后装在干燥的纸箱内(或类似的包装物),箱内宜衬防潮纸。

8.2.2 碳纤维板产品用结实、柔软的包装材料包装,然后装在干燥的纸箱内(或类似的包装物),箱内宜衬有防潮纸。

8.2.3 包装箱内应附有产品检验证,内容包括:

a) 制造厂名;

b) 产品型号;

c) 产品合格证;

d) 产品数量;

e) 生产日期。

8.3 运输

运输中严防火苗,防水、防潮、防挤压,小心轻放。

8.4 贮存

碳纤维片材应密封贮存,应放置在清洁、干燥、通风的环境中。

附 录 A
(规范性附录)
碳纤维片材配套树脂类粘结材料的性能要求和试验方法

A.1 适用范围

适用于桥梁结构维修、加固用碳纤维片材配套树脂类粘结材料。

A.2 性能要求

A.2.1 粘结材料应与碳纤维具有良好适配性,宜采用环氧类树脂粘结材料。

A.2.2 粘结材料物理力学性能应满足表 A.1 的规定。

表 A.1 粘结材料物理力学性能指标

序号	项 目	粘结材料		
		底层树脂	找平树脂	浸渍树脂
1	粘度,MPa·s	< 2000	< 20000	< 20000
2	适用温度,℃	5 ~ 40		
3	20℃时适用期,min	—		> 60
4	拉伸强度,MPa	—		≥30
5	压缩强度,MPa	—		≥70
6	拉伸剪切强度(金属—金属),MPa	—		≥18
7	弯曲强度,MPa	—		≥40
8	弹性模量,MPa	—		$\geqslant 2.5 \times 10^3$
9	与混凝土(混凝土坯)的正拉粘结强度,MPa	≥2.5		
10	伸长率,%	≥1.5		

A.2.3 粘结材料耐候性能和耐化学药品性能应满足表 A.2 的规定。

表 A.2 粘结材料耐候性能和耐化学药品性能指标

序 号	项 目	指标要求
1	强度保持率,%	≥90
2	伸长率保持率,%	≥90

A.3 试验方法

A.3.1 粘结材料的粘度

按 GB/T 2794 的规定试验。

A.3.2 粘结材料适用期

按 GB/T 12954 的规定试验。

A.3.3 粘结材料的拉伸强度、弹性模量及伸长率

按 GB/T 2568 的规定试验。

A.3.4 粘结材料的压缩强度

按 GB/T 2569 的规定试验。

A.3.5 粘结材料的拉伸剪切强度

按 GB/T 7124 的规定试验。

A.3.6 粘结材料的弯曲强度

按 GB/T 2570 的规定试验。

A.3.7 粘结材料与混凝土的正拉粘结强度

按 CECS 146:2003 的规定试验。

A.3.8 粘结材料的耐候性能

按 6.4 规定试验。

A.3.9 粘结材料的耐化学药品性能

按 6.5 规定试验。

ICS 25.220.40
P 66
备案号：

中华人民共和国交通行业标准

JT/T 657—2006

交通钢构件聚苯胺防腐涂料

Polyaniline anti-corrosion coating for traffic steel components

2006-06-23 发布 2006-10-01 实施

中华人民共和国交通部 发布

交通钢构件聚苯胺防腐涂料

1 范围

本标准规定了聚苯胺防腐涂料的产品分类,技术要求,试验方法,检验规则,标志、标签、包装、运输和贮存等内容。

本标准适用于公路交通钢构件用聚苯胺防腐涂料。其他钢构件用聚苯胺防腐涂料可参照使用。

2 规范性引用文件

下列文件中的条款通过本标准的引用而成为本标准的条款。凡是注明日期的引用文件,其随后所有的修改单(不包括勘误的内容)或修订版均不适用于本标准,然而,鼓励根据本标准达成协议的各方研究是否可使用这些文件的最新版本。凡是不注明日期的引用文件,其最新版本适用于本标准。

GB/T 1727 涂膜一般制备法

GB/T 1728 漆膜、腻子膜干燥时间测定法

GB/T 1732 漆膜耐冲击测定法

GB/T 3186 涂料产品的取样

GB/T 6742 漆膜弯曲试验(圆柱轴)

GB/T 6753.1 涂料研磨细度的测定(GB/T 6753.1—1986,eqv ISO 1524:1983)

GB/T 6753.4 色漆和清漆 用流出杯测定流出时间(GB/T 6753.4—1998,eqv ISO 2431:1993)

GB/T 9269 建筑涂料黏度的测定 斯托默黏度计法

GB 9278 涂料试样状态调节和试验的温湿度(GB 9278—1998,eqv ISO 3270:1984)

GB/T 9286 色漆和清漆 漆膜的划格试验(GB/T 9286—1998,eqv ISO 2409:1992)

GB/T 9750 涂料产品包装标志

GB/T 13491 涂料产品包装通则

GB/T 18226—2000 高速公路交通工程钢构件防腐技术条件

JT 618 汽车运输、装卸危险货物作业规程

3 产品分类

聚苯胺防腐涂料按照基质树脂和成膜机理不同可以分为单组分涂料和双组分涂料:

——单组分聚苯胺防腐涂料由热塑性树脂、聚苯胺、颜填料、溶剂等组成。

——双组分聚苯胺防腐涂料由热固性树脂、聚苯胺、颜填料、溶剂及固化剂等组成。

4 技术要求

4.1 涂料技术要求应符合表 1 的规定。

4.2 涂层技术性能要求应符合表 2 的规定。

5 试验方法

5.1 涂层性能应在试样干燥 7d 后进行测定,试验的环境条件按照 GB 9278 的规定进行,涂层按照 GB/T 1727 的规定制备。

5.2 漆膜外观:应在天然散射光线下目测。

5.3 涂料细度:按照 GB/T 6753.1 的规定测定。

表1 涂料技术要求

序号	项目	单位	技术要求	
			面漆	底漆
1	外观	—	漆膜平整光滑,色泽均匀	漆膜平整光滑,色泽均匀
2	黏度	s/KU	≥40 s(涂4号杯)	≥80 KU(斯托默黏度计法)
3	细度	μm	≤30	≤70
4	表干时间 单组分涂料 双组分涂料	h	 ≤2 ≤4	 ≤2 ≤5
5	实干时间	h	≤24	≤24
6	双组分适用期	h	≥4	≥3
7	附着力(划格法)	级	≤1	≤1
8	抗弯曲性	mm	≤2	≤2
9	耐冲击性	cm	≥40	≥40

表2 涂层技术性能要求

序号	项目	单位	性能要求	
			单组分	双组分
1	耐化学腐蚀性(在30%硫酸溶液、40%氢氧化钠溶液、10%氯化钠溶液内浸泡)	h	480 h,涂层无脱落、起泡、生锈、变色	1 200 h,涂层无脱落、起泡、生锈、变色
2	耐盐雾性	h	600 h,除划痕部位任何一侧0.5mm内,涂层不起泡、不脱落、表面无锈点	1 500 h,除划痕部位任何一侧0.5mm内,涂层不起泡、不脱落、表面无锈点
3	耐湿热性	h	100 h,除划痕部位任何一侧0.5mm内,涂层无气泡、剥离、生锈等现象	200 h,除划痕部位任何一侧0.5mm内,涂层无气泡、剥离、生锈等现象
4	耐候性	h	600 h,涂层不产生开裂、破损等现象,允许轻微褪色	1 000 h,涂层不产生开裂、破损等现象,允许轻微褪色

注:涂层为底漆加面漆的双涂层,底漆厚度(80±5)μm、面漆厚度(70±5)μm。

5.4 面漆黏度(流出时间):按照 GB/T 6753.4 的规定,用涂4号流量杯法测定。

5.5 底漆黏度:按照 GB/T 9269 的规定,采用斯托默黏度计法测定。

5.6 双组分涂料适用期测定:用至少 200g 的涂料主剂和固化剂按比例混合均匀,加入专用稀释剂调制成施工黏度,在温度(23±2)℃的条件下放置,观察双组分混合后出现凝胶现象的时间。

5.7 表面干燥时间:按照 GB/T 1728 的规定,采用实际干燥时间测定法中的甲法测定。

5.8 实际干燥时间:按照 GB/T 1728 的规定,采用实际干燥时间测定法中的乙法测定。

5.9 附着力试验:按照 GB/T 9286 的规定进行。

5.10 抗弯曲性试验:按照 GB/T 6742 的规定进行。

5.11 耐冲击性试验:按照 GB/T 1732 的规定进行。

5.12 耐化学腐蚀性试验:按照 GB/T 18226—2000 中 6.3.6 的规定进行。

5.13 耐盐雾性试验:按照 GB/T 18226—2000 中 6.3.7 的规定进行。

5.14 耐候性试验:按照 GB/T 18226—2000 中 6.3.8 的规定进行。

5.15 耐湿热性试验:按照 GB/T 18226—2000 中 6.3.9 的规定进行。

6 检验规则

6.1 组批

产品按照每一贮漆槽为一批,检验以批为单位。

6.2 采样

按 GB/T 3186 的规定进行。

6.3 检验分类

产品的检验分为出厂检验和型式检验两种。

6.3.1 出厂检验

出厂检验项目为:涂膜外观、细度、黏度、干燥时间、适用期。

6.3.2 型式检验

本标准所列的全部性能要求项目为型式检验项目,在正常生产情况下每两年至少进行一次型式检验。有下列情况之一时,也应进行型式检验:

a) 当产品配方有改变新投产时;

b) 原材料、工艺有较大变化,可能影响产品性能时;

c) 国家质量监督机构提出进行型式检验时;

d) 当停产超过一年时间时。

6.4 判定规则与复验规则

6.4.1 出厂检验结果符合本标准要求时,则该批产品出厂检验结果为合格品。

6.4.2 出厂检验结果如有任何一项不符合本标准要求时,则应从该批产品中任取双倍数量试样,对该不合格项目进行重复试验,复验结果如仍不符合本标准要求时,则该批产品判为不合格。

6.5 仲裁试验

当供需双方对产品质量发生争议(异议)时,由供需双方同意的国家法定检测中心按本标准进行仲裁检验,仲裁时由仲裁单位按 GB/T 3186 规定取样。

7 标志、标签、包装、运输和贮存

7.1 标志

涂料产品的标志应符合 GB/T 9750 的规定。

7.2 标签

涂料产品应附有标签,标明产品的名称、型号、符合的标准、数量、质量合格标记、生产厂名及生产日期、批号。

7.3 包装

涂料产品的包装应符合 GB/T 13491 的规定。

7.4 运输

产品运输中应防止雨淋、日光暴晒,运输、装卸应符合 JT 618 的规定。

7.5 贮存

产品应贮存在阴凉通风、干燥的库房内,防止日光直接照射,并应隔离火源、远离热源。产品在原包装封闭的条件下，贮存期自生产完成日起为一年。超过贮存期应按本标准 4.1 中表 1 规定的项目进行检验，如检验合格，仍可使用。

8 施工工艺参考

施工工艺参考参见附录 A。

附 录 A
(资料性附录)
施工工艺参考

A.1 金属基材预处理

钢构件涂装时,要求金属表面清洗干净,以喷砂或抛丸除锈的方法将氧化皮、铁锈及其他杂质清除干净。喷砂处理达到 Sa2.5 级。或者通过酸洗—磷化的方法,达到表面无油、无锈,磷化膜完整,无缺陷。

A.2 涂装

涂装方式可采用刷涂、滚涂、喷涂。喷涂前,应用专用稀释剂将涂料调制成需要的黏度;双组分聚苯胺涂料,应按照说明书所给的比例将基料与固化剂混合均匀。喷涂可采用有气喷涂或无气喷涂。如果一次喷涂达不到要求的厚度,可在第一遍喷完以后,闪蒸 3min ~ 5min,等漆膜流平且不再流淌后,可再喷涂第二遍(即采用"湿碰湿"的方法)。

底漆喷完应待实干后再喷涂面漆。若底漆表面不平,可用砂纸打磨后再喷涂面漆。

喷涂时应平行、等速并应有 50% 的交叉覆盖,以避免空洞、漏涂、不均匀等缺陷的产生;在拐角、凸出处、焊点、焊缝、边角处应重点喷涂。

A.3 应用

交通钢构件聚苯胺防腐涂料是一种高强度、重防腐的新型防腐涂料,应用范围包括公路交通工程、桥梁、港口设施,集装箱等的钢构件。

ICS 93.040
P 28
备案号:

中华人民共和国交通行业标准

JT/T 663—2006

公路桥梁板式橡胶支座规格系列

Series of elastomeric pad bearings for highway bridges

2006-12-19 发布　　2007-03-01 实施

中华人民共和国交通部　发布

公路桥梁板式橡胶支座规格系列

1 范围

本标准规定了板式橡胶支座的要求、规格系列及选用。

本标准适用于承载力小于 5 000kN 的公路桥梁用矩形、圆形平板式橡胶支座。

2 规范性引用文件

下列文中的条款通过本标准的引用而成为本标准的条款。凡是注日期的引用文件,其随后所有的修改单(不包括勘误的内容)或修订版均不适用于本标准,然而,鼓励根据本标准达成协议的各方研究是否可使用这些文件的最新版本。凡是不注日期的引用文件,其最新版本适用于本标准。

JT/T 4—2004　公路桥梁板式橡胶支座

JTG D60—2004　公路桥涵设计通用规范

JTG D62—2004　公路钢筋混凝土及预应力混凝土桥涵设计规范

3 支座要求

3.1 支座产品分类、代号、结构、技术要求、试验方法、检验规则及标志、包装、贮存、运输、安装和养护均应满足 JT/T 4—2004 的要求。

3.2 支座使用阶段平均压应力 $\sigma_c = 10\text{MPa}$($S < 7$ 时 $\sigma_c = 8\text{MPa}$);橡胶硬度 60(IRHD)时,其常温下剪变模量 $G = 1.0\text{MPa}$。剪变模量随温度下降而递增,当累年最冷月平均温度的平均值 0 ~ -10℃时为寒冷地区,$G = 1.2\text{MPa}$;当低于 -10℃时为严寒地区,$G = 1.5\text{MPa}$;当低于 -25℃时,$G = 2.0\text{MPa}$。全国气温分区图见 JTG D60—2004 附录 B。

3.3 支座橡胶弹性体体积模量 $E_b = 2\,000\text{MPa}$。支座与混凝土接触时,摩擦系数 $\mu = 0.3$,与钢板接触时,摩擦系数 $\mu = 0.2$。聚四氟乙烯板与不锈钢板接触(加硅脂)时,$\mu_f = 0.06$,当温度低于 -25℃时,μ_f 值增大 30%,当不加硅脂时,μ_f 应加倍。若有实测资料时,也可按实测资料采用。

3.4 橡胶支座剪切角 α 正切值,当不计制动力时,$\tan\alpha$ 不大于 0.5,当计入制动力时,$\tan\alpha$ 不大于 0.7。

3.5 橡胶支座的计算和验算均应满足 JTG D62—2004 的要求。

4 普通板式橡胶支座

4.1 普通板式橡胶支座结构示意图见图 1、图 2。

4.2 普通板式橡胶支座代号,矩形为 GJZ、圆形为 GYZ。其规格系列见表 1,表中符号意义如下:

$l_a \times l_b$ 或 d——平面尺寸或直径;

R_{ck}——最大承压力;

S——形状系数;

t——支座总厚度;

Δl_1——不计制动力时最大位移量;

Δl_2——计入制动力时最大位移量;

t_e——橡胶层总厚度;

$\tan\theta$——允许转角正切值;

R_{Gk}——抗滑最小承压力;

t_1——中间橡胶层厚度；

t_0——单层钢板厚度。

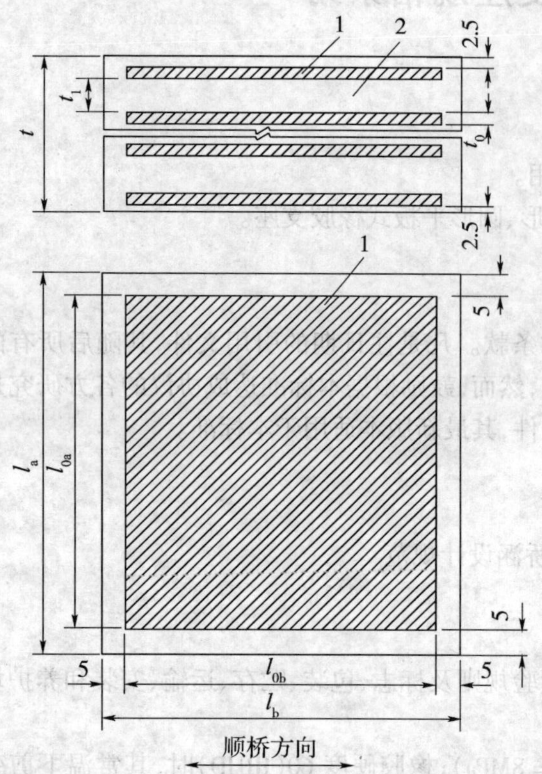

图 1　矩形板式橡胶支座结构示意图(尺寸单位:mm)

1-加劲钢板;2-橡胶层

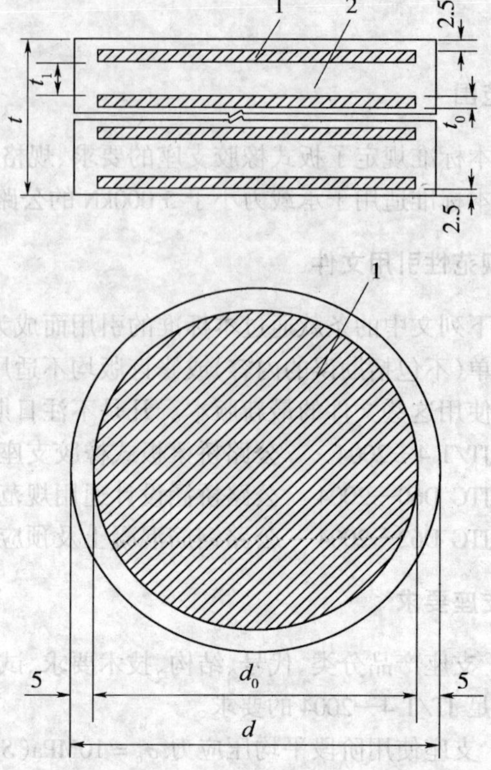

图 2　圆形板式橡胶支座结构示意图(尺寸单位:mm)

1-加劲钢板;2-橡胶层

表 1　GJZ、GYZ 板式橡胶支座规格系列选用参数

序号	$l_a \times l_b$(或 d)(mm)	R_{ck} (kN)	S	t (mm)	Δl_1 (mm)	Δl_2 (mm)	t_e (mm)	$\tan\theta$(θ 的单位为 rad)			R_{Gk}(kN)			t_1 (mm)	t_0 (mm)
								温热地区	寒冷地区	严寒地区	温热地区	寒冷地区	严寒地区		
1	100×150	101	5.48	21	5.0	7.0	15	0.010 7	0.009 0	0.007 4	35 (53)	42 (63)	53 (79)	5	2
				28	7.5	10.5	20	0.016 0	0.013 5	0.011 1					
2	100×200	137	6.11	21	5.0	7.0	15	0.008 7	0.007 4	0.006 1	47 (70)	56 (84)	70 (105)	5	2
				28	7.5	10.5	20	0.013 1	0.011 1	0.009 1					
3	d150	154	7.00	21	5.0	7.0	15	0.005 7	0.005 0	—	41 (62)	49 (74)	62 (93)	5	2
				28	7.5	10.5	20	0.008 5	0.007 3	0.006 0					
				35	10.0	14.0	25	0.011 4	0.009 7	0.008 0					
				42	12.5	17.5	30	0.014 3	0.012 2	0.010 1					
4	150×150	196	7.00	21	5.0	7.0	15	0.005 7	0.005 0	—	53 (79)	63 (95)	79 (118)	5	2
				28	7.5	10.5	20	0.008 5	0.007 3	0.006 0					
				35	10.0	14.0	25	0.011 4	0.009 7	0.008 0					
				42	12.5	17.5	30	0.014 3	0.012 2	0.010 1					

表 1(续)

序号	$l_a \times l_b$(或 d)(mm)	R_{ck}(kN)	S	t(mm)	Δl_1(mm)	Δl_2(mm)	t_e(mm)	tanθ(θ 的单位为 rad)			R_{Ck}(kN)			t_1(mm)	t_0(mm)
								温热地区	寒冷地区	严寒地区	温热地区	寒冷地区	严寒地区		
5	150×200	266	8.06	21	5.0	7.0	15	0.005 0	—	—	70 (105)	84 (126)	105 (158)	5	2
				28	7.5	10.5	20	0.006 7	0.005 7	0.005 0					
				35	10.0	14.0	25	0.008 9	0.007 7	0.006 4					
				42	12.5	17.5	30	0.011 2	0.009 6	0.008 0					
6	150×250	336	8.84	28	7.5	10.5	20	0.005 7	0.005 0	—	88 (131)	105 (158)	131 (197)	5	2
				35	10.0	14.0	25	0.007 7	0.006 6	0.005 5					
				42	12.5	17.5	30	0.009 6	0.008 3	0.006 9					
7	150×300	406	9.44	28	7.5	10.5	20	0.005 2	0.005 0	—	105 (158)	126 (189)	158 (236)	5	2
				35	10.0	14.0	25	0.006 9	0.006 0	0.005 0					
				42	12.5	17.5	30	0.008 6	0.007 4	0.006 3					
8	d200	284	9.50	35	10.0	14.0	25	0.005 1	—	—	73 (110)	88 (132)	110 (165)	5	2
				42	12.5	17.5	30	0.006 4	0.005 5	0.005 0					
				49	15.0	21.0	35	0.007 7	0.006 6	0.005 6					
				56	17.5	24.5	40	0.008 9	0.007 7	0.006 5					
9	200×200	361	9.50	35	10.0	14.0	25	0.005 1	—	—	93 (140)	112 (168)	140 (210)	5	2
				42	12.5	17.5	30	0.006 4	0.005 5	0.005 0					
				49	15.0	21.0	35	0.007 7	0.006 6	0.005 6					
				56	17.5	24.5	40	0.008 9	0.007 7	0.006 5					
10	200×250	456	10.60	42	12.5	17.5	30	0.005 4	0.005 0	—	117 (175)	140 (210)	175 (263)	5	2
				49	15.0	21.0	35	0.006 4	0.005 6	0.005 0					
				56	17.5	24.5	40	0.007 5	0.006 6	0.005 6					
11	200×300	551	7.17	30	8.0	11.2	21	0.006 6	0.005 6	0.005 0	140 (210)	168 (252)	210 (315)	8	3
				41	12.0	16.8	29	0.009 8	0.008 4	0.007 0					
				52	16.0	22.4	37	0.013 1	0.011 2	0.009 3					
12	200×350	646	7.62	30	8.0	11.2	21	0.005 9	0.005 1	—	163 (245)	196 (294)	245 (368)	8	3
				41	12.0	16.8	29	0.008 9	0.007 6	0.006 3					
				52	16.0	22.4	37	0.011 8	0.010 1	0.008 4					
13	200×400	741	7.98	30	8.0	11.2	21	0.005 5	0.005 0	—	187 (280)	224 (336)	280 (420)	8	3
				41	12.0	16.8	29	0.008 2	0.007 0	0.005 9					
				52	16.0	22.4	37	0.010 9	0.009 3	0.007 8					
14	d250	452	7.50	41	12.0	16.8	29	0.007 3	0.006 2	0.005 2	115 (172)	137 (206)	172 (258)	8	3
				52	16.0	22.4	37	0.009 7	0.008 3	0.006 9					
				63	20.0	28.0	45	0.012 1	0.010 4	0.008 6					
				74	24.0	33.6	53	0.014 6	0.012 4	0.010 3					

表1(续)

序号	$l_a \times l_b$(或 d)(mm)	R_{ck}(kN)	S	t(mm)	Δl_1(mm)	Δl_2(mm)	t_e(mm)	$\tan\theta$(θ 的单位为 rad)			R_{Ck}(kN)			t_1(mm)	t_0(mm)
								温热地区	寒冷地区	严寒地区	温热地区	寒冷地区	严寒地区		
15	250×250	576	7.50	41	12.0	16.8	29	0.007 3	0.006 2	0.005 2	146(219)	175(263)	219(328)	8	3
				52	16.0	22.4	37	0.009 7	0.008 3	0.006 9					
				63	20.0	28.0	45	0.012 1	0.010 4	0.008 6					
				74	24.0	33.6	53	0.014 6	0.012 4	0.010 3					
16	250×300	696	8.21	41	12.0	16.8	29	0.006 2	0.005 4	0.005 0	175(263)	210(315)	263(394)	8	3
				52	16.0	22.4	37	0.008 3	0.007 1	0.006 0					
				63	20.0	28.0	45	0.010 4	0.008 9	0.007 5					
				74	24.0	33.6	53	0.012 5	0.010 7	0.009 0					
17	250×350	816	8.79	41	12.0	16.8	29	0.005 6	0.005 0	—	204(306)	245(368)	306(459)	8	3
				52	16.0	22.4	37	0.007 4	0.006 4	0.005 4					
				63	20.0	28.0	45	0.009 3	0.008 0	0.006 7					
				74	24.0	33.6	53	0.011 1	0.009 6	0.008 1					
18	250×400	936	9.29	41	12.0	16.8	29	0.005 1	—	—	233(350)	280(420)	350(525)	8	3
				52	16.0	22.4	37	0.006 8	0.005 9	0.005 0					
				63	20.0	28.0	45	0.008 5	0.007 3	0.006 2					
				74	24.0	33.6	53	0.010 2	0.008 8	0.007 4					
19	250×450	1056	9.71	41	12.0	16.8	29	0.005 0	—	—	263(394)	315(473)	394(591)	8	3
				52	16.0	22.4	37	0.006 3	0.005 5	0.005 0					
				63	20.0	28.0	45	0.007 9	0.006 8	0.005 8					
				74	24.0	33.6	53	0.009 5	0.008 2	0.006 9					
20	250×500	1176	10.07	41	12.0	16.8	29	0.005 0	—	—	292(438)	350(525)	438(656)	8	3
				52	16.0	22.4	37	0.006 0	0.005 2	—					
				63	20.0	28.0	45	0.007 4	0.006 5	0.005 5					
				74	24.0	33.6	53	0.008 9	0.007 8	0.006 6					
21	d300	661	9.06	52	16.0	22.4	37	0.005 9	0.005 1	—	165(247)	198(297)	247(371)	8	3
				63	20.0	28.0	45	0.007 4	0.006 3	0.005 3					
				74	24.0	33.6	53	0.008 8	0.007 6	0.006 4					
				85	28.0	39.2	61	0.010 3	0.008 9	0.007 5					
22	300×300	841	9.06	52	16.0	22.4	37	0.005 9	0.005 1	—	210(315)	252(378)	315(473)	8	3
				63	20.0	28.0	45	0.007 4	0.006 3	0.005 3					
				74	24.0	33.6	53	0.008 8	0.007 6	0.006 4					
				85	28.0	39.2	61	0.010 3	0.008 9	0.007 5					

表 1(续)

序号	$l_a \times l_b$(或 d)(mm)	R_{ck}(kN)	S	t(mm)	Δl_1(mm)	Δl_2(mm)	t_e(mm)	$\tan\theta$(θ 的单位为 rad)			R_{Gk}(kN)			t_1(mm)	t_0(mm)
								温热地区	寒冷地区	严寒地区	温热地区	寒冷地区	严寒地区		
23	300×350	986	9.78	52	16.0	22.4	37	0.005 2	0.005 0	—	245 (368)	294 (441)	368 (551)	8	3
				63	20.0	28.0	45	0.006 5	0.005 6	0.005 0					
				74	24.0	33.6	53	0.007 8	0.006 8	0.005 7					
				85	28.0	39.2	61	0.009 1	0.007 9	0.006 7					
24	300×400	1 131	10.40	52	16.0	22.4	37	0.005 0	—	—	280 (420)	336 (504)	420 (630)	8	3
				63	20.0	28.0	45	0.005 9	0.005 1	—					
				74	24.0	33.6	53	0.007 1	0.006 2	0.005 3					
				85	28.0	39.2	61	0.008 3	0.007 2	0.006 1					
25	300×450	1 276	10.92	63	20.0	28.0	45	0.005 5	0.005 0	—	315 (473)	378 (567)	473 (709)	8	3
				74	24.0	33.6	53	0.006 6	0.005 7	0.005 0					
				85	28.0	39.2	61	0.007 7	0.006 7	0.005 7					
26	300×500	1 421	8.28	54	16.5	23.1	38	0.007 0	0.006 1	0.005 1	350 (525)	420 (630)	525 (788)	11	4
				69	22.0	30.8	49	0.009 4	0.008 1	0.006 8					
				84	27.5	38.5	60	0.011 7	0.010 1	0.008 4					
27	300×550	1 566	8.58	54	16.5	23.1	38	0.006 6	0.005 7	0.005 0	385 (578)	462 (693)	578 (866)	11	4
				69	22.0	30.8	49	0.008 8	0.007 6	0.006 4					
				84	27.5	38.5	60	0.011 0	0.009 5	0.008 0					
28	300×600	1 711	8.84	54	16.5	23.1	38	0.006 3	0.005 4	0.005 0	420 (630)	504 (756)	630 (945)	11	4
				69	22.0	30.8	49	0.008 4	0.007 3	0.006 1					
				84	27.5	38.5	60	0.010 5	0.009 1	0.007 6					
29	d350	908	10.63	63	20.0	28.0	45	0.005 0	—	—	224 (337)	269 (404)	337 (505)	8	3
				74	24.0	33.6	53	0.005 9	0.005 1	—					
				85	28.0	39.2	61	0.006 8	0.006 0	0.005 1					
				96	32.0	44.8	69	0.007 8	0.006 8	0.005 8					
30	350×350	1 156	10.63	63	20.0	28.0	45	0.005 0	—	—	286 (429)	343 (515)	429 (643)	8	3
				74	24.0	33.6	53	0.005 9	0.005 1	—					
				85	28.0	39.2	61	0.006 8	0.006 0	0.005 1					
				96	32.0	44.8	69	0.007 8	0.006 8	0.005 8					
31	350×400	1 326	8.26	54	16.5	23.1	38	0.006 1	0.005 2	—	327 (490)	392 (588)	490 (735)	11	4
				69	22.0	30.8	49	0.008 1	0.006 9	0.005 8					
				84	27.5	38.5	60	0.010 1	0.008 7	0.007 3					
				99	33.0	46.2	71	0.012 1	0.010 4	0.008 7					

表 1(续)

序号	$l_a \times l_b$(或 d)(mm)	R_{ck} (kN)	S	t (mm)	Δl_1 (mm)	Δl_2 (mm)	t_e (mm)	tanθ(θ 的单位为 rad) 温热地区	寒冷地区	严寒地区	R_{Ck}(kN) 温热地区	寒冷地区	严寒地区	t_1 (mm)	t_0 (mm)
32	350×450	1 496	8.72	54	16.5	23.1	38	0.005 5	0.005 0	—	368 (551)	441 (662)	551 (827)	11	4
				69	22.0	30.8	49	0.007 4	0.006 4	0.005 3					
				84	27.5	38.5	60	0.009 2	0.007 9	0.006 7					
				99	33.0	46.2	71	0.011 1	0.009 5	0.008 0					
33	350×500	1 666	9.12	54	16.5	23.1	38	0.005 1	—	—	408 (613)	490 (735)	613 (919)	11	4
				69	22.0	30.8	49	0.006 9	0.005 9	0.005 0					
				84	27.5	38.5	60	0.008 6	0.007 4	0.006 2					
				99	33.0	46.2	71	0.010 3	0.008 9	0.007 5					
34	350×550	1 836	9.48	54	16.5	23.1	38	0.005 0	—	—	449 (674)	539 (809)	674 (1 011)	11	4
				69	22.0	30.8	49	0.006 4	0.005 6	0.005 0					
				84	27.5	38.5	60	0.008 1	0.007 0	0.005 9					
				99	33.0	46.2	71	0.009 7	0.008 4	0.007 1					
35	350×600	2 006	9.80	54	16.5	23.1	38	0.005 0	—	—	490 (735)	588 (882)	735 (1 103)	11	4
				69	22.0	30.8	49	0.006 1	0.005 3	0.005 0					
				84	27.5	38.5	60	0.007 6	0.006 6	0.005 6					
				99	33.0	46.2	71	0.009 2	0.007 9	0.006 7					
36	d400	1 195	8.86	54	16.5	23.1	38	0.005 0	—	—	293 (440)	352 (528)	440 (660)	11	4
				69	22.0	30.8	49	0.006 3	0.005 4	0.005 0					
				84	27.5	38.5	60	0.007 9	0.006 8	0.005 7					
				99	33.0	46.2	71	0.009 4	0.008 1	0.006 8					
37	400×400	1 521	8.86	54	16.5	23.1	38	0.005 0	—	—	373 (560)	448 (672)	560 (840)	11	4
				69	22.0	30.8	49	0.006 3	0.005 4	0.005 0					
				84	27.5	38.5	60	0.007 9	0.006 8	0.005 7					
				99	33.0	46.2	71	0.009 4	0.008 1	0.006 8					
38	400×450	1 716	9.40	69	22.0	30.8	49	0.005 7	0.005 0	—	420 (630)	504 (756)	630 (945)	11	4
				84	27.5	38.5	60	0.007 1	0.006 2	0.005 2					
				99	33.0	46.2	71	0.008 6	0.007 4	0.006 3					
				114	38.5	53.9	82	0.010 0	0.008 6	0.007 3					
39	400×500	1 911	9.87	69	22.0	30.8	49	0.005 3	0.005 0	—	467 (700)	560 (840)	700 (1 050)	11	4
				84	27.5	38.5	60	0.006 6	0.005 7	0.005 0					
				99	33.0	46.2	71	0.007 9	0.006 9	0.005 8					
				114	38.5	53.9	82	0.009 2	0.008 0	0.006 8					

表1(续)

序号	$l_a \times l_b$(或 d)(mm)	R_{ck}(kN)	S	t(mm)	Δl_1(mm)	Δl_2(mm)	t_e(mm)	$\tan\theta$(θ 的单位为 rad)			R_{Ck}(kN)			t_1(mm)	t_0(mm)
								温热地区	寒冷地区	严寒地区	温热地区	寒冷地区	严寒地区		
40	400×550	2 106	10.29	69	22.0	30.8	49	0.005 0	—	—	513 (770)	616 (924)	770 (1 155)	11	4
				84	27.5	38.5	60	0.006 2	0.005 4	0.005 0					
				99	33.0	46.2	71	0.007 4	0.006 5	0.005 5					
41	400×600	2 301	10.67	69	22.0	30.8	49	0.005 0	—	—	560 (840)	672 (1 008)	840 (1 260)	11	4
				84	27.5	38.5	60	0.005 8	0.005 1	—					
				99	33.0	46.2	71	0.007 0	0.006 1	0.005 2					
42	400×650	2 490	11.02	69	22.0	30.8	49	0.005 0	—	—	607 (910)	728 (1 092)	910 (1 365)	11	4
				84	27.5	38.5	60	0.005 6	0.005 0	—					
				99	33.0	46.2	71	0.006 7	0.005 8	0.005 0					
43	d450	1 521	10.00	69	22.0	30.8	49	0.005 0	—	—	371 (557)	445 (668)	557 (835)	11	4
				84	27.5	38.5	60	0.005 7	0.005 0	—					
				99	33.0	46.2	71	0.006 9	0.006 0	0.005 1					
				114	38.5	53.9	82	0.008 0	0.007 0	0.005 9					
44	450×450	1 936	10.00	69	22.0	30.8	49	0.005 0	—	—	473 (709)	567 (851)	709 (1 063)	11	4
				84	27.5	38.5	60	0.005 7	0.005 0	—					
				99	33.0	46.2	71	0.006 9	0.006 0	0.005 1					
				114	38.5	53.9	82	0.008 0	0.007 0	0.005 9					
45	450×500	2 156	10.54	84	27.5	38.5	60	0.005 3	0.005 0	—	525 (788)	630 (945)	788 (1 181)	11	4
				99	33.0	46.2	71	0.006 4	0.005 5	0.005 0					
				114	38.5	53.9	82	0.007 4	0.006 5	0.005 5					
46	450×550	2 376	11.02	84	27.5	38.5	60	0.005 0	—	—	578 (866)	693 (1 040)	866 (1 299)	11	4
				99	33.0	46.2	71	0.005 9	0.005 2	—					
				114	38.5	53.9	82	0.006 9	0.006 1	0.005 2					
47	450×600	2 596	8.40	70	22.5	31.5	50	0.006 2	0.005 4	0.005 0	630 (945)	756 (1 134)	945 (1 418)	15	5
				90	30.0	42.0	65	0.008 3	0.007 2	0.006 0					
				110	37.5	52.5	80	0.010 4	0.009 0	0.007 5					
48	450×650	2 816	8.69	70	22.5	31.5	50	0.005 9	0.005 1	—	683 (1 024)	819 (1 229)	1 024 (1 536)	15	5
				90	30.0	42.0	65	0.007 9	0.006 8	0.005 7					
				110	37.5	52.5	80	0.009 8	0.008 5	0.007 1					
49	d500	1 886	8.17	70	22.5	31.5	50	0.005 9	0.005 1	—	458 (687)	550 (825)	687 (1 031)	15	5
				90	30.0	42.0	65	0.007 9	0.006 7	0.005 6					
				110	37.5	52.5	80	0.009 8	0.008 4	0.007 0					
				130	45.0	63.0	95	0.011 8	0.010 1	0.008 5					

表1(续)

序号	$l_a \times l_b$(或 d) (mm)	R_{ck} (kN)	S	t (mm)	Δl_1 (mm)	Δl_2 (mm)	t_e (mm)	$\tan\theta$(θ 的单位为 rad) 温热地区	寒冷地区	严寒地区	R_{Gk}(kN) 温热地区	寒冷地区	严寒地区	t_1 (mm)	t_0 (mm)
50	500×500	2 401	8.17	70	22.5	31.5	50	0.005 9	0.005 1	—	583 (875)	700 (1 050)	875 (1 313)	15	5
				90	30.0	42.0	65	0.007 9	0.006 7	0.005 6					
				110	37.5	52.5	80	0.009 8	0.008 4	0.007 0					
				130	45.0	63.0	95	0.011 8	0.010 1	0.008 5					
51	500×550	2 646	8.56	70	22.5	31.5	50	0.005 4	0.005 0	—	642 (963)	770 (1 155)	963 (1 444)	15	5
				90	30.0	42.0	65	0.007 3	0.006 3	0.005 2					
				110	37.5	52.5	80	0.009 1	0.007 8	0.006 6					
				130	45.0	63.0	95	0.010 9	0.009 4	0.007 9					
52	500×600	2 891	8.92	70	22.5	31.5	50	0.005 1	—	—	700 (1 050)	840 (1 260)	1 050 (1 575)	15	5
				90	30.0	42.0	65	0.006 8	0.005 9	0.005 0					
				110	37.5	52.5	80	0.008 5	0.007 3	0.006 2					
				130	45.0	63.0	95	0.010 2	0.008 8	0.007 7					
53	500×650	3 136	9.25	70	22.5	31.5	50	0.005 0	—	—	758 (1 138)	910 (1 365)	1 138 (1 706)	15	5
				90	30.0	42.0	65	0.006 4	0.005 5	0.005 0					
				110	37.5	52.5	80	0.008 0	0.006 9	0.005 8					
				130	45.0	63.0	95	0.009 6	0.008 3	0.007 0					
54	500×700	3 381	9.55	70	22.5	31.5	50	0.005 0	—	—	817 (1 225)	980 (1 470)	1 225 (1 838)	15	5
				90	30.0	42.0	65	0.006 1	0.005 3	—					
				110	37.5	52.5	80	0.007 6	0.006 6	0.005 6					
				130	45.0	63.0	95	0.009 1	0.007 9	0.006 7					
55	d550	2 290	9.00	90	30.0	42.0	65	0.006 1	0.005 2	—	554 (832)	665 (998)	832 (1 247)	15	5
				110	37.5	52.5	80	0.007 6	0.006 6	0.005 5					
				130	45.0	63.0	95	0.009 1	0.007 9	0.006 6					
				150	52.5	73.5	110	0.010 6	0.009 2	0.007 7					
56	550×550	2 916	9.0	90	30.0	42.0	65	0.006 1	0.005 2	—	706 (1 059)	847 (1 271)	1 059 (1 588)	15	5
				110	37.5	52.5	80	0.007 6	0.006 6	0.005 5					
				130	45.0	63.0	95	0.009 1	0.007 9	0.006 6					
				150	52.5	73.5	110	0.010 6	0.009 2	0.007 7					
57	550×600	3 186	9.40	90	30.0	42.0	65	0.005 7	0.005 0	—	770 (1 155)	924 (1 386)	1 155 (1 733)	15	5
				110	37.5	52.5	80	0.007 1	0.006 1	0.005 2					
				130	45.0	63.0	95	0.008 5	0.007 3	0.006 2					
				150	52.5	73.5	110	0.010 9	0.008 6	0.007 2					

表 1(续)

序号	$l_a \times l_b$(或 d)(mm)	R_{ck}(kN)	S	t(mm)	Δl_1(mm)	Δl_2(mm)	t_e(mm)	$\tan\theta$(θ 的单位为 rad)			R_{Gk}(kN)			t_1(mm)	t_0(mm)
								温热地区	寒冷地区	严寒地区	温热地区	寒冷地区	严寒地区		
58	550×650	3 456	9.76	90	30.0	42.0	65	0.005 3	0.005 0	—	834 (1 251)	1 001 (1 502)	1251 (1 877)	15	5
				110	37.5	52.5	80	0.006 7	0.005 8	0.005 0					
				130	45.0	63.0	95	0.008 0	0.006 9	0.005 9					
				150	52.5	73.5	110	0.009 3	0.008 1	0.006 9					
59	d600	2 734	9.83	90	30.0	42.0	65	0.005 0	—	—	660 (990)	792 (1 188)	990 (1 484)	15	5
				110	37.5	52.5	80	0.006 0	0.005 2	—					
				130	45.0	63.0	95	0.007 2	0.006 3	0.005 3					
				150	52.5	73.5	110	0.008 5	0.007 3	0.006 2					
60	600×600	3 481	9.83	90	30.0	42.0	65	0.005 0	—	—	840 (1 260)	1 008 (1 512)	1 260 (1 890)	15	5
				110	37.5	52.5	80	0.006 0	0.005 2	—					
				130	45.0	63.0	95	0.007 2	0.006 3	0.005 3					
				150	52.5	73.5	110	0.008 5	0.007 3	0.006 2					
61	600×650	3 776	10.23	90	30.0	42.0	65	0.005 0	—	—	910 (1 365)	1 092 (1 638)	1 365 (2 048)	15	5
				110	37.5	52.5	80	0.005 7	0.005 0	—					
				130	45.0	63.0	95	0.006 8	0.005 9	0.005 0					
				150	52.5	73.5	110	0.007 9	0.006 9	0.005 9					
62	600×700	4 071	10.60	110	37.5	52.5	80	0.005 4	0.005 0	—	980 (1 470)	1 176 (1 764)	1 470 (2 205)	15	5
				130	45.0	63.0	95	0.006 4	0.005 6	0.005 0					
				150	52.5	73.5	110	0.007 5	0.006 6	0.005 6					
63	600×750	4 366	10.94	110	37.5	52.5	80	0.005 1	0.005 0	—	1 050 (1 575)	1 260 (1 890)	1 575 (2 363)	15	5
				130	45.0	63.0	95	0.006 1	0.005 4	0.005 0					
				150	52.5	73.5	110	0.007 2	0.006 3	0.005 4					
64	d650	3 217	10.67	110	37.5	52.5	80	0.005 0	—	—	774 (1 161)	929 (1 394)	1 161 (1 742)	15	5
				130	45.0	63.0	95	0.005 9	0.005 1	—					
				150	52.5	73.5	110	0.006 9	0.006 0	0.005 1					
				170	60.0	84.0	125	0.007 8	0.006 8	0.005 9					
65	650×650	4 096	10.67	110	37.5	52.5	80	0.005 0	—	—	986 (1 479)	1 183 (1 775)	1 479 (2 218)	15	5
				130	45.0	63.0	95	0.005 9	0.005 1	—					
				150	52.5	73.5	110	0.006 9	0.006 0	0.005 1					
				170	60.0	84.0	125	0.007 9	0.006 8	0.005 9					
66	650×700	4 416	9.20	102	36.0	50.4	77	0.006 0	0.005 2	—	1 062 (1 593)	1 274 (1 911)	1 593 (2 389)	18	5
				125	45.0	63.0	95	0.007 4	0.006 4	0.005 4					
				148	54.0	75.6	113	0.008 9	0.007 7	0.006 5					
				171	63.0	88.2	131	0.010 4	0.009 0	0.007 6					

表 1(续)

序号	$l_a \times l_b$(或 d)(mm)	R_{ck}(kN)	S	t(mm)	Δl_1(mm)	Δl_2(mm)	t_e(mm)	$\tan\theta$(θ 的单位为 rad)			R_{Gk}(kN)			t_1(mm)	t_0(mm)
								温热地区	寒冷地区	严寒地区	温热地区	寒冷地区	严寒地区		
67	650×750	4 736	9.53	102	36.0	50.4	77	0.005 6	0.005 0	—	1 138 (1 706)	1 365 (2 048)	1 706 (2 559)	18	5
				125	45.0	63.0	95	0.007 0	0.006 1	0.005 1					
				148	54.0	75.6	113	0.008 4	0.007 3	0.006 2					
				171	63.0	88.2	131	0.009 9	0.008 5	0.007 2					
68	d700	3 739	9.58	102	36.0	50.4	77	0.005 2	0.005 0	—	898 (1 347)	1 078 (1 616)	1 347 (2 020)	18	5
				125	45.0	63.0	95	0.006 5	0.005 6	0.005 0					
				148	54.0	75.6	113	0.007 8	0.006 7	0.005 7					
				171	63.0	88.2	131	0.009 1	0.007 9	0.006 6					
69	700×700	4 761	9.58	102	36.0	50.4	77	0.005 2	0.005 0	—	1 143 (1 715)	1 372 (2 058)	1 715 (2 573)	18	5
				125	45.0	63.0	95	0.006 5	0.005 6	0.005 0					
				148	54.0	75.6	113	0.007 8	0.006 7	0.005 7					
				171	63.0	88.2	131	0.009 1	0.007 9	0.006 6					
70	d750	4 301	10.28	125	45.0	63.0	95	0.005 4	0.005 0	—	1 031 (1 546)	1 237 (1 856)	1 546 (2 319)	18	5
				148	54.0	75.6	113	0.006 5	0.005 6	0.005 0					
				171	63.0	88.2	131	0.007 6	0.006 6	0.005 6					
				194	72.0	100.8	149	0.008 6	0.007 5	0.006 4					
71	d800	4 902	10.97	125	45.0	63.0	95	0.005 0	—	—	1 173 (1 759)	1 407 (2 111)	1 759 (2 639)	18	5
				148	54.0	75.6	113	0.005 5	0.005 0	—					
				171	63.0	88.2	131	0.006 4	0.005 6	0.005 0					
				194	72.0	100.8	149	0.007 3	0.006 4	0.005 5					

注 1:抗滑最小承载力栏中,括号外数字为支座与混凝土接触时采用值,括号内数字为支座与钢接触时采用值;其值均为不计汽车制动力的情况。当计入汽车制动力时,应自行计算。

注 2:允许转角正切值是沿支座短边方向转动时计算值,若沿长边方向转动则应自行计算。

5 四氟滑板橡胶支座

5.1 四氟滑板橡胶支座组装示意图见图 3。

5.2 四氟滑板橡胶支座代号矩形为 $GJZF_4$、圆形为 $GYZF_4$,其规格系列见表 2。表中符号意义如下:

$l_a \times l_b$ 或 d——平面尺寸或直径;

R_{ck}——最大承压力;

S——形状系数;

t——支座总厚度;

Δl_3——多向支座位移量;

Δl_4——单向支座位移量;

t_e——橡胶层总厚度;

tanθ——允许转角正切值；

R_{Gk}——抗滑最小承压力；

t_1——中间橡胶层厚度；

t_0——单层钢板厚度；

t_f——四氟滑板厚度。

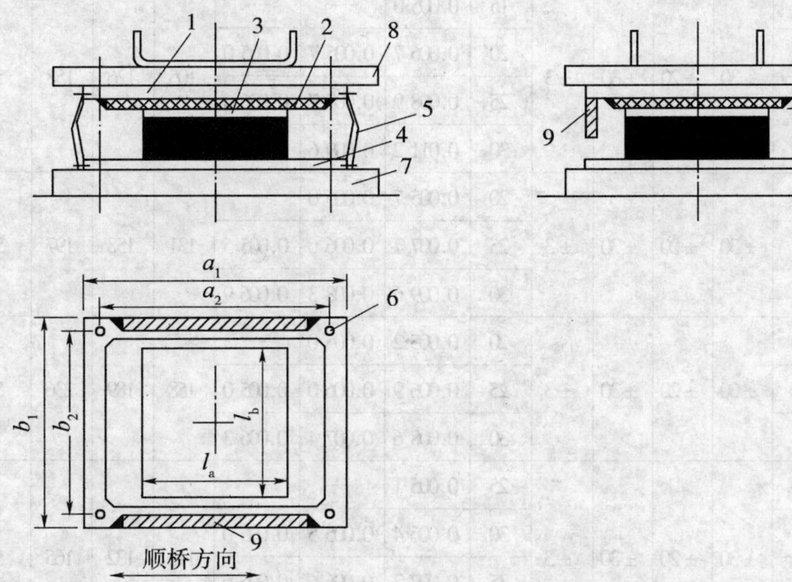

图3　四氟滑板支座组装示意图

1-上钢板；2-不锈钢板；3-四氟滑板支座（$GJZF_4$、$GYZF_4$）；4-下钢板；5-防尘罩；6-锚固螺栓；7-支座垫石；8-梁底预埋钢板；9-导向板

5.3　$GJZF_4$、$GYZF_4$ 规格系列支座主要附件尺寸见表3。

表2　$GJZF_4$、$GYZF_4$ 板式橡胶支座规格系列选用参数

序号	$l_a \times l_b$（或 d）(mm)	R_{ck} (kN)	S	t (mm)	Δl_3 (mm) 顺桥向	Δl_3 (mm) 横桥向	Δl_4 (mm) 顺桥向	Δl_4 (mm) 横桥向	t_e (mm)	tanθ（θ 的单位为 rad）温热地区	tanθ 寒冷地区	tanθ 严寒地区	R_{Gk}(kN) 温热地区	R_{Gk}(kN) 寒冷地区	R_{Gk}(kN) 严寒地区	t_1 (mm)	t_0 (mm)	t_f (mm)
1	100×150	101	5.48	23	±30	±20	±30	±3	15	0.010 7	0.009 0	0.007 4	53	63	79	5	2	2
				30					20	0.016 0	0.013 5	0.011 1						
2	100×200	137	6.11	23	±30	±20	±30	±3	15	0.008 7	0.007 4	0.006 1	70	84	105	5	2	2
				30					20	0.013 1	0.011 1	0.009 1						
3	d150	154	7.00	23	±30	±20	±30	±3	15	0.005 7	0.005 0	—	62	74	93	5	2	2
				30					20	0.008 5	0.007 3	0.006 0						
				37					25	0.011 4	0.009 7	0.008 0						
				44					30	0.014 3	0.012 2	0.010 1						
4	150×150	196	7.00	23	±30	±20	±30	±3	15	0.005 7	0.005 0	—	79	95	118	5	2	2
				30					20	0.008 5	0.007 3	0.006 0						
				37					25	0.011 4	0.009 7	0.008 0						
				44					30	0.014 3	0.012 2	0.010 1						

表 2(续)

序号	$l_a \times l_b$ (或 d) (mm)	R_{ck} (kN)	S	t (mm)	Δl_3 (mm)		Δl_4 (mm)		t_e (mm)	$\tan\theta$(θ 的单位为 rad)			R_{Gk}(kN)			t_1 (mm)	t_0 (mm)	t_f (mm)
					顺桥向	横桥向	顺桥向	横桥向		温热地区	寒冷地区	严寒地区	温热地区	寒冷地区	严寒地区			
5	150×200	266	8.06	23	±30	±20	±30	±3	15	0.005 0	—	—	105	126	158	5	2	2
				30					20	0.006 7	0.005 7	0.005 0						
				37					25	0.008 9	0.007 7	0.006 4						
				44					30	0.011 2	0.009 6	0.008 0						
6	150×250	336	8.84	30	±30	±20	±30	±3	20	0.005 7	0.005 0	—	131	158	197	5	2	2
				37					25	0.007 7	0.006 6	0.005 5						
				44					30	0.009 6	0.008 3	0.006 9						
7	150×300	406	9.44	30	±30	±20	±30	±3	20	0.005 2	0.005 0	—	158	189	236	5	2	2
				37					25	0.006 9	0.006 0	0.005 0						
				44					30	0.008 6	0.007 4	0.006 3						
8	d200	284	9.50	37	±30	±20	±30	±3	25	0.005 1	—	—	110	132	165	5	2	2
				44					30	0.006 4	0.005 5	0.005 0						
				51					35	0.007 7	0.006 6	0.005 6						
				58					40	0.008 9	0.007 7	0.006 5						
9	200×200	361	9.50	37	±30	±20	±30	±3	25	0.005 1	—	—	140	168	210	5	2	2
				44					30	0.006 4	0.005 5	0.005 0						
				51					35	0.007 7	0.006 6	0.005 6						
				58					40	0.008 9	0.007 7	0.006 5						
10	200×250	456	10.60	44	±30	±20	±30	±3	30	0.005 4	0.005 0	—	175	210	263	5	2	2
				51					35	0.006 4	0.005 6	0.005 0						
				58					40	0.007 5	0.006 6	0.005 6						
11	200×300	551	7.17	32	±30	±20	±30	±3	21	0.006 6	0.005 6	0.005 0	210	252	315	8	3	2
				43					29	0.009 8	0.008 4	0.007 0						
				54					37	0.013 1	0.011 2	0.009 3						
12	200×350	646	7.62	32	±30	±20	±30	±3	21	0.005 9	0.005 1	—	245	294	368	8	3	2
				43					29	0.008 9	0.007 6	0.006 3						
				54					37	0.011 8	0.010 1	0.008 4						
13	200×400	741	7.98	32	±30	±20	±30	±3	21	0.005 5	0.005 0	—	280	336	420	8	3	2
				43					29	0.008 2	0.007 0	0.005 9						
				54					37	0.010 9	0.009 3	0.007 8						
14	d250	452	7.50	43	±60	±30	±60	±3	29	0.007 3	0.006 2	0.005 2	172	206	258	8	3	2
				54					37	0.009 7	0.008 3	0.006 9						
				65					45	0.012 1	0.010 4	0.008 6						
				76					53	0.014 6	0.012 4	0.010 3						

表 2(续)

序号	$l_a \times l_b$（或 d）(mm)	R_{ck} (kN)	S	t (mm)	Δl_3 (mm) 顺桥向	Δl_3 (mm) 横桥向	Δl_4 (mm) 顺桥向	Δl_4 (mm) 横桥向	t_e (mm)	tanθ（θ 的单位为 rad）温热地区	tanθ 寒冷地区	tanθ 严寒地区	R_{Gk}(kN) 温热地区	R_{Gk} 寒冷地区	R_{Gk} 严寒地区	t_1 (mm)	t_0 (mm)	t_f (mm)
15	250×250	576	7.50	43	±50	±20	±50	±3	29	0.007 3	0.006 2	0.005 2	219	263	328	8	3	2
				54					37	0.009 7	0.008 3	0.006 9						
				65					45	0.012 1	0.010 4	0.008 6						
				76					53	0.014 6	0.012 4	0.010 3						
16	250×300	696	8.21	43	±50	±20	±50	±3	29	0.006 2	0.005 4	0.005 0	263	315	394	8	3	2
				54					37	0.008 3	0.007 1	0.006 0						
				65					45	0.010 4	0.008 9	0.007 5						
				76					53	0.012 5	0.010 7	0.009 0						
17	250×350	816	8.79	43	±50	±20	±50	±3	29	0.005 6	0.005 0	—	306	368	459	8	3	2
				54					37	0.007 4	0.006 4	0.005 4						
				65					45	0.009 3	0.008 0	0.006 7						
				76					53	0.011 1	0.009 6	0.008 1						
18	250×400	936	9.29	43	±50	±20	±50	±3	29	0.005 1	—	—	350	420	525	8	3	2
				54					37	0.006 8	0.005 9	0.005 0						
				65					45	0.008 5	0.007 3	0.006 2						
				76					53	0.010 2	0.008 8	0.007 4						
19	250×450	1 056	9.71	43	±50	±20	±50	±3	29	0.005 0	—	—	394	473	591	8	3	2
				54					37	0.006 3	0.005 5	0.005 0						
				65					45	0.007 9	0.006 8	0.005 8						
				76					53	0.009 5	0.008 2	0.006 9						
20	250×500	1176	10.07	43	±50	±20	±50	±3	29	0.005 0	—	—	438	525	656	8	3	2
				54					37	0.006 0	0.005 2	—						
				65					45	0.007 4	0.006 5	0.005 5						
				76					53	0.008 9	0.007 8	0.006 6						
21	d300	661	9.06	54	±60	±30	±60	±3	37	0.005 9	0.005 1	—	247	297	371	8	3	2
				65					45	0.007 4	0.006 3	0.005 3						
				76					53	0.008 8	0.007 6	0.006 4						
				87					61	0.010 3	0.008 9	0.007 5						
22	300×300	841	9.06	54	±70	±30	±70	±3	37	0.005 9	0.005 1	—	315	378	473	8	3	2
				65					45	0.007 4	0.006 3	0.005 3						
				76					53	0.008 8	0.007 6	0.006 4						
				87					61	0.010 3	0.008 9	0.007 5						

表 2(续)

序号	$l_a \times l_b$ (或 d) (mm)	R_{ck} (kN)	S	t (mm)	Δl_3 (mm) 顺桥向	Δl_3 (mm) 横桥向	Δl_4 (mm) 顺桥向	Δl_4 (mm) 横桥向	t_e (mm)	$\tan\theta$(θ 的单位为 rad) 温热地区	寒冷地区	严寒地区	R_{Gk}(kN) 温热地区	寒冷地区	严寒地区	t_1 (mm)	t_0 (mm)	t_f (mm)
23	300×350	986	9.78	54	±70	±30	±70	±3	37	0.005 2	0.005 0	—	368	441	551	8	3	2
				65					45	0.006 5	0.005 6	0.005 0						
				76					53	0.007 8	0.006 8	0.005 7						
				87					61	0.009 1	0.007 9	0.006 7						
24	300×400	1 131	10.40	54	±70	±30	±70	±3	37	0.005 0	—	—	420	504	630	8	3	2
				65					45	0.005 9	0.005 1	—						
				76					53	0.007 1	0.006 2	0.005 3						
				87					61	0.008 3	0.007 2	0.006 1						
25	300×450	1 276	10.92	65	±70	±30	±70	±3	45	0.005 5	0.005 0	—	473	567	709	8	3	2
				76					53	0.006 6	0.005 7	0.005 0						
				87					61	0.007 7	0.006 7	0.005 7						
26	300×500	1 421	8.28	56	±70	±30	±70	±3	38	0.007 0	0.006 1	0.005 1	525	630	788	11	4	2
				71					49	0.009 4	0.008 1	0.006 8						
				86					60	0.011 7	0.010 1	0.008 4						
27	300×550	1 566	8.58	57	±70	±30	±70	±3	38	0.006 6	0.005 7	0.005 0	578	693	866	11	4	3
				72					49	0.008 8	0.007 6	0.006 4						
				87					60	0.011 0	0.009 5	0.008 0						
28	300×600	1 711	8.84	57	±70	±30	±70	±3	38	0.006 3	0.005 4	0.005 0	630	756	945	11	4	3
				72					49	0.008 4	0.007 3	0.006 1						
				87					60	0.010 5	0.009 1	0.007 6						
29	d350	908	10.63	65	±90	±40	±90	±3	45	0.005 0	—	—	337	404	505	8	3	2
				76					53	0.005 9	0.005 1	—						
				87					61	0.006 8	0.006 0	0.005 1						
				98					69	0.007 8	0.006 8	0.005 8						
30	350×350	1 156	10.63	65	±90	±40	±90	±3	45	0.005 0	—	—	429	515	643	8	3	2
				76					53	0.005 9	0.005 1	—						
				87					61	0.006 8	0.006 0	0.005 1						
				98					69	0.007 8	0.006 8	0.005 8						
31	350×400	1 326	8.26	56	±90	±40	±90	±3	38	0.006 1	0.005 2	—	490	588	735	11	4	2
				71					49	0.008 1	0.006 9	0.005 8						
				86					60	0.010 1	0.008 7	0.007 3						
				101					71	0.012 1	0.010 4	0.008 7						

表2(续)

序号	$l_a \times l_b$（或 d）(mm)	R_{ck} (kN)	S	t (mm)	Δl_3 (mm)		Δl_4 (mm)		t_e (mm)	tanθ（θ 的单位为 rad）			R_{Gk}(kN)			t_1 (mm)	t_0 (mm)	t_f (mm)
					顺桥向	横桥向	顺桥向	横桥向		温热地区	寒冷地区	严寒地区	温热地区	寒冷地区	严寒地区			
32	350×450	1 496	8.72	56	±90	±40	±90	±3	38	0.005 5	0.005 0	—	551	662	827	11	4	2
				71					49	0.007 4	0.006 4	0.005 3						
				86					60	0.009 2	0.007 9	0.006 7						
				101					71	0.011 1	0.009 5	0.008 0						
33	350×500	1 666	9.12	56	±90	±40	±90	±3	38	0.005 1	—	—	613	735	919	11	4	2
				71					49	0.006 9	0.005 9	0.005 0						
				86					60	0.008 6	0.007 4	0.006 2						
				101					71	0.010 3	0.008 9	0.007 5						
34	350×550	1 836	9.48	57	±90	±40	±90	±3	38	0.005 0	—	—	674	809	1 011	11	4	3
				72					49	0.006 4	0.005 6	0.005 0						
				87					60	0.008 1	0.007 0	0.005 9						
				102					71	0.009 7	0.008 4	0.007 1						
35	350×600	2 006	9.80	57	±90	±40	±90	±3	38	0.005 0	—	—	735	882	1 103	11	4	3
				72					49	0.006 1	0.005 3	0.005 0						
				87					60	0.007 6	0.006 6	0.005 6						
				102					71	0.009 2	0.007 9	0.006 7						
36	d400	1 195	8.86	56	±90	±40	±90	±3	38	0.005 0	—	—	440	528	660	11	4	2
				71					49	0.006 3	0.005 4	0.005 0						
				86					60	0.007 9	0.006 8	0.005 7						
				101					71	0.009 4	0.008 1	0.006 8						
37	400×400	1 521	8.86	56	±90	±40	±90	±3	38	0.005 0	—	—	560	672	840	11	4	2
				71					49	0.006 3	0.005 4	0.005 0						
				86					60	0.007 9	0.006 8	0.005 7						
				101					71	0.009 4	0.008 1	0.006 8						
38	400×450	1 716	9.40	71	±90	±40	±90	±3	49	0.005 7	0.005 0	—	630	756	945	11	4	2
				86					60	0.007 1	0.006 2	0.005 2						
				101					71	0.008 6	0.007 4	0.006 3						
				116					82	0.010 0	0.008 6	0.007 3						
39	400×500	1 911	9.87	71	±90	±40	±90	±3	49	0.005 3	0.005 0	—	700	840	1 050	11	4	2
				86					60	0.006 6	0.005 7	0.005 0						
				101					71	0.007 9	0.006 9	0.005 8						
				116					82	0.009 2	0.008 0	0.006 8						

表 2(续)

序号	$l_a \times l_b$（或 d）(mm)	R_{ck} (kN)	S	t (mm)	Δl_3 (mm)		Δl_4 (mm)		t_e (mm)	$\tan\theta$（θ 的单位为 rad）			R_{Gk}(kN)			t_1 (mm)	t_0 (mm)	t_f (mm)
					顺桥向	横桥向	顺桥向	横桥向		温热地区	寒冷地区	严寒地区	温热地区	寒冷地区	严寒地区			
40	400×550	2 106	10.29	72	±90	±40	±90	±3	49	0.005 0	—	—	770	924	1 155	11	4	3
				87					60	0.006 2	0.005 4	0.005 0						
				102					71	0.007 4	0.006 5	0.005 5						
41	400×600	2 301	10.67	72	±90	±40	±90	±3	49	0.005 0	—	—	840	1 008	1 260	11	4	3
				87					60	0.005 8	0.005 1	—						
				102					71	0.007 0	0.006 1	0.005 2						
42	400×650	2 490	11.02	72	±90	±40	±90	±3	49	0.005 0	—	—	910	1 092	1 365	11	4	3
				87					60	0.005 6	0.005 0	—						
				102					71	0.006 7	0.005 8	0.005 0						
43	d450	1 521	10.00	71	±110	±40	±110	±3	49	0.005 0	—	—	557	668	835	11	4	2
				86					60	0.005 7	0.005 0	—						
				101					71	0.006 9	0.006 0	0.005 1						
				116					82	0.008 0	0.007 0	0.005 9						
44	450×450	1 936	10.00	71	±110	±40	±110	±3	49	0.005 0	—	—	709	851	1 063	11	4	2
				86					60	0.005 7	0.005 0	—						
				101					71	0.006 9	0.006 0	0.005 1						
				116					82	0.008 0	0.007 0	0.005 9						
45	450×500	2 156	10.54	86	±110	±40	±110	±3	60	0.005 3	0.005 0	—	788	945	1 181	11	4	2
				101					71	0.006 4	0.005 5	0.005 0						
				116					82	0.007 4	0.006 5	0.005 5						
46	450×550	2 376	11.02	87	±110	±40	±110	±3	60	0.005 0	—	—	866	1 040	1 299	11	4	3
				102					71	0.005 9	0.005 2	—						
				117					82	0.006 9	0.006 1	0.005 2						
47	450×600	2 596	8.40	73	±110	±40	±110	±3	50	0.006 2	0.005 4	0.005 0	945	1 134	1 418	15	5	3
				93					65	0.008 3	0.007 2	0.006 0						
				113					80	0.010 4	0.009 0	0.007 5						
48	450×650	2 816	8.69	73	±110	±40	±110	±3	50	0.005 9	0.005 1	—	1 024	1 229	1 536	15	5	3
				93					65	0.007 9	0.006 8	0.005 7						
				113					80	0.009 8	0.008 5	0.007 1						
49	d500	1 886	8.17	72	±110	±40	±110	±3	50	0.005 9	0.005 1	—	687	825	1 031	15	5	2
				92					65	0.007 9	0.006 7	0.005 6						
				112					80	0.009 8	0.008 4	0.007 0						
				132					95	0.011 8	0.010 1	0.008 5						

表 2(续)

序号	$l_a \times l_b$ (或 d)(mm)	R_{ck} (kN)	S	t (mm)	Δl_3 (mm) 顺桥向	Δl_3 (mm) 横桥向	Δl_4 (mm) 顺桥向	Δl_4 (mm) 横桥向	t_e (mm)	$\tan\theta$(θ 的单位为 rad) 温热地区	$\tan\theta$ 寒冷地区	$\tan\theta$ 严寒地区	R_{Gk}(kN) 温热地区	R_{Gk}(kN) 寒冷地区	R_{Gk}(kN) 严寒地区	t_1 (mm)	t_0 (mm)	t_f (mm)
50	500×500	2 401	8.17	72	±130	±40	±130	±3	50	0.005 9	0.005 1	—	875	1 050	1 313	15	5	2
				92					65	0.007 9	0.006 7	0.005 6						
				112					80	0.009 8	0.008 4	0.007 0						
				132					95	0.011 8	0.010 1	0.008 5						
51	500×550	2 646	8.56	73	±130	±40	±130	±3	50	0.005 4	0.005 0	—	963	1 155	1 444	15	5	3
				93					65	0.007 3	0.006 3	0.005 2						
				113					80	0.009 1	0.007 8	0.006 6						
				133					95	0.010 9	0.009 4	0.007 9						
52	500×600	2 891	8.92	73	±130	±40	±130	±3	50	0.005 1	—	—	1 050	1 260	1 575	15	5	3
				93					65	0.006 8	0.005 9	0.005 0						
				113					80	0.008 5	0.007 3	0.006 2						
				133					95	0.010 2	0.008 8	0.007 7						
53	500×650	3 136	9.25	73	±130	±40	±130	±3	50	0.005 0	—	—	1 138	1 365	1 706	15	5	3
				93					65	0.006 4	0.005 5	0.005 0						
				113					80	0.008 0	0.006 9	0.005 8						
				133					95	0.009 6	0.008 3	0.007 0						
54	500×700	3 381	9.55	73	±130	±40	±130	±3	50	0.005 0	—	—	1 225	1 470	1 838	15	5	3
				93					65	0.006 1	0.005 3	—						
				113					80	0.007 6	0.006 6	0.005 6						
				133					95	0.009 1	0.007 9	0.006 7						
55	d550	2 290	9.00	93	±130	±40	±130	±3	65	0.006 1	0.005 2	—	832	998	1 247	15	5	3
				113					80	0.007 6	0.006 6	0.005 5						
				133					95	0.009 1	0.007 9	0.006 6						
				153					110	0.010 6	0.009 2	0.007 7						
56	550×550	2 916	9.00	93	±130	±40	±130	±3	65	0.006 1	0.005 2	—	1 059	1 271	1 588	15	5	3
				113					80	0.007 6	0.006 6	0.005 5						
				133					95	0.009 1	0.007 9	0.006 6						
				153					110	0.010 6	0.009 2	0.007 7						
57	550×600	3 186	9.40	93	±130	±40	±130	±3	65	0.005 7	0.005 0	—	1 155	1 386	1 733	15	5	3
				113					80	0.007 1	0.006 1	0.005 2						
				133					95	0.008 5	0.007 3	0.006 2						
				153					110	0.010 9	0.008 6	0.007 2						

表 2(续)

序号	$l_a \times l_b$(或 d)(mm)	R_{ck}(kN)	S	t(mm)	Δl_3(mm) 顺桥向	Δl_3(mm) 横桥向	Δl_4(mm) 顺桥向	Δl_4(mm) 横桥向	t_e(mm)	$\tan\theta$(θ 的单位为 rad) 温热地区	寒冷地区	严寒地区	R_{Gk}(kN) 温热地区	寒冷地区	严寒地区	t_1(mm)	t_0(mm)	t_f(mm)
58	550×650	3 456	9.76	93	±130	±40	±130	±3	65	0.005 3	0.005 0	—	1 251	1 502	1 877	15	5	3
				113					80	0.006 7	0.005 8	0.005 0						
				133					95	0.008 0	0.006 9	0.005 9						
				153					110	0.009 3	0.008 1	0.006 9						
59	d600	2 734	9.83	93	±130	±40	±130	±3	65	0.005 0	—	—	990	1 188	1 484	15	5	3
				113					80	0.006 0	0.005 2	—						
				133					95	0.007 2	0.006 3	0.005 3						
				153					110	0.008 5	0.007 3	0.006 2						
60	600×600	3 481	9.83	93	±130	±40	±130	±3	65	0.005 0	—	—	1 260	1 512	1 890	15	5	3
				113					80	0.006 0	0.005 2	—						
				133					95	0.007 2	0.006 3	0.005 3						
				153					110	0.008 5	0.007 3	0.006 2						
61	600×650	3 776	10.23	93	±130	±40	±130	±3	65	0.005 0	—	—	1 365	1 638	2 048	15	5	3
				113					80	0.005 7	0.005 0	—						
				133					95	0.006 8	0.005 9	0.005 0						
				153					110	0.007 9	0.006 9	0.005 9						
62	600×700	4 071	10.60	113	±150	±40	±150	±3	80	0.005 4	0.005 0	—	1 470	1 764	2 205	15	5	3
				133					95	0.006 4	0.005 6	0.005 0						
				153					110	0.007 5	0.006 6	0.005 6						
63	600×750	4 366	10.94	113	±150	±40	±150	±3	80	0.005 1	0.005 0	—	1 575	1 890	2 363	15	5	3
				133					95	0.006 1	0.005 4	0.005 0						
				153					110	0.007 2	0.006 3	0.005 4						
64	d650	3 217	10.67	113	±150	±40	±150	±3	80	0.005 0	—	—	1 161	1 394	1 742	15	5	3
				133					95	0.005 9	0.005 1	—						
				153					110	0.006 9	0.006 0	0.005 1						
				173					125	0.007 8	0.006 8	0.005 9						
65	650×650	4 096	10.67	113	±150	±40	±150	±3	80	0.005 0	—	—	1 479	1 775	2 218	15	5	3
				133					95	0.005 9	0.005 1	—						
				153					110	0.006 9	0.006 0	0.005 1						
				173					125	0.007 8	0.006 8	0.005 9						
66	650×700	4 416	9.20	105	±150	±40	±150	±3	77	0.006 0	0.005 2	—	1 593	1 911	2 389	18	5	3
				128					95	0.007 4	0.006 4	0.005 4						
				151					113	0.008 9	0.007 7	0.006 5						
				174					131	0.010 4	0.009 0	0.007 6						

表 2(续)

序号	$l_a \times l_b$(或 d)(mm)	R_{ck}(kN)	S	t(mm)	Δl_3(mm) 顺桥向	Δl_3(mm) 横桥向	Δl_4(mm) 顺桥向	Δl_4(mm) 横桥向	t_e(mm)	$\tan\theta$(θ 的单位为 rad) 温热地区	寒冷地区	严寒地区	R_{Gk}(kN) 温热地区	寒冷地区	严寒地区	t_1(mm)	t_0(mm)	t_f(mm)
67	650×750	4 736	9.53	105	±150	±40	±150	±3	77	0.005 6	0.005 0	—	1 706	2 048	2 559	18	5	3
				128					95	0.007 0	0.006 1	0.005 1						
				151					113	0.008 4	0.007 3	0.006 2						
				174					131	0.009 9	0.008 5	0.007 2						
68	d700	3 739	9.58	105	±150	±40	±150	±3	77	0.005 2	0.005 0	—	1 347	1 616	2 020	18	5	3
				128					95	0.006 5	0.005 6	0.005 0						
				151					113	0.007 8	0.006 7	0.005 7						
				174					131	0.009 1	0.007 9	0.006 6						
69	700×700	4 761	9.58	105	±150	±40	±150	±3	77	0.005 2	0.005 0	—	1 715	2 058	2 573	18	5	3
				128					95	0.006 5	0.005 6	0.005 0						
				151					113	0.007 8	0.006 7	0.005 7						
				174					131	0.009 1	0.007 9	0.006 6						
70	d750	4 301	10.28	128	±180	±40	±180	±3	95	0.005 4	0.005 0	—	1 546	1 856	2 319	18	5	3
				151					113	0.006 5	0.005 6	0.005 0						
				174					131	0.007 6	0.006 6	0.005 6						
				197					149	0.008 6	0.007 5	0.006 4						
71	d800	4 902	10.97	128	±180	±40	±180	±3	95	0.005 0	—	—	1 759	2 111	2 639	18	5	3
				151					113	0.005 5	0.005 0	—						
				174					131	0.006 4	0.005 6	0.005 0						
				197					149	0.007 3	0.006 4	0.005 5						

注 1:抗滑最小承载力栏中的数字为支座与钢材接触时采用数值;其值均为不计汽车制动力的情况。当计入汽车制动力时,应自行计算。

注 2:允许转角正切值是沿支座短边方向转动时计算值,若沿长边方向转动则应自行计算。

表 3　GJZF$_4$、GYZF$_4$ 规格系列支座主要附件尺寸(单位:mm)

序号	支座平面尺寸 $l_a \times l_b$(或 d)	多向支座 上、下钢板尺寸 a_1	多向支座 上、下钢板尺寸 b_1	多向支座 锚固螺栓间距 a_2	多向支座 锚固螺栓间距 b_2	单向支座 上、下钢板尺寸 a_1	单向支座 上、下钢板尺寸 b_1	单向支座 锚固螺栓间距 a_2	单向支座 锚固螺栓间距 b_2	锚固螺栓规格 $\phi \times l$	支座组装高度 h
1	100×150	270	290	220	240	270	240	220	190	M16×160	37 + t
2	100×200	270	340	220	290	270	290	220	240	M16×160	37 + t
3	d150	280	290	230	220	280	240	230	170	M16×160	37 + t
4	150×150	320	290	270	240	320	240	270	190	M16×160	37 + t
5	150×200	320	340	270	290	320	290	270	240	M16×160	37 + t

表 3(续)

序号	支座平面尺寸 $l_a \times l_b$(或 d)	主要附件尺寸									
		多向支座				单向支座				锚固螺栓规格 $\phi \times l$	支座组装高度 h
		上、下钢板尺寸		锚固螺栓间距		上、下钢板尺寸		锚固螺栓间距			
		a_1	b_1	a_2	b_2	a_1	b_1	a_2	b_2		
6	150×250	320	390	270	340	320	340	270	290	M16×160	37 + t
7	150×300	320	440	270	390	320	390	270	340	M16×160	37 + t
8	d200	330	340	280	270	330	290	280	220	M16×160	37 + t
9	200×200	370	340	320	290	370	290	320	240	M16×160	37 + t
10	200×250	370	390	320	340	370	340	320	290	M16×160	37 + t
11	200×300	370	440	320	390	370	390	320	340	M16×160	37 + t
12	200×350	370	490	320	440	370	440	320	390	M16×160	37 + t
13	200×400	370	540	320	490	370	490	320	440	M16×160	37 + t
14	d250	440	410	390	340	440	340	390	270	M16×160	37 + t
15	250×250	460	390	410	340	460	340	410	290	M18×180	37 + t
16	250×300	460	440	410	390	460	390	410	340	M18×180	37 + t
17	250×350	460	490	410	440	460	440	410	390	M18×180	37 + t
18	250×400	460	540	410	490	460	490	410	440	M18×180	37 + t
19	250×450	460	590	410	540	460	540	410	490	M18×180	37 + t
20	250×500	460	640	410	590	460	590	410	540	M18×180	37 + t
21	d300	490	460	440	390	490	390	440	320	M16×160	37 + t
22	300×300	550	460	500	410	550	390	500	340	M22×220	37 + t
23	300×350	550	510	500	460	550	440	500	390	M22×220	37 + t
24	300×400	550	560	500	510	550	490	500	440	M22×220	37 + t
25	300×450	550	610	500	560	550	540	500	490	M22×220	37 + t
26	300×500	550	660	500	610	550	590	500	540	M22×220	37 + t
27	300×550	550	710	500	660	550	640	500	590	M22×220	38 + t
28	300×600	550	760	500	710	550	690	500	640	M22×220	38 + t
29	d350	600	530	550	460	600	440	550	370	M18×180	37 + t
30	350×350	640	530	590	480	640	440	590	390	M22×220	37 + t
31	350×400	640	580	590	530	640	490	590	440	M22×220	37 + t
32	350×450	640	630	590	580	640	540	590	490	M22×220	37 + t
33	350×500	640	680	590	630	640	590	590	540	M22×220	37 + t
34	350×550	640	730	590	680	640	640	590	590	M22×220	38 + t
35	350×600	640	780	590	730	640	690	590	640	M22×220	38 + t
36	d400	650	580	600	510	650	490	600	420	M18×180	37 + t
37	400×400	690	580	640	530	690	490	640	440	M22×220	37 + t

表 3(续)

序号	支座平面尺寸 $l_a \times l_b$(或 d)	主要附件尺寸									
		多向支座				单向支座				锚固螺栓规格 $\phi \times l$	支座组装高度 h
		上、下钢板尺寸		锚固螺栓间距		上、下钢板尺寸		锚固螺栓间距			
		a_1	b_1	a_2	b_2	a_1	b_1	a_2	b_2		
38	400×450	690	630	640	580	690	540	640	490	M22×220	37 + t
39	400×500	690	680	640	630	690	590	640	540	M22×220	37 + t
40	400×550	720	750	660	680	720	660	660	590	M24×240	53 + t
41	400×600	720	800	660	730	720	710	660	640	M24×240	53 + t
42	400×650	720	850	660	780	720	760	660	690	M24×240	53 + t
43	d450	740	630	690	560	740	540	690	470	M22×220	37 + t
44	450×450	810	650	750	580	810	560	750	490	M22×220	52 + t
45	450×500	810	700	750	630	810	610	750	540	M24×240	52 + t
46	450×550	810	750	750	680	810	660	750	590	M24×240	53 + t
47	450×600	810	800	750	730	810	710	750	640	M24×240	53 + t
48	450×650	810	850	750	780	810	760	750	690	M24×240	53 + t
49	d500	790	680	740	610	790	590	740	520	M22×220	37 + t
50	500×500	900	700	840	630	900	610	840	540	M24×240	52 + t
51	500×550	900	750	840	680	900	660	840	590	M24×240	53 + t
52	500×600	900	800	840	730	900	710	840	640	M24×240	53 + t
53	500×650	900	850	840	780	900	760	840	690	M28×280	53 + t
54	500×700	900	900	840	830	900	810	840	740	M28×280	53 + t
55	d550	880	750	820	680	880	660	820	590	M24×240	53 + t
56	550×550	950	750	890	680	950	660	890	590	M28×280	53 + t
57	550×600	950	800	890	730	950	710	890	640	M28×280	53 + t
58	550×650	950	850	890	780	950	760	890	690	M28×280	53 + t
59	d600	930	800	870	730	930	710	870	640	M24×240	53 + t
60	600×600	1 000	800	940	730	1 000	710	940	640	M28×280	53 + t
61	600×650	1 000	850	940	780	1 000	760	940	690	M28×280	53 + t
62	600×700	1 040	900	980	830	1 040	810	980	740	M30×300	53 + t
63	600×750	1 040	950	980	880	1 040	860	980	790	M30×300	53 + t
64	d650	1 020	850	960	780	1 020	760	960	690	M28×280	53 + t
65	650×650	1 090	850	1 030	780	1 090	760	1 030	690	M30×300	53 + t
66	650×700	1 090	900	1 030	830	1 090	810	1 030	740	M30×300	53 + t
67	650×750	1 090	950	1 030	880	1 090	860	1 030	790	M30×300	53 + t
68	d700	1 070	900	1 010	830	1 070	810	1 010	740	M28×280	53 + t
69	700×700	1 140	900	1 080	830	1 140	810	1 080	740	M30×300	53 + t
70	d750	1 180	950	1 120	880	1 180	860	1 120	790	M30×300	53 + t
71	d800	1 230	1 000	1 170	930	1 230	910	1 170	840	M30×300	53 + t

6 规格系列支座选用和安装

6.1 选择规格系列表中支座时，其支座承载力偏差范围应控制在±10%。当GJZ、GYZ支座倾斜安装时应满足JTG D62第9.7.5条要求。$GJZF_4$、$GYZF_4$支座应水平安装，并应设置上、下钢板。四氟板与不锈钢板间应放5201—2硅脂润滑油。安装后一定要设置防尘罩。

6.2 板式橡胶支座计算承载力时，应按有效面积（钢板面积）计算；计算水平剪应力时，应按支座平面毛面积（公称面积）计算。

6.3 支座安装时应以短边尺寸顺桥向放置。

ICS 93.040
P 28
备案号

中华人民共和国交通行业标准

JT/T 694—2007

悬索桥主缆系统防腐涂装技术条件

Specification of anti-corrosive coating for main-cable systems of suspension bridges

2007-06-28 发布　　2007-10-01 实施

中华人民共和国交通部　发布

悬索桥主缆系统防腐涂装技术条件

1 范围

本标准规定了悬索桥主缆系统(含钢丝绳吊索、索夹、索鞍及辅助结构)防腐涂装的术语和定义、技术要求、检测、验收、涂装养护及维修、安全、卫生和环境保护等。

本标准适用于悬索桥主缆系统的初始涂装、维护性涂装和涂装劣化后的重新涂装。

2 规范性引用文件

下列文件中的条款通过本标准的引用而成为本标准的条款。凡是注日期的引用文件,其随后所有的修改单(不包括勘误的内容)或修订版均不适用于本标准,然而,鼓励根据本标准达成协议的各方研究是否可使用这些文件的最新版本。凡是不注日期的引用文件,其最新版本适用于本标准。

GB/T 269　润滑脂和石油脂锥入度测定法
GB/T 528　硫化橡胶或热塑性橡胶拉伸应力应变性能的测定(GB/T 528—1998,ISO 37:1994,EQV)
GB/T 533　硫化橡胶密度的测定(GB/T 533—1991,ISO 2781:1988,IDT)
GB/T 1720　漆膜附着力测定法
GB/T 1724　涂料细度测定法
GB/T 1725　涂料固体含量测定法
GB/T 1728　漆膜、腻子膜干燥时间测定法
GB/T 1731　漆膜柔韧性测定法
GB/T 1732　漆膜耐冲击测定法
GB/T 1733　漆膜耐水性测定法
GB/T 1768　色漆和清漆 耐磨性的测定 旋转橡胶砂轮法(GB/T 1768—2006,ISO 7784-2:1997,IDT)
GB/T 1865　色漆和清漆 人工气候老化和人工辐射暴露(滤过的氙弧辐射)(GB/T 1865—1997,ISO 11341:1994,EQV)
GB 6514　涂装作业安全规程 涂漆工艺安全及其通风净化
GB 7691　涂漆作业安全规程 安全管理通则
GB 7692　涂漆作业安全规程 涂漆前处理工艺安全及其通风净化
GB/T 9274　色漆和清漆 耐液体介质的测定(GB/T 9274—1988,ISO 2812:1974,EQV)
GB/T 9286　色漆和清漆 漆膜的划格试验(GB/T 9286—1998,ISO 2409:1992,EQV)
GB/T 10125　人造气氛腐蚀试验　盐雾试验
GB 50212　建筑防腐蚀工程施工及验收规范
HB 5242　室温硫化密封剂不粘期试验方法
HB 5243　室温硫化密封剂流淌性试验方法
HB 5246　室温硫化密封剂标准试片制备方法
HB 5247　室温硫化密封剂热空气加速老化试验方法
HB 5249　室温硫化密封剂 180°剥离试验方法
HB 5273　室温硫化密封剂腐蚀性试验方法
HB 6743　室温硫化密封剂不挥发份含量测定试验方法
HG/T 3792　交联型氟树脂涂料
CJJ 99　城市桥梁养护技术规范

JTG F80/1　公路工程质量检验评定标准(第一册 土建工程)

3　术语和定义

下列术语和定义适用于本标准。

3.1

非硫化型橡胶阻蚀密封膏　non-vulcanization anti-corrosion rubber sealant paste

以液态橡胶为基,添加特殊阻蚀填料,适合于刮涂、灌封的单组分非硫化型膏状密封剂,亦称为不干性密封膏。

3.2

非硫化型橡胶密封胶带　non-vulcanization rubber sealant tape

以液态橡胶为基的单组分非硫化型密封剂,亦称为非硫化型橡胶密封腻子,可根据密封结构要求预制成块状、棒状、胶带状。

3.3

硫化型橡胶密封剂　vulcanizable rubber sealant

以液态橡胶为基的单组分或多组分硫化型弹性密封剂,适合于刮涂、注射、嵌缝和表面密封施工,也可预制成涂胶布或在现场与增强布一起缠绕施工。

3.4

活性期　application time

密封剂自混合后适合涂敷施工的最长时间。

[HB/Z 106—1995,定义 3.1.c]

3.5

不粘期　tack-free time

密封剂自混合后直至达到对聚乙烯薄膜不粘的最短时间,又称密封剂的表干时间。

[HB/Z 106 - 1995,定义 3.1.d]

3.6

硫化期　vulcanizing time

密封剂自混合后自然硫化到规定硬度所需的最短时间。

[HB/Z 106—1995,定义 3.1.f]

3.7

流淌性　flowability

单位时间内或在某一限定条件下密封剂流动的距离。

3.8

适用期　pot life

多组分涂料混合后可使用的最长时间。

[JT/T 695—2007 (混凝土桥梁结构表面涂层防腐技术条件),定义 3.13]

3.9

干燥时间　drying time

干燥时间包括表干时间和实干时间。在规定的干燥条件下,表层成膜的时间为表干时间,全部形成固体涂膜的时间为实干时间。

3.10

黏附率　adhesion rate

将镀锌钢板上一定形状和尺寸的密封膏条,经规定温度和时间处理后,弯曲 180°,测量弯曲后膏体实际黏附的面积与弯曲前膏体的黏附面积之比,称为密封膏的黏附率。

4 技术要求

4.1 主缆系统涂装材料配套体系

涂装材料配套体系见表1。

表1 主缆系统涂装材料配套体系

<table>
<tr><th>序号</th><th colspan="2">防护涂装部位</th><th>涂装材料</th><th>涂装厚度(μm)</th></tr>
<tr><td rowspan="7">1</td><td rowspan="7" colspan="2">主缆缠丝区</td><td>磷化底漆</td><td>均匀着色</td></tr>
<tr><td>非硫化型阻蚀密封膏①</td><td>2000~3500
(以填满结构缝隙为准)</td></tr>
<tr><td>缠绕钢丝</td><td>圆钢丝或S形钢丝</td></tr>
<tr><td>磷化底漆</td><td>均匀着色</td></tr>
<tr><td>环氧底漆</td><td>≥80</td></tr>
<tr><td>硫化型橡胶密封剂</td><td>1500~2500
(可根据结构及环境条件调整)</td></tr>
<tr><td>丙烯酸聚氨酯面漆或氟碳面漆</td><td>80~120 或 60~90
(可根据结构及环境条件调整)</td></tr>
<tr><td rowspan="5">2</td><td rowspan="5" colspan="2">主缆非缠丝区②</td><td>磷化底漆</td><td>均匀着色</td></tr>
<tr><td>环氧底漆</td><td>≥80</td></tr>
<tr><td>硫化型橡胶密封剂</td><td>3500~6000</td></tr>
<tr><td>高强度玻璃布或橡胶涂胶布</td><td>500~2000</td></tr>
<tr><td>丙烯酸聚氨酯面漆或氟碳面漆</td><td>80~120 或 60~90
(可根据结构及环境条件调整)</td></tr>
<tr><td rowspan="6">3</td><td rowspan="6">吊索(仅对钢丝绳吊索)</td><td rowspan="3">公称直径 <40mm时</td><td>磷化底漆</td><td>均匀着色</td></tr>
<tr><td>环氧底漆或硫化型橡胶密封剂</td><td>≥160 或 500~2000
(可根据结构及环境条件调整)</td></tr>
<tr><td>丙烯酸聚氨酯面漆或氟碳面漆</td><td>80~120 或 60~90
(可根据结构及环境条件调整)</td></tr>
<tr><td rowspan="3">公称直径③≥40mm时</td><td>磷化底漆</td><td>均匀着色</td></tr>
<tr><td>硫化型橡胶密封剂或高强度玻璃布或橡胶涂胶布+硫化型橡胶密封剂</td><td>1000~2000或(500~2000)+(2000~5000)</td></tr>
<tr><td>丙烯酸聚氨酯面漆或氟碳面漆</td><td>80~120 或 60~90
(可根据结构及环境条件调整)</td></tr>
<tr><td rowspan="2">4</td><td rowspan="2" colspan="2">结构缝隙(索夹环缝、对接缝、骑跨式索夹槽缝④、吊索夹具④、减振器④、索鞍顶口处等)</td><td>非硫化型橡胶密封腻子</td><td>结构缝内密封</td></tr>
<tr><td>硫化型橡胶密封剂</td><td>结构缝外密封</td></tr>
<tr><td rowspan="3">5</td><td rowspan="3" colspan="2">其他钢构件表面(索夹、索鞍、缆套、鞍罩、索股锚具、耳板、检查走道、主缆散索段等)</td><td>磷化底漆</td><td>均匀着色</td></tr>
<tr><td>环氧底漆</td><td>≥120</td></tr>
<tr><td>丙烯酸聚氨酯面漆或氟碳面漆</td><td>80~120 或 60~90
(可根据结构及环境条件调整)</td></tr>
</table>

注:①对 S 形钢丝主缆和内部加装通干燥空气系统的主缆仅推荐使用。

②指索鞍出口至第一个紧固索夹之间的非缠丝主缆段。

③对公称直径 ϕ 不小于 40mm 的钢丝绳吊索的涂装体系仅推荐使用。

④ 仅对钢丝绳吊索结构。

4.2 涂装材料技术指标和用途

4.2.1 磷化底漆和环氧底漆

磷化底漆和环氧底漆为双组分涂料,主要技术指标见附录 A 的表 A.1,可用于刷涂或喷涂。

4.2.2 非硫化型橡胶密封剂

非硫化型橡胶密封剂包括非硫化型橡胶阻蚀密封膏和非硫化型橡胶密封胶带或腻子,主要技术指标见附录 A 的表 A.2。

非硫化型橡胶阻蚀密封膏为单组分均质膏状物,可直接刮涂、灌封,不流淌、无流挂,厚度可自由控制。

非硫化型橡胶密封胶带则可直接填充、缠绕粘贴。

4.2.3 硫化型橡胶密封剂

硫化型橡胶密封剂由甲、乙两组分组成,主要技术指标见附录 A 的表 A.3,可适当调整活性期以适应现场需要。

施工时可用刮刀填抹或装入注胶筒中用气动或手动注胶枪进行施工。

4.2.4 丙烯酸聚氨酯面漆和氟碳面漆

丙烯酸聚氨酯面漆和氟碳面漆为双组分各种色调的流体,主要技术指标见附录 A 的表 A.4,可刷涂或喷涂。

4.3 施工

4.3.1 施工基本条件

4.3.1.1 施工企业

4.3.1.1.1 施工企业应具有防腐保温二级及以上资质。特种作业人员应具备相应资格。

4.3.1.1.2 施工企业应通过 ISO 9001 质量保证体系认证,具备保证工程安全、质量的能力。

4.3.1.2 涂装材料

4.3.1.2.1 涂装材料供应商应具备履行合同的能力,能保证材料供应的质量、数量、周期等。

4.3.1.2.2 涂装材料应有包括使用涂料所需要的全部详细信息,主要包括产品合格证、产品说明书、推荐施工工艺、材料标准等。

4.3.1.2.3 涂装材料供应商应当提供在技术资料中没有提到,但对施工过程和最终产品质量产生影响的细节信息。

4.3.1.2.4 涂装材料应规定质量标准要求,并通过国家认可的检测机构的第三方检测。

4.3.1.2.5 涂装材料存放地点应满足国家有关的消防要求,并且干燥通风,避免阳光直射,其储存温度应介于 5℃~38℃之间。工程所用材料应按品种、批号、颜色分别堆放,标识清楚。

4.3.1.3 施工环境条件

4.3.1.3.1 涂装环境条件应为温度 5℃~38℃,相对湿度不大于 85%。

4.3.1.3.2 涂装材料如有特殊要求,按产品说明书要求实施。

4.3.2 施工准备

4.3.2.1 施工单位应编制施工设计,并经监理工程师批准。

4.3.2.2 施工单位应根据施工方案、工程情况、涂装要求、施工机械等向施工人员进行技术交底与相应的安全和环保教育。

4.3.2.3 涂装应用专用工具,施工前应对施工设备以及用具进行检查,确保相应设备以及用具满足使用和安全要求。天平、磅秤、测厚仪等计量工具应有有效检定证书。

4.3.2.4　刮胶施工人员穿戴的工作服、手套、工作帽应干净，无纤维附着。

4.3.3　施工工艺

4.3.3.1　表面准备

涂装前，涂装表面应清洁、干燥，清洗的步骤如下：

先用硬板刷或其他清扫工具除去涂装表面上的灰尘和锈蚀等杂物，然后用清洁布或脱脂棉纱蘸清洗溶剂沿同一方向擦拭，除去表面上的油污和盐渍等污物，直至清洁布上无明显污迹为止。需密封的孔洞、凹陷和狭小部位，应用管式清洁条蘸清洗溶剂进行清洗。

不允许清洗溶剂在涂装表面上自然干涸。清洗表面应始终大于涂装表面。

4.3.3.2　主缆缠丝区涂装

4.3.3.2.1　在主缆丝表面刷涂一道磷化底漆，应保证涂覆表面均匀着色。

4.3.3.2.2　刮涂 1～2 道非硫化型阻蚀密封膏，以填满缝隙为准。密封膏涂抹完毕后，要注意保护，以免沾上过多灰尘、污物，并及时进行缠丝作业。

4.3.3.2.3　缠丝完成后，使用非金属专用工具将多余的密封膏抹去，并用清洗溶剂清洗干净缠丝表面密封膏及其他污物。

4.3.3.2.4　刷涂一道磷化底漆，应保证涂覆表面均匀着色。

4.3.3.2.5　涂完磷化底漆 4h～24h 内刷涂两道环氧底漆。

4.3.3.2.6　在涂完第二道环氧底漆 4h～7d 内刮涂硫化型橡胶密封剂。按配比准确称量密封剂各组分，用三辊研磨机或其他专用混合工具混合均匀。用专用刮刀将密封剂刮涂到主缆缠丝表面，共刮涂 3～4道，每道间隔应在 8h 以上。最后一道整形成基本均匀光滑表面。

4.3.3.2.7　刮涂最后一层密封剂后 8h～48h 内刷涂丙烯酸聚氨酯面漆或氟碳面漆。用搅拌器充分搅拌面漆各组分至均匀，按规定比例配入固化剂，并用搅拌器搅拌混合均匀。共刷涂丙烯酸聚氨酯面漆 3 道或氟碳面漆 2 道，每道面漆涂装间隔时间为 4h～30d。面漆的颜色应符合色卡要求。

对有检查走道的主缆，顶面部位在涂装完面漆后 10min 内，在 30cm～50cm 幅宽范围内立即均匀撒上 20 目石英砂，用量以砂粒不重叠并均匀密布为佳，撒完石英砂后 8h～24h 内再在该范围内涂一道面漆。

4.3.3.2.8　各涂层干膜厚度应不低于表 1 的规定。

4.3.3.3　主缆非缠丝区涂装

4.3.3.3.1　刷涂磷化底漆一道，应保证涂覆表面均匀着色。

4.3.3.3.2　按 4.3.3.2.5 规定刷涂环氧底漆两道。

4.3.3.3.3　用硫化型橡胶密封剂填平主缆表面缝隙，并整形为圆滑过渡曲线。

4.3.3.3.4　用高强玻璃布或橡胶涂胶布在一侧涂上硫化型橡胶密封剂进行缠绕，共缠两层，缠绕过程中要避免空鼓、缺胶现象。在缠绕后的表面均匀刮涂 2～3 道硫化型橡胶密封剂，并整形光滑。

4.3.3.3.5　按 4.3.3.2.7 规定刷涂丙烯酸聚氨酯面漆 3 道或氟碳面漆 2 道。

4.3.3.3.6　各涂层干膜厚度应不低于表 1 的规定。

4.3.3.4　吊索钢丝绳涂装

4.3.3.4.1　公称直径小于 40mm 的吊索钢丝绳的涂装，按下述步骤进行：

a）安装电动或手动吊篮。

b）对清洗后的吊索表面涂刷一道磷化底漆，应保证涂覆表面均匀着色。

c）按 4.3.3.2.5 规定刷涂 4 道环氧底漆或刷涂 2～3 道硫化型橡胶密封剂。

d）按 4.3.3.2.7 规定丙烯酸聚氨酯面漆 3 道或氟碳面漆 2 道。

e）各涂层干膜厚度应不低于表 1 的规定。

4.3.3.4.2　公称直径不小于 40mm 的吊索钢丝绳的涂装，按下述步骤进行：

a）安装电动或手动吊篮。

b） 对清洗后的吊索表面涂刷一道磷化底漆，应保证涂覆表面均匀着色。

c） 对采用硫化型橡胶密封剂的设计方案，可直接在表面均匀刮涂或刷涂 2～3 道硫化型橡胶密封剂，并整形光滑。

d） 对采用高强玻璃布或橡胶涂胶布＋硫化型橡胶密封剂的设计方案，用高强玻璃布或橡胶涂胶布在其一侧涂上硫化型橡胶密封剂进行 50% 搭接缠绕，缠绕过程中要避免空气鼓泡、缺胶现象。在缠绕后的表面均匀刮涂或刷涂 2～3 道硫化型橡胶密封剂，并整形光滑。

e） 按 4.3.3.2.7 规定刷涂丙烯酸聚氨酯面漆 3 道或氟碳面漆 2 道。

f） 各涂层干膜厚度应不低于表 1 的规定。

4.3.3.5 索夹及吊索结构缝隙的涂装

4.3.3.5.1 索夹环缝、对接缝的密封涂装，先采用非硫化型橡胶腻子对其内缝进行填充密封，并在腻子表面加装隔离布。最后用硫化型橡胶密封剂对其外缝进行填充密封。缝隙密封结构尺寸以填满缝隙为准。

4.3.3.5.2 骑跨式索夹槽缝的密封涂装，使用硫化型橡胶密封剂进行整体密封，以覆盖吊索表面为准。

4.3.3.5.3 吊索夹具、减振器的密封涂装，使用硫化型橡胶密封剂进行整体密封，填满吊索夹具和减振器内部空腔，并对外部搭接缝隙进行缝外密封。

4.3.3.6 其他钢构件表面的涂装

4.3.3.6.1 刷涂磷化底漆一道，应保证涂覆表面均匀着色。

4.3.3.6.2 刷涂环氧底漆 3 道。

4.3.3.6.3 刷涂丙烯酸聚氨酯面漆 3 道或氟碳面漆 2 道。

4.3.3.6.4 各涂层干膜厚度应不低于表 1 的规定。

4.3.4 涂装修复

4.3.4.1 硫化型橡胶密封剂修复

4.3.4.1.1 密封剂在活性期内损坏、有缺陷或尺寸不够的，可直接补涂密封剂并整形或剔除缺陷后补涂密封剂进行修复。

4.3.4.1.2 超过密封剂活性期损坏及有缺陷或尺寸不够的密封剂应用下述方法进行修复：

a） 已损坏的或有缺陷的缝外密封剂，使用手术刀或裁纸刀从表面一直切割到结构表面，重新涂覆密封剂，修补的密封剂略有重叠，外形相符，流线光滑；

b） 对尺寸不足的缝外密封剂，按 4.3.3.1 规定清洗干净后重新涂覆。

4.3.4.2 涂料修复

4.3.4.2.1 涂层固化后，在涂装工序间隔时间内用毛刷对小孔、受到轻微损伤的部位和漏涂部位进行修补。大面积的损伤或漏涂部位应按工序要求重新刷涂。

4.3.4.2.2 对超过涂料涂装间隔时间的涂层表面，修复前用细砂纸轻微打磨，并用清洁布蘸丙酮或二甲苯清洗干净，然后用相应涂料进行涂装，修复面积应略大于需修复区域。

5 检测

5.1 施工环境

在施工过程中，检测涂装现场温度、湿度等环境条件，应符合 4.3.1.3 要求，并应在施工日志和检查表格中记录。

5.2 涂装材料

用于涂装的各类材料进场后随机抽样进行小样检验，或按要求送交第三方检测，检测结果应符合 4.2 要求。

5.3 工艺过程

5.3.1 表面清洗检测

目视检查被清洗后的表面是否有灰尘等杂物。用洁净白布擦拭被清洗后的表面,白布上不应有污痕。

5.3.2 涂膜外观检测

外观检测采用目视法。涂膜应表面光滑无缺陷,不允许有针孔、裂纹、脱落、漏涂等现象。面漆颜色应与要求相一致。

5.3.3 涂层厚度检测

5.3.3.1 涂装体系各涂层的实测干膜厚度的算术平均值应不低于4.1要求。最小干膜厚度应不小于4.1要求的80%。

5.3.3.2 非缠丝部位涂料的干膜厚度,采用无损型涂层测厚仪方法在涂层完全固化后(常温下7d)进行检测。按每个检测单元随机检测总数不少于5个测点,以5个测点的涂层干膜厚度算术平均值代表涂层的平均干膜厚度。

5.3.3.3 主缆缠丝部位涂料干膜厚度的测量:在准备涂装的主缆缠丝表面选定的试验区域内,贴尺寸为0.5mm×50mm×100mm的白铁皮3块,涂装后取下白铁皮,7d后用磁性测厚仪测定白铁皮上的干膜厚度,可近似视为缠丝部位涂料的干膜厚度。

5.3.3.4 主缆缠丝部位的硫化型橡胶密封剂的厚度,用切片方法确定,即每次从每1~3索夹节间的缠丝顶部用裁纸刀切下3片尺寸为10mm×20mm的胶片,每片用游标卡尺或测厚计随机测量5处厚度,并以其算术平均值为每片切片的厚度,以3片切片厚度的算术平均值为硫化型橡胶密封剂的厚度。用该方法测得的算术平均值应不低于设计厚度的80%。

5.3.3.5 非硫化型阻蚀密封膏和非硫化型橡胶密封胶带厚度的测量:目测检查应填满结构缝隙,同时,控制单位实际用量应不低于设计用量。

5.3.4 涂层附着力检测

5.3.4.1 涂装过程可用抽样方法对涂层附着力进行检测。

5.3.4.2 非硫化型阻蚀密封膏附着力的检验采用刮刀法,即用非金属平板刮刀在主缆表面轻轻铲除密封膏时,只能铲除刮刀所经之处的密封膏,其余部位均应有密封膏残留。

5.3.4.3 硫化型橡胶密封剂附着力的检验采用橡皮摩擦法,即在密封剂硫化期过后,用软质绘图橡皮磨擦密封剂边缘,应无剥离现象。

5.3.4.4 涂料附着力可采用如下两种检测方法之一进行测定:

a) 画格法:按GB/T 9286进行,要求附着力不大于Ⅰ级;

b) 拉拔法:采用拉拔式涂层黏结强度测定仪测定。

拉拔法的具体测定方法为:用零号砂纸将涂层和测定仪的铆钉型铝合金圆盘座轻轻打磨粗糙,并用丙酮或酒精除油,然后用结构胶黏剂将圆盘座黏结到涂层上。待胶黏剂固化24h后,用测定仪附属套筒式割刀切除圆盘座的周边涂层。将测定仪附属的钢环支座片套住圆盘座,并反时针旋转测定仪的手轮,使测定仪的爪具松下,嵌入铝合金铆钉型圆盘座,同时使测定仪的3个支撑柱立在钢环支座片上。将测定仪的指针拨到刻度为"0"的位置上,顺时针方向旋紧手轮,一直持续到涂层断裂为止,立即记录指针的读数。按本步骤重复试验,记录每一次拉拔试验的读数;

每个检测单元随机检测5个测点,5个测点的算术平均值应不小于1.5MPa,最小值应不小于1.2MPa。

6 验收

6.1 一般规定

6.1.1 涂装验收应以施工组织设计中列出的分项工程为单元按JTG F80/1的规定进行评分和等级评定。一般可分为主缆缠丝区、主缆非缠丝区、吊索、索夹、索鞍及其他辅助结构6个分项工程。在分项工程评分和评级的基础上,按 JTG F80/1 的规定对涂装分部工程进行评分和等级评定。

6.1.2 涂装验收宜在涂装结束后 14d 内进行。

6.1.3 涂装验收可按构件分批次验收。

6.2 验收资料

验收资料包括以下内容:

——设计文件或设计变更文件;

——涂装材料质量检验结果(包括出厂合格证、出厂检验报告、施工单位复验报告、监理工程师平行检测报告和进场验收记录);

——涂装材料在现场的小样试验记录;

——涂装前的表面处理记录和涂装的检验记录;

——涂装施工原始记录(包括施工过程中对重大技术问题和其他质量检验问题的处理记录以及对施工过程中遇到的非正常情况的记录及其对工程质量影响的分析);

——涂装施工过程中如发生质量事故,经处理补救后达到设计要求的认可证明文件,如修补和返工记录;

——涂装施工单位对分项工程按 JTG F80/1 的规定进行的自检记录。

7 涂装养护及维修

7.1 应按 CJJ 99 的规定进行分类养护及维修。

7.2 应由经过培训的专职桥梁管理人员或有一定涂装经验的工程技术人员负责对涂装的日常管理与维修。建立检查养护档案,其中包括桥梁主要技术资料、涂装竣工资料和涂装使用过程中的检查和维修记录。

7.3 对发现的涂装缺损(如涂层裂纹、气泡、严重粉化或密封胶层损坏等),应按 4.3.4 要求及时修补。修补用的涂装材料应与原有涂装材料相同或相容。

7.4 当涂装的实际使用工况在未达到预期寿命而出现加速退化或大面积损坏或当涂装材料达到推荐使用寿命时,应由桥梁管理部门组织有相应资质的专业单位进行专项检查,并提交专项检查报告。桥梁管理部门根据经论证评审的维修方案组织实施大修。

8 安全、卫生和环境保护

8.1 安全、卫生

8.1.1 涂装作业安全应符合 GB 6514、GB7691、GB7692 和 GB 50212 的有关规定。

8.1.2 涂装作业场所空气中有害物质不应超过最高容许浓度。

8.1.3 施工现场应远离火源,不允许堆放易燃、易爆和有毒物品。

8.1.4 涂装材料仓库及施工现场应有消防水源、灭火器和消防工器具,并应定期检查。消防道路应畅通。

8.1.5 施工人员应正确穿戴工作服、口罩等劳动保护用品。这些劳保用品应是具备相应资质的厂家生产的合格产品。

8.1.6 所有电器设备应绝缘良好,临时电线应选用胶皮线,工作结束后应切断电源。

8.1.7 吊篮、脚手架的搭建应符合有关安全规定。高空作业人员应具备高空作业资格。

8.2 环境保护

8.2.1 涂装材料的有机挥发物含量(VOC)应符合国家有关法律法规的要求。

8.2.2 废弃的材料不得随意丢弃或掩埋,应该收集并妥善处理,防止废料污染水质。

8.2.3 施工现场产生的垃圾等应收集并妥善处理。

附录 A
（规范性附录）
涂装材料主要技术指标

A.1 磷化底漆和环氧底漆

磷化底漆和环氧底漆主要技术指标见表 A.1。

表 A.1 磷化底漆和环氧底漆技术指标

<table>
<tr><th rowspan="2">序号</th><th rowspan="2" colspan="2">性能项目</th><th colspan="2">技 术 指 标</th><th rowspan="2">试验方法</th></tr>
<tr><th>磷化底漆</th><th>环氧底漆</th></tr>
<tr><td>1</td><td colspan="2">细度(μm)</td><td>≤35</td><td>≤60</td><td>GB/T 1724</td></tr>
<tr><td rowspan="2">2</td><td rowspan="2">干燥时间(h)</td><td>表干</td><td>≤0.25</td><td>≤2</td><td rowspan="2">GB/T 1728</td></tr>
<tr><td>实干</td><td>≤24</td><td>≤24</td></tr>
<tr><td>3</td><td colspan="2">柔韧性(mm)</td><td>1</td><td>1</td><td>GB/T 1731</td></tr>
<tr><td>4</td><td colspan="2">耐冲击性(cm)</td><td>50</td><td>50</td><td>GB/T 1732</td></tr>
<tr><td>5</td><td colspan="2">附着力(级)</td><td>1</td><td>1</td><td>GB/T 1720</td></tr>
<tr><td>6</td><td colspan="2">耐水性</td><td rowspan="2">3h 漆膜不起泡、不剥落、无锈蚀</td><td rowspan="2">168h 漆膜不起泡、不剥落、无锈蚀</td><td>GB/T 1733</td></tr>
<tr><td>7</td><td colspan="2">耐盐水性</td><td>GB/T 9274</td></tr>
</table>

注：磷化底漆采用铝板制备漆膜，其中柔韧性采用 50mm × 120mm × 0.2mm 的铝箔制备漆膜。

A.2 非硫化型橡胶密封剂

非硫化型橡胶密封剂主要技术指标见表 A.2。

表 A.2 非硫化型橡胶密封剂技术指标

<table>
<tr><th rowspan="2">序号</th><th rowspan="2">性能项目</th><th colspan="2">技 术 指 标</th><th rowspan="2">试验方法</th></tr>
<tr><th>非硫化型橡胶阻蚀密封膏</th><th>非硫化型橡胶密封胶带</th></tr>
<tr><td>1</td><td>外观</td><td>均质膏状物</td><td>黑色无杂质的腻子或胶带</td><td rowspan="11">见附录 B、附录 C</td></tr>
<tr><td>2</td><td>密度(g/cm³)</td><td>≤3.8</td><td>—</td></tr>
<tr><td>3</td><td>不挥发分含量(%)</td><td>≥85</td><td>—</td></tr>
<tr><td>4</td><td>锥入度(0.1mm)</td><td>260 ~ 340</td><td>50 ~ 90</td></tr>
<tr><td>5</td><td>耐热性</td><td>试样经 90℃耐热试验后，应不流淌，不结皮</td><td>经耐热试验后，应不流淌、不脆裂，表面不结皮、不起泡</td></tr>
<tr><td>6</td><td>耐低温性</td><td>试样经耐 - 40℃低温试验后，弯曲 180°应不开裂</td><td>经耐 - 40℃低温试验后，弯曲 180°应不断不裂</td></tr>
<tr><td>7</td><td>黏附率(%)</td><td>≥90</td><td>—</td></tr>
<tr><td>8</td><td>耐盐雾性(7d)</td><td>经中性盐雾试验后，被密封膏包覆的表面应无腐蚀缺陷</td><td>—</td></tr>
<tr><td>9</td><td>常温剪切强度(MPa)</td><td>—</td><td>≥0.02</td></tr>
<tr><td>10</td><td>耐水性</td><td>—</td><td>经耐水试验后，胶带表面不开裂、不粉化，与基材不失去黏附力</td></tr>
<tr><td>11</td><td>储存期(- 5℃ ~ 20℃)</td><td colspan="2">两年</td></tr>
</table>

A.3 硫化型橡胶密封剂

硫化型橡胶密封剂主要技术指标见表 A.3。

表 A.3 硫化型橡胶密封剂技术指标

序号	性能项目			技术指标	试验方法
1	外观			基膏为白色黏稠体,硫化膏为黑色膏状物,混合后为驼灰色	目视法
2	密度		(g/cm^3)	≤1.65	GB/T 533
3	不挥发分含量		(%)	≥97	HB 6743
4	活性期		(h)	0.5~8	手挑法[①]
5	不粘期(表干时间)		(h)	8~24	HB 5242
6	流淌性		(mm)	≤10	HB 5243
7	拉伸性能	拉伸强度	(MPa)	≥2.5	HB 5246
		扯断伸长率	(%)	≥250	GB/T 528
8	热空气老化性能(120℃×7d)	拉伸强度	(MPa)	≥2.0	HB 5246
		扯断伸长率	(%)	≥150	HB 5247
9	黏结性能	与磷化底漆和环氧底漆	(kN/m)	≥4	HB 5249
		与镀锌钢板	(kN/m)		
		与丙烯酸聚氨酯或氟碳面漆	(kN/m)		
10	耐腐蚀性			将铝、钢、钛等金属及双金属试样全浸入 3% 氯化钠盐水中 60℃×20d,金属表面不腐蚀,密封剂不变质	HB 5273

注:①手挑法:将混炼好的密封剂置于清洁的聚乙烯薄膜或其他实用的板材上,在标准条件下,用细棍每隔 15min 以 10cm/s~20cm/s 的速度挑拉一次,直至密封剂出现明显回弹时,即为活性期终点。记录密封剂从混合到终点经历的时间,此为活性期。

A.4 丙烯酸聚氨酯面漆和氟碳面漆

丙烯酸聚氨酯面漆和氟碳面漆主要技术指标见表 A.4。

表 A.4 丙烯酸聚氨酯面漆和氟碳面漆技术指标

序号	性能项目			技术指标		试验方法
				丙烯酸聚氨酯面漆	氟碳面漆	
1	颜色和外观			符合商定标准样板或色卡及其色差范围,漆膜平整		目测
2	固体含量		(%)	≥55		GB/T 1725
3	细度		(μm)	≤35		GB/T 1724
4	干燥时间	表干	(h)	≤1		GB/T 1728
		实干	(h)	≤24		
5	柔韧性		(mm)	1		GB/T 1731

续上表

<table>
<tr><th rowspan="2">序 号</th><th rowspan="2" colspan="2">性 能 项 目</th><th colspan="2">技 术 指 标</th><th rowspan="2">试验方法</th></tr>
<tr><th>丙烯酸聚氨酯面漆</th><th>氟碳面漆</th></tr>
<tr><td>6</td><td>耐冲击性</td><td>(cm)</td><td colspan="2">50</td><td>GB/T 1732</td></tr>
<tr><td>7</td><td>耐水性</td><td>(h)</td><td colspan="2">72h 漆膜无变化</td><td>GB/T 1733</td></tr>
<tr><td>8</td><td>耐盐水性</td><td>(h)</td><td colspan="2">72h 漆膜无变化</td><td>GB/T 9274</td></tr>
<tr><td>9</td><td>耐磨性(1kg·500r)</td><td>(g)</td><td colspan="2">≤0.06</td><td>GB/T 1768</td></tr>
<tr><td>10</td><td>耐酸性(10% H_2SO_4)</td><td>(h)</td><td colspan="2" rowspan="2">168h 漆膜无异常</td><td rowspan="2">GB/T 9274</td></tr>
<tr><td>11</td><td>耐碱性(10% NaOH)</td><td>(h)</td></tr>
<tr><td>12</td><td>氟含量</td><td>(%)</td><td>—</td><td>≥18</td><td>HG/T 3792</td></tr>
<tr><td rowspan="2">13</td><td rowspan="2">人工加速老化</td><td rowspan="2">(h)</td><td>1000h</td><td>3000h</td><td rowspan="2">GB/T 1865</td></tr>
<tr><td colspan="2">白色或浅色漆膜不起泡、不剥落、不粉化。白色或浅色漆膜允许失光 1 级和变色 1 级;其他颜色允许失光 2 级和变色 2 级</td></tr>
</table>

附录 B
（规范性附录）
非硫化型橡胶阻蚀密封膏试验方法

B.1 标准试验条件

试验场所应整洁、干净，并有通风设施。除另有规定外，所有试验应在23℃±2℃，相对湿度50%±5%条件下进行，而且所有试板均用干净棉纱蘸120号汽油清洗干净。

B.2 外观

目视检查。

B.3 密度

在23℃±2℃条件下，用比重杯测定待测密封膏的密度。将密封膏盛满比重杯，用精度为0.01g的电子天平称取密封膏的质量，按公式（B.1）计算密封膏的密度。

$$D = \frac{m}{V} \tag{B.1}$$

式中：D——密封膏的密度，g/cm^3；

m——密封膏的质量，g；

V——比重杯的容积，cm^3。

B.4 锥入度

锥入度按GB/T 269的规定进行。

B.5 不挥发分含量

取三个直径为50mm～60mm的低型称量瓶洗净后放入100℃±2℃的烘箱中烘干1h，然后取出置于干燥器中冷却至室温后称量，精确至0.01g。将质量约5g的密封膏试样放入称量瓶中，并迅速盖上盖子后称量，精确至0.01g。然后打开称量瓶的盖子，使试样在室温下暴露4h后再于120℃烘箱中干燥4h。达到规定时间后，将称量瓶从烘箱中取出并盖上盖子，放入干燥器内冷却至室温后称量，精确至0.01g。按公式（B.2）计算不挥发分含量，取三个平行测定结果的算术平均值为试验结果，取至小数点后一位。

$$\mathrm{NVC} = \frac{m_2 - m_0}{m_1 - m_0} \times 100 \tag{B.2}$$

式中：NVC——不挥发分含量，%；

m_0——称量瓶的质量，g；

m_1——烘干前试样与称量瓶的总质量，g；

m_2——烘干后试样与称量瓶的总质量，g。

B.6 其他项目样板制备

将尺寸为140mm×25mm×0.5mm的镀锌钢试板用干净棉纱蘸120号汽油清洗干净，然后在试板中央刮涂一条长度为100mm厚度为2mm的密封膏。

B.7 耐热性测定

将样板停放于标准试验条件下1h以上，然后再置于90℃±2℃的烘箱中加热12h，目测膏层外观变化。膏层应无流淌、结皮现象。

B.8 耐低温性测定

将样板在标准试验条件下停放7d后，于-40℃低温箱中恒温2h，取出后在室温下立即将样板中央在直径为10mm的金属圆棒上弯曲180°，目测膏层应无开裂现象。

B.9 黏附率测定

将样板在标准试验条件下停放1h后，用直尺测量每个样板涂密封膏的面积，然后再将样板置于90℃±2℃的烘箱中加热12h并在室温下停放2h，然后将其置于-40℃低温箱中恒温2h，到时取出并在室温下将样板在直径为 10mm 的金属圆棒上弯曲 180°，测量试验后膏体实际黏附的面积，按公式（B.3）计算试样的黏附率：

$$R = \frac{S}{S_0} \times 100 \tag{B.3}$$

式中：R——黏附率，%；

S_0——试板上涂密封膏的面积，mm^2；

S——试验后膏层在试板上黏附的面积，mm^2。

B.10 耐盐雾腐蚀性能测定

在制作样板前，逐一记录试板表面已有的划痕、斑痕及可疑的腐蚀点，然后将制好的样板按 GB/T 10125 进行盐雾试验，试验温度为 35℃ ± 2℃。试验 7d 后，用刮刀将密封膏覆盖层全部刮掉，检查被刮开表面有无腐蚀缺陷（已记录的缺陷及密封膏未覆盖表面的腐蚀缺陷不计入试验结果。从试板边缘发展出的白色腐蚀产物不计为覆盖层失效。金属表面变色不属于腐蚀）。

附录 C
（规范性附录）
非硫化型橡胶密封胶带试验方法

C.1 标准试验条件

除另有规定外，所有试验应在25℃±2℃，相对湿度50%±5%的条件下进行，且所有试片均用脱脂棉或干净棉纱蘸丙酮清洗干净并干燥。

C.2 外观

目视检查。

C.3 锥入度

锥入度按 GB/T 269 的规定进行。

C.4 耐热性测定

取尺寸为 100mm×25mm×2mm 的 2A12 铝合金试片三片，用丙酮清洗擦净并干燥。剪取三段尺寸大致为 70mm×30mm×3mm 的胶带，将胶带上下用双面硅隔离纸保护，用手动压机将胶带压至 2mm±0.5mm。压制后，剪成尺寸为 70mm×25mm×2mm 的试样，分别贴合在 2A12 铝合金试片上。将贴合后的试样置于 100℃±5℃的烘箱中恒温 2h，然后取出冷却，并用目视法检查耐热试验后的试样外观。试样保持不流淌、不脆裂，表面不结皮、不鼓泡为合格。三个试样中若有一个不符合要求，即认为不合格。

C.5 耐低温性测定

剪取两段尺寸大致为 70mm×30mm×3mm 的胶带，制备尺寸为 70mm×25mm×2mm 的试样，制备方法与耐热性试验中胶带试样相同。将试样放置在硅隔离纸上，置于 −40℃低温箱中恒温 2h，到时取出试样并立即在直径为 10mm 的圆棒上弯曲 180°。试样不断裂为合格，其中一个断裂即为不合格。

C.6 常温剪切强度测定

C.6.1 试样制备

取尺寸为 100mm×25mm×2mm 的 2A12 铝合金试片三对，用丙酮清洗干净并干燥。剪取三段尺寸为 70mm×25mm×3mm 的胶带，按图 C.1 将胶带贴合在试片的一端，再搭接贴合另一试片，搭接长度为 70mm±0.5mm，用压机将胶带压至厚度为 2mm±0.5mm，除去试片边缘挤出的余胶。

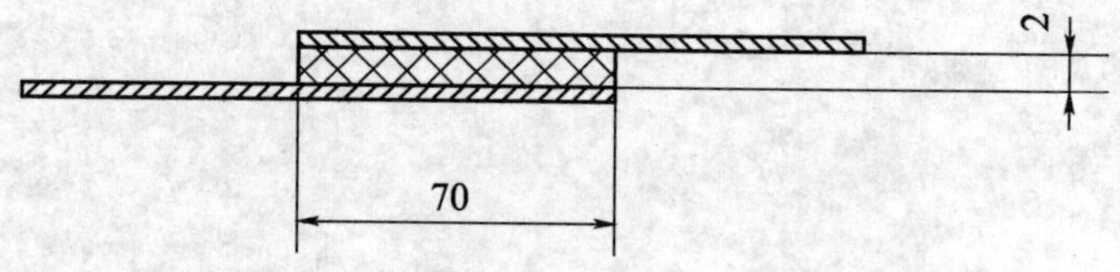

图 C.1 常温剪切试样（尺寸单位：mm）

C.6.2 剪切强度测试

制备好的试样应在标准条件下停放至少 30min 以后方可进行剪切测试。在拉力机上以 200mm/min 的拉伸速度测量胶带与试片剪离时的最高负荷，按公式（C.1）计算剪切强度。至少取三个试样结果的平均值。

$$\sigma = P/(LB) \tag{C.1}$$

式中：σ——剪切强度，MPa；

P——胶带与试片破坏时的最高负荷，N；

L——试样贴合面长度，mm；

B——试样贴合面宽度，mm。

C.7 耐水性测定

C.7.1 试样制备

取尺寸为 100mm × 25mm × 2mm 的 2A12 铝合金试片三片，用丙酮清洗干净并干燥。剪取三段尺寸为 70mm × 30mm × 3mm 的胶带，分别粘贴在铝合金试片上，用硅隔离纸保护胶带的表面，用压机将胶带压至厚度为 2mm ± 0.5mm，除去试片边缘挤出的余胶。

C.7.2 耐水性测试

将制备好的试样放入室温水中浸泡 24h，然后从水中取出，对胶带表面目视检查。

参 考 文 献

[1] HB/Z 106—1995 飞机结构密封工艺
[2] JT/T 695—2007 混凝土桥梁结构表面涂层防腐技术条件

ICS 93.040
P 28
备案号

中华人民共和国交通行业标准

JT/T 695—2007

混凝土桥梁结构表面涂层防腐技术条件

Specification of anti-corrosive coating for concrete bridge structure

2007-06-28 发布　　2007-10-01 实施

中华人民共和国交通部　发布

混凝土桥梁结构表面涂层防腐技术条件

1 范围

本标准规定了混凝土桥梁结构表面涂层防腐技术，包括表面涂层防腐、涂层体系技术要求、施工、质量控制、验收、管理和维修、安全、卫生和环境保护等。

本标准适用于混凝土桥梁结构表面涂层防腐工程，其他类似条件下的钢筋混凝土表面涂层防腐工程也可参考执行。

2 规范性引用文件

下列文件中的条款通过本标准的引用而成为本标准的条款。凡是注日期的引用文件，其随后所有的修改单（不包括勘误的内容）或修订版均不适用于本标准，然而，鼓励根据本标准达成协议的各方研究是否可使用这些文件的最新版本。凡是不注日期的引用文件，其最新版本适用于本标准。

GB/T 1733　漆膜耐水性测定法

GB/T 1865　色漆和清漆 人工气候老化和人工辐射暴露（滤过的氙弧辐射）（GB/T 1865—1997，ISO 11341:1994，EQV）

GB 6514　涂装作业安全规程 涂漆工艺安全及其通风净化

GB 7691　涂漆作业安全规程 安全管理通则

GB 7692　涂漆作业安全规程 涂漆前处理工艺安全及其通风净化

GB/T 8923　涂装前钢材表面锈蚀等级和除锈等级（GB/T 8923—1988，ISO 8501-1:1988，EQV）

GB/T 9274　色漆和清漆 耐液体介质的测定（GB/T 9274—1988，ISO 2812:1974，EQV）

GB 50212　建筑防腐蚀工程施工及验收规范

3 术语和定义

下列术语和定义适用于本标准。

3.1

腐蚀　deterioration

材料与环境因素发生物理、化学或电化学作用而呈现的渐进性损伤与破坏。

3.2

乡村大气　rural atmosphere

没有明显 SO_2 和（或）氯化物等腐蚀剂污染的内陆乡村或小城镇环境大气。

3.3

城市大气　urban atmosphere

没有聚集工业的人口稠密区含有中等程度的 SO_2 和（或）氯化物等污染物的环境大气。

3.4

工业大气　industrial atmosphere

局部或地区性的工业污染物（主要是 SO_2）污染的环境大气，即工业聚集区的环境大气。

3.5

海洋大气　marine atmosphere

近海或海滨地区以及海面上的大气(不包括飞溅区),即依赖于地貌和主要气流方向,被海盐气溶胶(主要是氯化物)污染的环境大气。

3.6

防腐寿命　durability

涂层体系需要首次大的维修的预期寿命。

3.7

涂层体系　coat system

由底漆和面漆,或底漆、中间漆和面漆构成的体系,每道涂层均承担一定的功能,通过涂层表体系实现最优化的保护功能。

3.8

封闭(底)漆　seal coat

混凝土涂层体系的第一道涂层,能够提高混凝土的表面强度,为上层油漆提供牢固的基础。

3.9

中间漆　intermediate coat

封闭底漆和面漆之间的连接涂层。

3.10

面漆　top coat

涂层体系的最后一道涂层,保护整个涂层体系免受环境破坏,提供可选择的颜色。

3.11

表湿区　wet concrete surfaces

由于自然或人为因素导致的水面频繁性波动,从而使混凝土表面长期处于潮湿状态的部位。

3.12

相容性　compatibility

按照施工要求涂装时,各道涂层不会出现咬底、渗色、附着不良等影响涂层质量的异常现象。

3.13

适用期　pot life

多组分涂料混合后可使用的最长时间。

3.14

干膜厚度　dry film thickness

涂层完全固化后在基材表面形成的漆膜厚度。

4　表面涂层防腐

4.1　腐蚀因素和类型

4.1.1　腐蚀因素

引起桥梁混凝土结构腐蚀的主要因素包括:

a）混凝土中性化;

b）氯离子腐蚀;

c）酸雨腐蚀;

d）冻融作用;

e）微生物腐蚀;

f）冲蚀作用;

g) 水和氧的作用。

4.1.2 腐蚀类型

4.1.2.1 大气区

按照大气相对湿度和大气污染类型将大气腐蚀环境分为四种类型：弱腐蚀(Ⅰ)、中腐蚀(Ⅱ)、强腐蚀(Ⅲ-1)、强腐蚀(Ⅲ-2)。

大气腐蚀环境种类和环境特征见表1。

表1 大气腐蚀环境种类和环境特征

腐蚀类型		腐蚀环境	
等级	名称	相对湿度(年平均)(%)	大气环境
Ⅰ	弱腐蚀	<60	乡村大气、城市大气或工业大气
		60~75	乡村大气或城市大气
Ⅱ	中腐蚀	>75	乡村大气或城市大气
		60~75	工业大气
Ⅲ-1	强腐蚀	>75	工业大气，特别是酸雨大气
Ⅲ-2	强腐蚀	—	海洋大气，除冰盐或高盐土环境
注1：某些特殊腐蚀环境和交叉腐蚀负荷作用下，腐蚀加剧。 注2：海洋大气环境下，随湿度、温度的增大，腐蚀加剧			

4.1.2.2 浸水区

4.1.2.2.1 按水的类型将浸水区腐蚀环境分为两种类型：淡水(Im1)，海水或盐水(Im2)。

4.1.2.2.2 按照浸水部位的位置和状态，将浸水区分为三个区域：

——水下区：长期浸泡在水下的区域；

——水位变动区：由于自然或人为因素水面处于不断变化的区域；

——浪溅区：由于波浪和飞溅弄湿的区域。

4.1.2.2.3 水下区腐蚀作用弱，水位变动区和浪溅区比大气区具有更强的腐蚀作用。

4.2 涂层体系防腐寿命

4.2.1 混凝土结构的涂层体系防腐寿命主要取决于下列几种因素：

——使用环境；

——基体状况；

——涂层体系；

——表面处理效果；

——施工工艺。

4.2.2 涂层体系防腐年限分为两类：普通型(M)，10年；长效型(H)，20年。

5 涂层体系技术要求

5.1 涂层体系设计要求

5.1.1 依据腐蚀环境和涂层防腐年限设计混凝土表面涂层体系，参见附录A。

5.1.2 依据防腐寿命影响因素，涂层体系厚度可在一定范围内调整。设计最低涂层厚度不低于附录A中给出的厚度值的80%。

5.1.3 封闭漆厚度一般为20μm~30μm，最大不超过50μm。具体厚度依据混凝土基面特征和涂料性能确定。

5.2 涂层体系性能要求

5.2.1 一般性能要求

5.2.1.1 具有抗 CO_2 渗透性和防碳化能力;

5.2.1.2 具有对水、氧气等腐蚀因子很好的屏蔽性能;

5.2.1.3 具有很好的力学性能,能够适应混凝土的形变;

5.2.1.4 具有相应的耐候性能。

5.2.2 特殊性能要求

5.2.2.1 工业大气环境下,耐工业大气污染物侵蚀;

5.2.2.2 海洋大气环境下,耐盐雾;

5.2.2.3 浸水环境下,耐淡水或海水长期浸泡,并耐冲刷。

5.2.3 性能指标和试验方法

5.2.3.1 性能指标

性能指标见表2。

表2 涂层体系性能指标

腐蚀环境	防腐寿命	耐水性(h)	耐盐水性(h)	耐碱性(h)	耐化学品性能(h)	抗氯离子渗透性[mg/(cm²·d)]	附着力(MPa)	耐候性(h)
I	M	8	—	72			≥1.0	400
	H	12	—	240	—	—	≥1.0	800
II	M	12	—	240	—	—	≥1.0	400
	H	24	—	720	—	—	≥1.5	800
III-1	M	240	—	720	168	—	≥1.5	500
	H	240	—	720	168		≥1.5	1000
III-2	M	240	240	720	72	$\leqslant 1.0\times10^{-3}$	≥1.5	500
	H	240	240	720	72	$\leqslant 1.0\times10^{-3}$	≥1.5	1000
Im1	M	2000	—	720	72		≥1.5	500
	H	3000	—	720	72	—	≥1.5	1000
Im2	M	—	2000	720	72	$\leqslant 1.0\times10^{-3}$	≥1.5	500
	H	—	3000	720	72	$\leqslant 1.0\times10^{-3}$	≥1.5	1000
注: Im1 和 Im2 环境下,如果面漆为环氧类涂料或不饱和聚酯涂料,耐候性指标不作要求								

5.2.3.2 试验方法

5.2.3.2.1 耐水性按 GB/T 1733 的规定检测。涂层试验后应不起泡、不剥落、不粉化,允许2级变色和2级失光。

5.2.3.2.2 耐盐水性按 GB/T 9274 的规定检测。涂层试验后应不起泡、不剥落、不粉化,允许2级变色和2级失光。

5.2.3.2.3 耐碱性按附录B中B.1的规定检测。涂层试验后应不起泡、不开裂、不剥落。

5.2.3.2.4 耐化学品性能按 GB/T 9274 的规定检测,使用溶液为10% NaOH 和10% H_2SO_4 水溶液。涂层耐水试验后应不起泡、不剥落、不粉化,允许2级变色和2级失光。

5.2.3.2.5 抗氯离子渗透性按附录B中B.2的规定检测。

5.2.3.2.6 附着力按附录B中B.3的规定检测。

5.2.3.2.7　耐候性按 GB/T 1865 的规定检测。涂层试验后应不起泡、不剥落、不粉化，允许 2 级变色和 2 级失光。

5.3　涂料要求

5.3.1　基本要求

5.3.1.1　涂料供应商具备履行合同的能力，保证材料供应的质量、数量、周期等。

5.3.1.2　涂料应通过国家认可委认可的涂料检测机构的第三方检测。

5.3.1.3　涂料供应商提供的技术资料应包括涂料使用所需要的全部详细信息，主要包括产品合格证、产品说明书、推荐施工工艺、材料标准等。

5.3.2　性能要求

5.3.2.1　封闭漆对混凝土基材应具有良好的润湿性、渗透性、耐碱性和附着力。

5.3.2.2　中间漆应具有良好的屏蔽性能。

5.3.2.3　面漆应具有相应的耐候性。丙烯酸聚氨酯面漆和氟碳面漆的性能要求参见附录 C。

5.3.2.4　配套涂料的涂膜应具有相容性。

5.3.2.5　水位变动区和浪溅区在表湿状态下涂装时，涂料还应满足下列要求：

a)　封闭底漆应具有对潮湿混凝土基面良好的润湿性、渗透性和附着力；

b)　涂料具有较快的固化速度，可以在空气中经较短时间固化后浸水并能抵抗水流波动的冲击；

c)　涂料浸水后可继续在水下固化，固化后性能基本上不受影响。

6　施工

6.1　基本条件

6.1.1　施工企业

6.1.1.1　施工企业应具有防腐保温二级及以上资质。特种作业人员应具备相应资格。

6.1.1.2　施工单位通过 ISO 9001 质量保证体系认证，具备安全生产许可证，具备保证工程安全、质量的能力。

6.1.2　涂料材料

6.1.2.1　涂料运抵现场后，应由施工单位、监理现场取样后送至国家认证认可监督管理委员会认可的涂料检测机构进行第三方检测，合格后方可使用。

6.1.2.2　涂料材料存放地点应满足国家有关的消防要求，并且干燥通风，避免阳光直射，其储存温度应介于 3℃～40℃之间。涂料应按品种、批号、颜色分别堆放，标识清楚。

6.1.3　施工准备

6.1.3.1　施工单位应根据投标承诺和现场具体情况编制“施工组织设计”。

6.1.3.2　施工单位会同材料供应商对施工人员进行技术交底和相应的安全、环保教育。

6.1.3.3　施工单位不得随意变更涂料的品种以及施工方案。当有特殊情况需要变更时，变更方案不得降低设计使用年限和工程质量，并经监理工程师和业主批准后方可实行。

6.1.3.4　施工前应对检测仪器和计量工具进行校验，并对施工设备以及用具进行检验，确保相应设备以及用具满足使用要求以及安全要求。

6.1.3.5　混凝土的龄期不应少于 28d。

6.1.3.6　大面积施工前应由施工单位组织施工人员按工序要求进行“小区”试验，以评价施工工艺的可行性，确定施工工艺参数、涂料用量等。小区试验选择典型部位，涂装面积为 $7m^2$～$20m^2$。

6.1.3.7　针对混凝土构件情况，设计适用于混凝土表面处理、涂装及质量检查的工作平台。工作平台应便于施工操作，并且应安全、牢固、可移动和拆装方便。

6.2　施工工艺

6.2.1　表面处理

6.2.1.1 采用高压淡水(压力不小于 20MPa)、喷砂或手工打磨等方法将混凝土表面的浮灰、浮浆、夹渣、苔藓以及疏松部位清理干净。海洋环境下处于水位变动区和浪溅区的混凝土表面宜采用高压淡水清洁处理。

6.2.1.2 局部受油污污染的混凝土表面,用碱液、洗涤剂或溶剂处理,并用淡水冲洗至中性。

6.2.1.3 基层缺陷处理如下:

a) 较小的孔洞和其他表面缺陷在表面处理后涂封闭漆,刮涂腻子;

b) 较大的蜂窝、孔洞和模板错位处,用无溶剂液体环氧腻子或聚合物水泥砂浆修补;

c) 对于混凝土表面存在的裂缝根据裂缝的宽度选用化学灌浆或树脂胶泥等适宜的方法修补。

6.2.1.4 预埋件、钢筋头处理如下:

a) 将预埋件、钢筋头周边的混凝土凿出深度 2cm 的 V 形切口,露出预埋件、钢筋头;

b) 用电动切割机切除钢筋头、预埋件,使其低于混凝土表面 2cm;

c) 将预埋件、钢筋头表面除锈打磨,处理级别达到 GB/T 8923 规定的 St3 级后,预涂环氧富锌底漆;

d) 在切除的混凝土表面涂封闭漆或界面剂,用无溶剂环氧腻子或聚合物水泥砂浆填补并打磨平整。

6.2.1.5 处理好的混凝土基面应尽快涂覆封闭底漆,停留时间最长不宜超过一周。

6.2.2 涂装

6.2.2.1 涂装环境条件要求

温度为 5℃~38℃,空气相对湿度为 85%以下,混凝土表面应干燥清洁。在雨、雾、雪、大风和较大灰尘的条件下,禁止户外施工。

表湿区涂装环境条件应按涂料产品说明书规定执行。

6.2.2.2 涂装准备

6.2.2.2.1 开罐

涂料开罐前要确认其牌号、品种、颜色、批号等,并作记录。

6.2.2.2.2 搅拌

涂料使用前应搅拌均匀。双组分涂料在固化剂加入前,应首先分别将两个组分搅拌均匀,混合后再次搅拌均匀。厚浆涂料应采用机械搅拌方式。

6.2.2.2.3 混合熟化

双组分涂料要按规定比例混合,按产品说明书规定放置一定时间进行熟化(预反应)。

6.2.2.2.4 调节黏度

根据不同的施工方式以及现场环境条件调节涂料施工黏度。调节黏度应使用与涂料配套的稀释剂或者由厂商指定的稀释剂。稀释剂的最大用量不应超过说明书规定的最大用量。

6.2.2.2.5 适用期

双组分涂料混合均匀,经过必要的熟化后,应立即涂装并在涂料的适用期内用完(必要时通过滤网过滤)。

6.2.2.3 涂装方法

6.2.2.3.1 刷涂

用于难以涂装部位的预涂装和补涂,比如蜂窝、凹角和凸沿等。

6.2.2.3.2 辊涂

涂料应具有良好的流平性,辊子的类型和尺寸应与工作面相适应。

6.2.2.3.3 喷涂

通常包括低压空气喷涂,无气喷涂,空气辅助型无气喷涂等。

采用喷涂施工时,涂料黏度、喷涂压力、喷嘴类型、喷嘴与工作面距离以及喷涂扇面等参数应按产品说明书进行验证,以确保施工质量。

6.2.2.3.4 刮涂

刮涂用于腻子施工,特别适用于修补表面缺陷。

6.2.2.4 涂装工艺

6.2.2.4.1 涂装封闭漆

封闭漆黏度应适当,以保证渗透性。涂覆应均匀,不得有露底现象。对蜂窝、边角等不易涂装的部位,用刷涂法进行预先涂装或补涂。

6.2.2.4.2 刮涂腻子

涂装完封闭漆后,采用腻子补涂表面缺陷。表面缺陷可能需要多次补涂。

对于装饰效果要求较高的部位,需要满刮腻子,并打磨平整后,涂装中间漆。

6.2.2.4.3 涂装中间漆

中间漆应采用机械搅拌装置搅拌均匀。涂膜不得有漏涂、裂纹、气泡等缺陷,允许局部少量流挂,涂膜厚度满足要求。

6.2.2.4.4 涂装面漆

面漆涂装前,底涂层的局部流挂应打磨平整。涂膜要求平整光滑,色泽均匀一致,不得有漏涂、裂纹、气泡等缺陷,厚度满足要求。同一工作面同一颜色时,应选用相同批号的涂料。

6.2.2.4.5 涂装间隔时间要求

涂层之间的重涂间隔参照使用说明书和施工环境温度确定。达到最小涂装间隔时间后进行涂装,并应在上一道涂层的重涂间隔时限内完成。

如果已经超出上一道涂层的最大重涂间隔,应对涂层进行拉毛处理,处理完毕后使用蘸有溶剂的抹布清洁表面粉尘或采用洁净的压缩空气清洁表面粉尘,然后才能进行涂装。

6.2.3 涂层修补

6.2.3.1 大面积修补

大面积修补的程序应该按照 6.2.1 和 6.2.2 执行。

6.2.3.2 小面积修补

对于小面积修补应按下面的程序进行:

——干燥修补部位;

——清洁修补区域,进行除油去灰工作;

——修补区域表面处理,可采用打磨的方式进行,确保底基层牢固可靠;

——如果采用腻子进行填补时,应先涂封闭漆,再使用腻子填补,然后在腻子上面涂装后道涂层;

——对小面积刷涂时,要多施工几道,确保达到规定涂膜厚度。

6.2.4 涂膜养护

涂装完成后,涂膜需经过规定的养护时间后方可投入使用。养护期间,涂膜没有完全固化,要避免造成涂膜损伤的行为。

涂料实干前,应该避免淋雨或者直接浸水以及接触其他腐蚀介质。

表湿区施工的涂料涂装后,可经过短暂的空气固化后浸水。

7 质量控制

7.1 过程检验

7.1.1 检测涂装现场温度和相对湿度等环境条件,应符合 6.2.2.1 的要求。

7.1.2 检查结构表面处理,应符合下列要求:

a) 基层应牢固、不开裂、不掉粉、不起砂、不空鼓、无剥离等;

b) 基层应清洁,表面无灰尘、无浮浆、无油迹、无霉点、无盐类析出物和无苔藓等污染物及其他松散附着物;

c) 混凝土表面含水率应小于6%,否则应排除水分后方可进行涂装。当采用湿固化环氧封闭漆时,混凝土含水率要求可放宽,但要求混凝土表层尽可能表干。

7.1.3 混凝土含水率大小的判定可采用下列方法:

取10μm厚,45cm×45cm透明聚乙烯薄膜平放在混凝土表面,用胶带纸密封四边,16h后,薄膜下出现水珠或混凝土表面变黑,说明混凝土过湿,不宜涂装。

7.1.4 按设计规定,检查涂装道数和涂膜厚度。用湿膜厚度仪检查湿膜厚度,结合涂料用量估算干膜厚度。

7.1.5 每道涂装后均应对涂层进行目视检查,应符合6.2.2.4要求。

7.2 最终检验

涂层养护完成后进行最终涂层的质量检测。检测项目包括:外观检查、厚度检测和附着力检测。

7.2.1 外观检查方法和要求

对抽样检测区域进行目视检查,涂层应连续、均匀、平整,不允许有露涂、流挂、变色、色差、针孔、裂纹、气泡等缺陷。

7.2.2 厚度检测方法和要求

7.2.2.1 涂层厚度检测可采用以下两种方法:

a) 无损型涂层测厚仪方法。按每个检测单元随机检测9个测点,以9个测点的涂层干膜厚度算术平均值代表涂层的平均干膜厚度;

b) 随炉件法。在同批检验区域内,将0.5mm×50mm×100mm白铁皮三块粘贴于混凝土表面,随检验批一起施工,涂装完7d后用磁性测厚仪测定白铁皮上的干膜厚度,可近似视为混凝土基面的涂装厚度;

7.2.2.2 涂层厚度应符合"80—20"规则,即涂层平均干膜厚度应不小于设计干膜厚度,80%的测定点应大于设计干膜厚度,最小干膜厚度应不小于设计干膜厚度的80%。

7.2.3 附着力检查方法和要求

7.2.3.1 采用拉脱式涂层黏结强度测定仪测定涂层附着力,检测方法按附录B中B.3执行。

7.2.3.2 涂层附着力应满足表2要求。

7.2.4 检验批

最终涂层质量按批检验,根据涂装工程量,每2 000m^2~5 000m^2为一个检验批。每一检测单元面积为10m^2,即为检测基准面。

8 验收

8.1 涂层验收宜在涂装完成后14d内进行,可按涂层分项、分部工程进行验收。

——涂层分项工程可分为:材料、混凝土表面处理、涂装、涂层厚度、涂层黏结强度等;

——涂层分部工程可分为:承台、塔座、箱梁、墩身、塔身等。

8.2 涂层验收可按构件分批次验收。

8.3 涂层验收时承包商至少应提交下列资料:

——设计文件或设计变更文件;

——涂料出厂合格证和质量检验文件,进场验收记录;

——混凝土表面处理和检验记录;

——涂装施工记录(包括施工过程中对重大技术问题和其他质量检验问题处理记录);

——修补和返工记录;

——其他涉及涂层质量的相关记录。

9 管理及维修

9.1 涂层在使用过程中应定期进行检查,如有损坏应及时修补。修补用的涂料应与原涂料相同或相容。

9.2　当涂层达到设计防腐年限时，全面检查涂层的表观状态。当涂层表面无裂纹、无气泡、无严重粉化，并且当附着力仍不小于 1MPa 时，则涂层可保留继续使用，但应在其表面涂装两道原面层涂料或能够配套的面层涂料。涂装前原涂层表面应进行清洁处理，并试验涂层体系的相容性(画格法不大于 1 级)。

9.3　当检查发现涂层有裂纹、气泡、严重粉化或附着力低于 1MPa 时，可认为涂层的防护能力已经失效。用适当的方式清理旧涂层，并经过表面清洁处理后涂装涂料。

9.4　对防腐蚀涂层系统应建立档案卡，内容包括涂装竣工资料和涂层使用过程的检查和维修记录。

10　安全、卫生和环境保护

10.1　安全、卫生

10.1.1　涂装作业安全、卫生应符合 GB 6514、GB 7691、GB 7692 和 GB 50212 的有关规定。

10.1.2　涂装作业场所空气中有害物质不超过最高容许浓度。

10.1.3　施工现场应远离火源，不允许堆放易燃、易爆和有毒物品。

10.1.4　涂料仓库及施工现场应有消防水源、灭火器和消防工器具，并应定期检查。消防道路应畅通。

10.1.5　施工人员应正确穿戴工作服、口罩、防护镜等劳动保护用品，这些劳保用品应是具备相应资质厂家生产的合格产品。

10.1.6　所有电器设备应绝缘良好，临时电线应选用胶皮线，工作结束后应切断电源。

10.1.7　工作平台的搭建应符合有关安全规定。高空作业人员应具备高空作业资格。

10.2　环境保护

10.2.1　涂料产品的有机挥发物含量(VOC)应符合国家有关法律法规要求。

10.2.2　废弃的涂料不得随意丢弃或掩埋，应该收集并妥善处理，防止废料污染水质。

10.2.3　施工现场产生的垃圾等应该收集并妥善处理。

附录 A
（资料性附录）
混凝土桥梁结构表面涂层体系

混凝土桥梁结构表面涂层体系见表 A.1～表 A.4。

表 A.1 I-Im1 腐蚀环境下的涂层体系

涂层编号	配套涂层名称	厚度(μm)	防腐部位	防腐寿命(年)
S1.01	水性丙烯酸封闭漆	≤50	大气区	10
	水性丙烯酸漆	100		
S1.02	丙烯酸封闭漆或环氧封闭漆	≤50		
	丙烯酸漆或氯化橡胶漆	100		
S1.03	环氧封闭漆	≤50	水位变动区和浪溅区	
	氯化橡胶漆	180		
S1.04	环氧封闭漆	≤50		
	环氧树脂漆	80		
	氯化橡胶漆	70		
S1.05	环氧封闭漆	≤50	水下区	
	环氧树脂漆 或环氧煤焦油沥青漆	250 300		
S1.06	水性丙烯酸封闭漆	≤50	大气区	20
	水性丙烯酸漆	100		
	水性有机硅丙烯酸漆	80		
S1.07	丙烯酸封闭漆	≤50		
	丙烯酸漆	180		
S1.08	环氧封闭漆	≤50		
	环氧树脂漆	100		
	丙烯酸聚氨酯漆	70		
S1.09	环氧封闭漆	≤50	水位变动区和浪溅区	
	环氧树脂漆	120		
	丙烯酸聚氨酯漆 或氯化橡胶漆	80 100		
S1.10	环氧封闭漆	≤50	水下区	
	环氧树脂漆 或环氧煤焦油沥青漆	350 400		

表 A.2　II-Im1 腐蚀环境下的涂层体系

涂层编号	配套涂层名称	厚度(μm)	防腐部位	防腐寿命(年)
S2.01	水性丙烯酸封闭漆	≤50	大气区	10
	水性丙烯酸漆	120		
S2.02	丙烯酸封闭漆	≤50		
	丙烯酸或氯化橡胶漆	120		
S2.03	环氧封闭漆	≤50		
	环氧树脂漆	50		
	丙烯酸聚氨酯漆	70		
S2.04	环氧封闭漆	≤50	水位变动区和浪溅区	
	环氧树脂漆	100		
	氯化橡胶漆 或丙烯酸聚氨酯漆	90 80		
S2.05	环氧封闭漆	≤50	水下区	
	环氧树脂漆 或环氧煤焦油沥青漆	250 300		
S2.06	水性丙烯酸封闭漆	≤50	大气区	20
	水性丙烯酸漆	120		
	水性氟碳漆	80		
S2.07	环氧封闭漆	≤50		
	环氧树脂漆	100		
	丙烯酸聚氨酯漆或有机硅丙烯酸漆	80		
S2.08	环氧封闭漆	≤50		
	环氧树脂漆	100		
	氟碳漆	60		
S2.09	环氧封闭漆	≤50	水位变动区和浪溅区	
	环氧树脂漆	160		
	丙烯酸聚氨酯漆 或氯化橡胶漆	90 120		
S2.10	环氧封闭漆	≤50	水下区	
	环氧树脂漆 或环氧煤焦油沥青漆	350 400		

表 A.3 (III-1)-Im1 腐蚀环境下的涂层体系

涂层编号	配套涂层名称	厚度(μm)	防腐部位	防腐寿命(年)
S3.01	环氧封闭漆	≤50	大气区	10
	环氧树脂漆	80		
	丙烯酸聚氨酯漆	70		
S3.02	环氧封闭漆	≤50		
	环氧树脂漆	80		
	氯化橡胶漆或丙烯酸漆	90		
S3.03	环氧封闭漆	≤50	水位变动区和浪溅区	
	环氧树脂漆	120		
	丙烯酸聚氨酯漆	70		
S3.04	环氧封闭漆	≤50		
	环氧树脂漆	120		
	氯化橡胶漆	90		
S3.05	环氧封闭漆	≤50	水下区	
	环氧树脂漆 或环氧煤焦油沥青漆	250 300		
S3.06	环氧封闭漆	≤50	大气区	20
	环氧树脂漆	140		
	丙烯酸聚氨酯漆	80		
S3.07	环氧封闭漆	≤50		
	环氧树脂漆	140		
	氟碳漆	60		
S3.08	环氧封闭漆	≤50	水位变动区和浪溅区	
	环氧树脂漆	250		
	丙烯酸聚氨酯漆 或氟碳漆	90 70		
S3.09	环氧封闭漆	≤50	水下区	
	环氧树脂漆 或环氧煤焦油沥青漆	350 400		

表 A.4 (Ⅲ-2)-Im2 腐蚀环境下的涂层体系

涂层编号	配套涂层名称	厚度(μm)	防腐部位	防腐寿命(年)
S4.01	环氧封闭漆	≤50	大气区	10
	环氧树脂漆	100		
	丙烯酸聚氨酯漆	70		
S4.02	环氧封闭漆	≤50		
	环氧树脂漆	100		
	氯化橡胶漆或丙烯酸漆	80		
S4.03	环氧封闭漆	≤50	水位变动区和浪溅区	
	环氧树脂漆	150		
	丙烯酸聚氨酯漆	70		
S4.04	环氧封闭漆	≤50		
	环氧树脂漆	150		
	氯化橡胶漆	90		
S4.05	环氧封闭漆	≤50	水下区	
	环氧树脂漆 或环氧煤焦油沥青漆	300 350		
S4.06	环氧封闭漆	≤50	大气区	20
	环氧树脂漆	200		
	丙烯酸聚氨酯漆 或氟碳漆	80 60		
S4.07	环氧封闭漆	≤50	水位变动区和浪溅区	
	环氧或乙烯酯玻璃鳞片漆	800		
S4.08	环氧封闭漆	≤50		
	环氧树脂漆	300		
	丙烯酸聚氨酯漆	90		
S4.09	环氧封闭漆	≤50		
	环氧树脂漆	300		
	或氟碳漆	70		
S4.10	环氧封闭漆	≤50		
	环氧树脂漆	300		
	环氧聚硅氧烷涂料	90		
S4.11	环氧封闭漆	≤50	水下区	
	环氧树脂漆 或环氧煤焦油沥青漆	450 500		

附录 B
（规范性附录）
混凝土表面涂层试验方法

B.1 耐碱性试验

B.1.1 试验仪器

试验仪器如下：

a） 试模，尺寸为 100mm × 100mm × 100mm；

b） 涂层湿膜厚度规，量程为 0μm ~ 500μm；

c） 磁性测厚仪。

B.1.2 试验步骤

B.1.2.1 试验用混凝土块应采用不低于 C30 的混凝土，采用 100mm × 100mm × 100mm 试模成型三个混凝土块，并养护 28d。

B.1.2.2 每个混凝土块的任一个非成型面，用砂纸打磨并清理干净。如有气孔，刷涂封闭漆后用无溶剂环氧腻子或聚合物水泥砂浆填补，24 h 后用砂纸打磨平整并清理干净。将试验的配套涂层，依照使用说明书要求，按封闭底漆、中间漆、面漆的顺序分别涂装，控制涂层的干膜总厚度为 250μm ~ 300μm。试件完成后，自然养护 7d。

在混凝土试块涂装涂料的同时，在钢板上按照每道漆的相同用量和相同工艺涂装。用磁性测厚仪测定钢板上的漆膜厚度可视为混凝土试块上的涂层厚度。

B.1.2.3 将试件涂层面朝上半浸于水或饱和氢氧化钙溶液中，涂层面在液面上 5mm。试验过程中，每隔 2d 检查涂层是否有起泡、开裂或剥离等现象。

B.2 抗氯离子渗透性试验

B.2.1 试验仪器

试验仪器如下：

a） 试验应采用内径为 40mm ~ 50mm 的有机玻璃试验槽；

b） 湿膜厚度规；

c） 磁性测厚仪。

B.2.2 试验步骤

B.2.2.1 试验用活动涂层片的制作。采用 150mm × 150mm 的涂料细度纸作增强材料，将其平铺于玻璃板上，依照配套涂料使用说明书的要求，先涂封闭底漆一道，再涂中间漆两道，最后涂装面漆一道。每一道涂膜施涂后，应立即将细度纸掀离玻璃板并悬挂在绳子上，经 24h 再涂下一道，如此反复施涂，用湿膜规控制涂料形成的涂层干膜总厚度为 250μm ~ 300μm。按此方法共制作三张活动涂层片。制成后，悬挂在室内自然养护 7d。涂层厚度的控制和确定按照 B.1.2.2 进行。

B.2.2.2 将制得的活动涂层片剪成直径为 60mm ~ 70mm 的试件，按图 B.1 所示方法进行抗氯离子渗透性试验。使试件涂漆的一面朝向 3% NaCl 水溶液，细度纸的另一面朝向蒸馏水。共用三组装置。置于室内常温条件下进行试验，经 30d 试验终结后，测定蒸馏水中的氯离子含量。

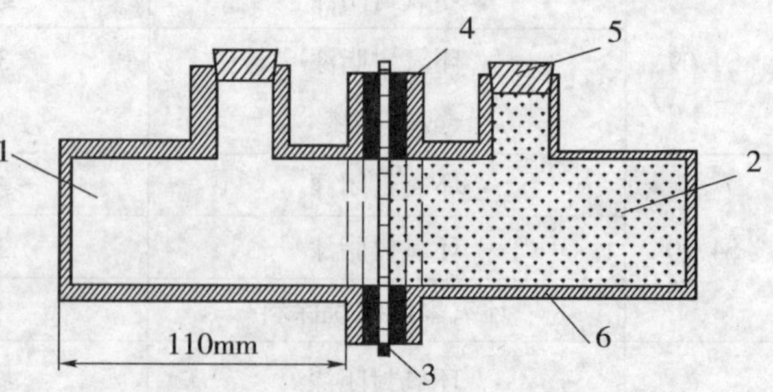

图 B.1 涂层抗氯离子渗透性试验装置示意图

1-3% NaCl 水溶液；2-蒸馏水；3-试件（活动涂层片）；4-硅橡胶填料；5-硅橡胶塞；6-内径为 40mm ~ 50mm 试验槽

B.3 附着力试验

B.3.1 试验原理

涂层附着力采用直接拉脱试验方法测定涂层与

被涂物体之间的黏结力。

B.3.2 试验仪器

试验仪器如下：

a) 拉脱式涂层黏结力测试仪；

b) 湿膜厚度规；

c) 磁性测厚仪。

B.3.3 试验步骤

B.3.3.1 制作 500mm × 500mm × 50mm 的 C30 混凝土试件六件，标准条件下养护 28d。

B.3.3.2 按 B.1.2.2 要求，对每件试件的 500mm × 500mm 的非浇注面进行表面处理。

B.3.3.3 需要进行湿固化涂料附着力试验的三件表湿试件，表面处理后浸泡在清水中 24h 后捞出，其他三件表干试件则放置在室内阴干。

B.3.3.4 对处理后的 500mm × 500mm 非浇注面的涂装，按涉及的涂层系统和涂料产品使用说明书的要求，依次按封闭底漆、中间漆和面漆涂装。对表干试件，先将涂装面的灰尘吹干净；而表湿试件，从水中捞起后，用湿布抹除涂装面的水滴，在标准条件下自然停放 20min，然后进行涂装。表湿试件，每涂一道涂层，在空气中停放 3h 后，浸没于 3% NaCl 水溶液中，12h 后取出，在标准条件下，停放 9h，再涂下一道涂层。如此循环，直到完成整个涂装。涂层厚度的控制和确定按照 B.1.2.2 进行。

B.3.3.5 涂装完成以后的试件，在标准条件下养护 7d。

B.3.3.6 取养护好的表干或表湿试件各三件，在每一试件的涂层面上随机找三个点，每点约 30mm × 30mm 大小的面积，用零号砂纸将每一点的涂层轻轻打磨粗糙，并用丙酮或酒精擦拭干净。同时，也对黏结力测试仪的铝合金铆钉头型圆盘座作同样处理。最后用结构黏结剂把铝圆盘座粘到处理好的涂层上。

B.3.3.7 待黏结剂硬化 24h 后，用拉脱式涂层黏结力测试仪的配件套筒式割刀，将圆盘座的周边涂层切除，使其与周边外围的涂层分开。

B.3.3.8 将黏结力仪配件的钢环支座片套住圆盘座，然后把黏结力仪的手轮作反时针旋转，使仪器的爪具松下并嵌入铝合金铆钉头型圆盘座，使仪器三个支撑柱立在钢环支座片上，将仪器的指针拨到“0”的刻度位置上。最后，顺时针方向旋紧手轮，一直持续到涂层或混凝土断裂为止，并立即记录指针的读数。按本步骤重复试验，将每一铝合金铆钉头型圆盘座拔下来，并记录每一次拉拔试验的读数。

B.3.4 试验结果评定

B.3.4.1 试验后立即观察铝合金铆钉头型圆盘座的底面黏结物情况，如果底面有 75% 以上的面积黏附着涂层或混凝土等物体，则试验数据有效。

B.3.4.2 如果底面只有 75% 以下的面积粘有涂层或混凝土等物体，而且拉力小于规定值，则可在该测点的附近涂层面重做黏结力试验。

B.3.4.3 表干或表湿试件各取九个试验点的实测数据，分别计算其算术平均值，代表涂层的黏结力。

附录 C
（资料性附录）
丙烯酸聚氨酯面漆和氟碳面漆性能要求

C.1 组成

C.1.1 丙烯酸聚氨酯面漆是由羟基丙烯酸树脂、脂肪族异氰酸酯、颜填料、溶剂和助剂等组成的双组分涂料。

C.1.2 氟碳面漆是由 FEVE 氟碳树脂和脂肪族异氰酸酯、颜填料、溶剂和助剂等组成的双组分涂料。FEVE 氟碳树脂为氟单体(三氟氯乙烯或四氟乙烯)与乙烯基醚或乙烯基酯为主单体合成的交替共聚物。

C.2 要求

C.2.1 氟碳面漆应说明采用的氟树脂来源,并说明 FEVE 氟树脂的类型和结构特征。

氟碳面漆应提供产品一致性的判据:

——氟树脂供应商用于该工程项目的证明;

——试验证明,包括红外光谱和高温裂解色谱—质谱联用分析。

C.2.2 丙烯酸聚氨酯面漆和氟碳面漆的性能除应满足正文 5.2.3 表 2 的要求外,还应满足表 C.1 的要求。

表 C.1 丙烯酸聚氨酯面漆和氟碳面漆技术指标

<table>
<tr><th colspan="2" rowspan="2">项 目</th><th rowspan="2">计量单位</th><th colspan="2">技术指标</th><th rowspan="2">试验方法</th></tr>
<tr><th>丙烯酸聚氨酯面漆</th><th>氟碳面漆</th></tr>
<tr><td colspan="2">颜色和外观</td><td>—</td><td colspan="2">符合商定标准样板或色卡及其色差范围,漆膜平整</td><td>目测</td></tr>
<tr><td colspan="2">固体含量</td><td>%</td><td colspan="2">≥55</td><td>GB/T 1725</td></tr>
<tr><td rowspan="2">干燥时间</td><td>表干</td><td>h</td><td colspan="2">2</td><td rowspan="2">GB/T 1728</td></tr>
<tr><td>实干</td><td>h</td><td colspan="2">24</td></tr>
<tr><td colspan="2">细度</td><td>μm</td><td colspan="2">≤35</td><td>GB/T 1724</td></tr>
<tr><td colspan="2">柔韧性</td><td>mm</td><td colspan="2">1</td><td>GB/T 1731</td></tr>
<tr><td colspan="2">附着力(拉开法)</td><td>MPa</td><td colspan="2">≥6</td><td>GB/T 5210</td></tr>
<tr><td colspan="2">耐冲击</td><td>cm</td><td colspan="2">50</td><td>GB/T 1732</td></tr>
<tr><td colspan="2">耐磨性(1kg·500r)</td><td>g</td><td colspan="2">≤0.05</td><td>GB/T 1768</td></tr>
<tr><td colspan="2">耐酸性,10% H_2SO4</td><td>h</td><td colspan="2" rowspan="2">240h 漆膜无异常</td><td rowspan="2">GB/T 9274</td></tr>
<tr><td colspan="2">耐碱性,10% NaOH</td><td>h</td></tr>
<tr><td colspan="2">可溶物氟含量</td><td>%</td><td>—</td><td>≥20</td><td>HG/T 3792</td></tr>
<tr><td colspan="2" rowspan="2">人工加速老化</td><td rowspan="2">h</td><td>1000h</td><td>3000h</td><td rowspan="2">GB/T 1865</td></tr>
<tr><td colspan="2">漆膜不起泡、不剥落、不粉化。白色和浅色漆膜允许变色 1 级,失光 1 级;其他颜色漆膜允许变色 2 级,失光 2 级</td></tr>
</table>

参 考 文 献

[1] GB/T 1724　涂料细度测定法

[2] GB/T 1725　涂料固体含量测定法

[3] GB/T 1728　漆膜、腻子膜干燥时间测定法

[4] GB/T 1731　漆膜柔韧性测定法

[5] GB/T 1732　漆膜耐冲击测定法

[6] GB/T 1768　色漆和清漆 耐磨性的测定 旋转橡胶砂轮法

[7] GB/T 1771　色漆和清漆 耐中性盐雾性能的测定

[8] HG/T 3792　交联型氟树脂涂料

[9] GB/T 5210　色漆和清漆拉开法附着力试验

ICS 93.040
P 28
备案号

中华人民共和国交通行业标准

JT/T 705—2007

混凝土灌注桩用钢薄壁声测管及使用要求

Steel thin-walled sonic-testing tubes for concrete bored piles and application requirements

2007-12-29 发布 2008-04-01 实施

中华人民共和国交通部 发布

混凝土灌注桩用钢薄壁声测管及使用要求

1 范围

本标准规定了混凝土灌注桩用钢薄壁声测管的产品型号、尺寸和重量、技术要求、试验方法和检验规则、包装、标志、运输与储存,以及使用要求。

本标准适用于超声波法进行基桩检测用混凝土灌注桩钢薄壁声测管(一般是指壁厚不超过1.8mm的,用于混凝土灌注桩超声波检测中预留管孔的预埋钢管,以下简称声测管)的产品制造和使用。

2 规范性引用文件

下列文件中的条款通过在本标准中引用而成为本标准的条款。凡是注日期的引用文件,其随后所有的修订单(不包括勘误的内容)或修订版均不适用于本标准,然而,鼓励根据本标准达成协议的各方研究是否可使用这些文件的最新版本。凡是不注日期的引用文件,其最新版本适用于本标准。

GB/T 222　钢的成品化学成分允许偏差
GB/T 228　金属材料　室温拉伸试验方法
GB/T 241　金属管　液压试验方法
GB/T 244　金属管　弯曲试验方法
GB/T 246　金属管　压扁试验方法
GB/T 700　碳素结构钢
GB/T 2102　钢管的验收、包装、标志和质量证明书
GB/T 2975　钢及钢产品力学性能试验取样位置及试样制备
GB/T 7735　钢管涡流探伤检验方法
JTG/T F81-01　公路工程基桩动测技术规程

3 产品型号

表示方法:

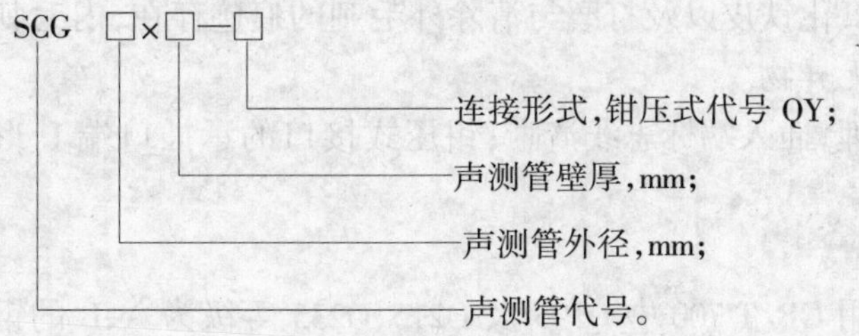

示例:钳压式声测管,管外径50mm,壁厚1.2mm,表示为:SCG50×1.2—QY。

4 尺寸和重量

4.1 外径、壁厚尺寸及允许偏差

4.1.1 声测管内径比换能器直径大15mm~20mm,声测管直径40mm~60mm。常用的外径、壁厚及相应的声测管理论重量见表1。

表 1　不同外径和壁厚声测管的理论重量　　　　单位:kg/m

外径(mm)	壁厚(mm)					
	1.0	1.2	1.4	1.5	1.6	1.8
40	0.96	1.15	1.33	1.42	1.52	1.70
45	1.09	1.30	1.51	1.61	1.71	1.81
46	1.11	1.33	1.54	1.65	1.75	1.97
48	1.16	1.38	1.61	1.72	1.83	2.24
50	1.21	1.44	1.68	1.79	1.91	2.64
51	1.23	1.47	1.71	1.83	1.95	3.15
53	1.28	1.53	1.78	1.90	2.03	3.87
54	1.31	1.56	1.82	1.94	2.07	4.78
60	1.45	1.74	2.02	2.16	2.30	6.51

4.1.2　声测管的外径、壁厚允许偏差应符合表 2 的规定。

表 2　声测管外径、壁厚的允许偏差

外　径	壁　厚
±1.0%	±5%

4.2　成品长度

声测管的长度为 3m、6m、9m,每批允许交 5%长度不小于 1m 的短尺声测管。长度允许偏差为 $^{+20}_{\ 0}$ mm。

4.3　重量

声测管理论重量见表 1,钢的密度为 7 850kg/m^3。具体按公式(1)计算。

$$G = 0.024\ 66(D - S)S \tag{1}$$

式中:G——声测管重量,kg/m;

S——声测管壁厚,mm;

D——声测管外径,mm。

5　技术要求

5.1　外观质量

5.1.1　声测管应顺直,弯曲度不大于 5mm/m。

5.1.2　声测管两端截面应与其轴线垂直,并应无毛刺。

5.1.3　声测管不允许有裂缝、结疤、折叠、分层、搭焊缺陷存在。允许有不大于壁厚负偏差的划道、刮伤、焊缝错位、烧伤、薄的氧化铁皮以及打磨与清除外毛刺的痕迹存在,内毛刺不大于 $^{+0.5}_{-0.2}$ mm。

5.1.4　声测管内应畅通无异物。

5.1.5　管两端应封口处理,插入端标志线清晰;钳压式接口的承插口端 U 形槽内应有 O 形橡胶圈;底管焊有铁盖。

5.2　材料

5.2.1　声测管的材质选用 GB/T 700 中 Q195 及 Q215、Q235 等级为 A、B 的钢。

5.2.2　声测管的化学成分允许偏差应符合 GB/T 222 的规定。

5.2.3　声测管使用的材料应检验合格并有合格证书。

5.3　力学性能

声测管的力学性能应符合表 3 的规定。

表 3　声测管的力学性能要求

抗拉强度 σ_b(MPa)	伸长率 δ_s(%)
≥315	≥14

5.4 工艺性能

5.4.1 抗弯曲性能

声测管应进行弯曲试验检验抗弯曲性能。弯曲试验时不带填充物，声测管弯曲半径为公称外径的6倍，弯曲角为120°。当采用焊接声测管时，焊缝位于弯曲方向的侧面。声测管不应出现裂纹。

5.4.2 耐压扁性能

声测管应进行压扁试验检验耐压扁性能。试验时，当两压平板间距离为声测管外径的3/4时，应不出现裂纹。

5.4.3 密封耐压性能

声测管应进行液压试验检验密封耐压性能。试验压力按最大工作压力的2.0倍且不小于式(2)计算值，试验持续时间15s，管道应无渗漏和永久变形。液压试验也可采用涡流探伤代替。进行涡流探伤检验时，其人工标准缺陷(钻孔直径)应符合GB/T 7735中的A级。

$$P = 215S/D \tag{2}$$

式中：P——试验压力，MPa；

S——声测管壁厚，mm；

D——声测管外径，mm。

5.5 接头

5.5.1 接头形式

声测管接头有单端接头和双端接头两种形式，见图1。声测管连接原理参见附录A。

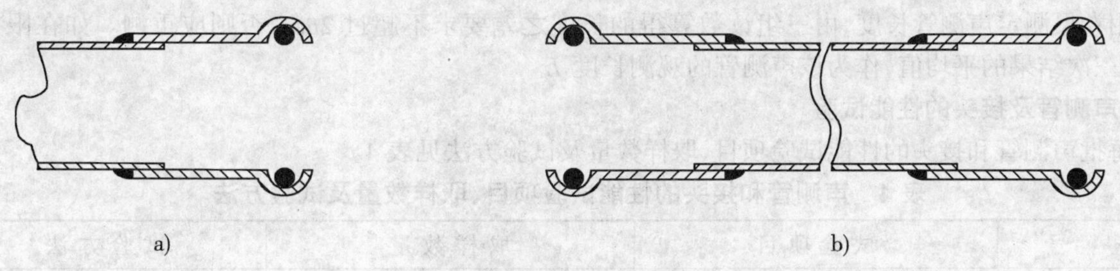

图1 声测管接头示意图

a)单端接头；b)双端接头

5.5.2 接头凸起部分尺寸

声测管接头部分的内径尺寸应保证超声波检测仪的使用要求。接头凸起部分的最大尺寸不应超过管外径的25%，如图2中，即$(D' - D)/D \leqslant 25\%$。

5.5.3 套接长度

如图2，套接长度(接头部分的长度)L不小于直径的1.5倍且不小于80mm。

5.5.4 密封性能

声测管接头部分应进行密封性试验，具体要求是：内压试验压力为最大工作压力的1.5倍且不低于1.0MPa，外压试验压力为最大工作压力的2倍且不低于4MPa；试验压力下持续时间1min，要求不得出现渗漏、接口变形等情况；内压试验和外压试验应单独进行。

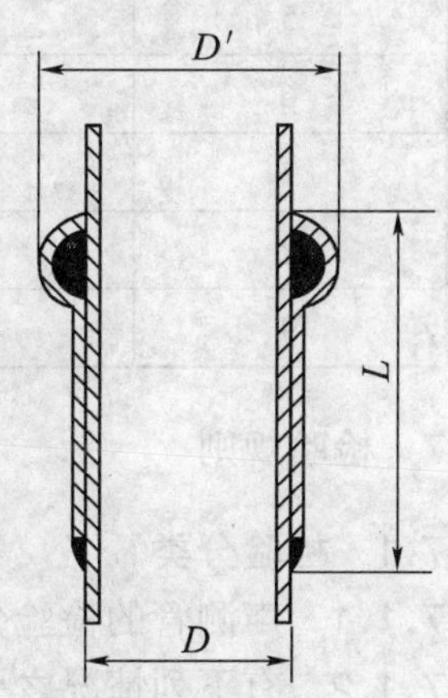

图2 接口凸起部分尺寸及套接长度要求示意图

5.5.5 连接可靠性

声测管应进行拉拔试验检验接头连接可靠性，在常温下，应能承受3 000N的拉拔力，持续60 min连接部分无松动、断裂。

5.5.6 耐振动性能

接头应进行振动试验，试验压力为1.2MPa。在该压力下，持续10万次振动数，薄壁声测管连接部位应无渗漏和脱落现象。

5.5.7 抗扭矩性能

接头应进行扭矩试验。扭力矩 120N·m,持续 10min,接头不发生滑移。

6 试验方法

6.1 试验仪器和设备

试验仪器和设备及其相应规格或要求如下:

a) 开式四用游标卡尺:测量范围为 0~150mm;精度为 ±0.03mm;

b) 卷尺:测量范围为 0~10m;精度为 ±0.5mm;

c) 钢管拉力试验机、压扁试验机、弯曲试验机、静水压试验机、涡流探伤设备和声测管接头的密封性试验、拉拔试验、扭矩试验设备,应符合表 4 中试验方法的要求。

6.2 外观质量检查

外观应逐根检查。用目测和手感检查声测管的毛刺、裂缝、结疤、折叠、分层、搭焊缺陷、划道、刮伤、焊缝错位、烧伤、薄的氧化铁皮以及打磨与清除外毛刺的痕迹等内容。

6.3 声测管尺寸测量

声测管的尺寸应逐根检查,且包括接头凸起部分尺寸和套接长度。

6.3.1 游标卡尺测量

在标准量距范围内,按游标卡尺操作规程量取三个直径读数,取平均值作为直径 D。

6.3.2 卷尺测量

用卷尺测定声测管长度,由三组读数算得的长度之差要求不超过 2mm,否则应重测。如在限差之内,取三次结果的平均值,作为该声测管的观测长度 L。

6.4 声测管及接头的性能试验

每批声测管和接头的性能试验项目、取样数量及试验方法见表 4。

表 4 声测管和接头的性能试验项目、取样数量及试验方法

序号	试验项目	取样数量	试验方法
1	拉伸试验	2(不同根声测管)	GB/T 228、GB/T 2975
2	压扁试验	2(不同根声测管)	GB/T 246
3	弯曲试验	2(不同根声测管)	GB/T 244
4	液压试验	逐根	GB/T 241
5	涡流探伤	逐根	GB/T 7735
6	密封性试验	2 个接头	附录 B
7	拉拔试验	2 个接头	附录 B
8	振动试验	2 个接头	附录 B
9	扭矩试验	2 个接头	附录 B

7 检验规则

7.1 检验分类

7.1.1 声测管的检验分型式检验和出厂检验。

7.1.2 有下列情况之一时,应进行型式检验:

a) 新产品定型或产品转产鉴定时;

b) 正式生产后,如果重要结构、材料、工艺有较大变更,可能影响产品性能时;

c) 产品停产半年以上,重新恢复生产时;

d）进口产品首台引进使用前；

e）国家质量技术监督部门和行业管理部门提出型式检验时。

7.1.3 声测管的出厂检验由产品生产厂质量检验部门进行，检验合格后方可出厂。

7.2 检验项目

声测管的检验项目见表5。

表5 声测管的检验项目

序号	检验项目	型式检验	出厂检验
1	外观	+	+
2	尺寸	+	+
3	抗拉强度	+	–
4	拉伸试验	+	–
5	压扁试验	+	+
6	弯曲试验	+	–
7	液压试验	+	+
8	涡流探伤	+	–
9	密封性试验	+	–
10	拉拔试验	+	–
11	振动试验	+	–
12	扭矩试验	+	–
注："+"——检验项目；"–"——不检项目。			

7.3 组批规则

声测管应按批进行检查和验收。每批由同一尺寸、同一牌号、同一材料状态、同一热处理制度(指热处理交货的)的管子组成。每批管子不超过400根。若剩余的管子少于200根，可并入同一尺寸、同一牌号、同一材料状态、同一热处理制度(指热处理交货的)相邻一批中；如不少于200根，可单独列为一批。

7.4 复验和判定规则

声测管的复验和判定规则应按GB/T 2102的规定执行。

8 包装、标志、运输及储存

8.1 包装和标志

8.1.1 一定尺寸的声测管成品端口应经封盖处理(以防异物进入)。捆扎包装，大小以方便装卸为宜。

8.1.2 声测管的包装、标志和质量证明书应符合GB/T 2102中的规定。

8.2 运输

声测管运输可用汽车、火车、轮船等，吊装时宜用纤维吊装带并注意轻拿轻放，上方不可压重物，运输过程中需防雨。

8.3 储存

声测管宜存放在干燥的地方，下垫枕木，并有遮盖物防雨、防潮，存放时间不宜超过一个月。

9 使用要求

9.1 声测管的选用

声测管的壁厚要求，除能满足5.4的工艺性能外，为确保声测管安全使用，宜符合表6中的要求。

表 6 基桩深度与声测管壁厚的关系

基桩深度(m)	声测管壁厚(mm)	基桩深度(m)	声测管壁厚(mm)
<50	≥1.0	70~90	≥1.5
50~70	≥1.2	90~120	≥1.8

9.2 声测管的安装

9.2.1 基桩检测与声测管的埋设布置应符合 JTG/T F81-01 的规定。

9.2.2 声测管的底部应采用焊接盲盖或钢板来保证密封不漏浆。

9.2.3 声测管可直接固定在钢筋笼内侧上,固定点的间距一般不超过 2m,其中声测管底端和接头部位宜设固定点,对于无钢筋笼的部位,声测管可用钢筋支架固定(图 3)。固定方式可采用焊接或绑扎,当采用焊接时,应避免烧穿声测管或在管内壁形成焊瘤,影响声测管的通直。

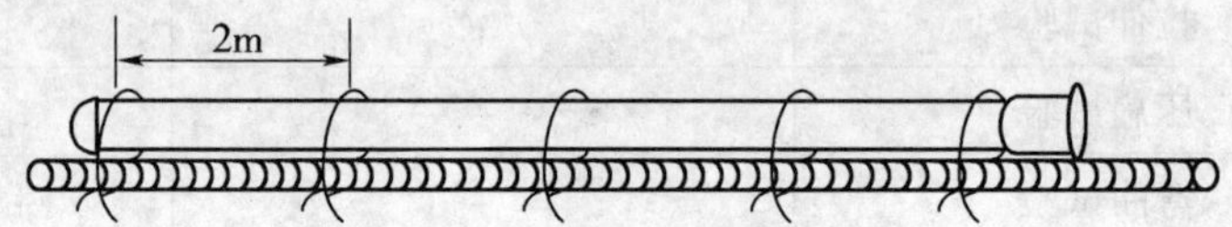

图 3 声测管的安装示意图

9.2.4 钢筋笼放入桩孔时应防止扭曲,声测管一般随钢筋笼分段安装,每埋设一节均应向声测管内加注清水。声测管安装完毕后应将上口加盖或加塞封闭,以免浇灌混凝土时落入异物,致使孔道堵塞。

9.2.5 声测管埋设深度应在灌注桩的底部以上 50mm~150mm,声测管的上端应高于灌注桩顶面 300mm~500mm,同一根桩的声测管外露高度宜相同。

9.2.6 在灌注基桩水下混凝土之前,应检查声测管内的水位,如管内的水不满,则应补充灌满。

9.2.7 若声测管需截断,宜用切割机切断,切割后应对管口进行打磨消除内外毛刺,不宜以电焊烧断。

9.2.8 焊接钢筋时,应避免焊液流溅到声测管管体上或接头上。

附 录 A
（资料性附录）
钳压式声测管连接原理

A.1 连接原理

钳压式声测管(图 A.1)端部的 U 形槽内装有 O 形橡胶密封圈,安装时将声测管的插口端,插入承插口端至标线位置,用专用的液压钳对 U 形槽和 U 形槽一侧部位同时进行挤压。橡胶密封圈受挤压后起密封作用,钳压部位插口端和承插口端的管材同时收缩变形(剖面形成六角形状)起定位固定、抗拉拔、抗旋转的作用,从而有效地实现了声测管的连接。

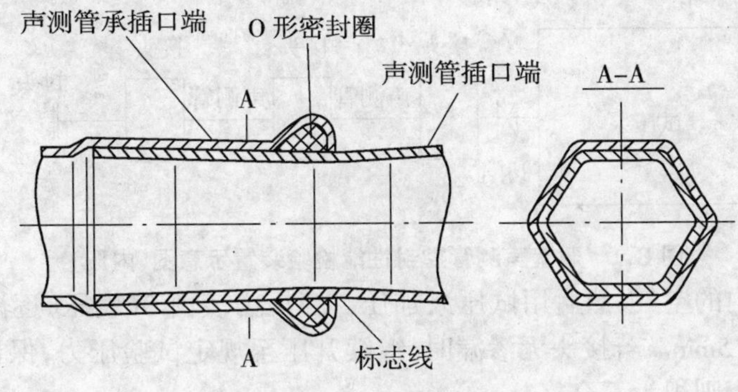

图 A.1 钳压式连接示意图

A.2 安装步骤

安装步骤如下:

a) 检查管子:确认管子承插口端密封圈完好无损;插入端内外无毛刺,以免安装插管时割伤密封圈,并有明显的插入标志线。

b) 插入管子:将管子笔直地插入管件内,注意不要碰伤橡胶圈,并确认管件端部与插入端标志线位置相距 3mm 以内。

c) 压紧度:把专用的液压工具模头的环状凹部对准承插口(或接头)端部内装有橡胶圈的环状凸部,将对接部位管材同时压紧至六边形状。

d) 检查压紧度:用量规确认尺寸是否正确,量规可完全卡入六边形部位,即表示压紧已经到位。使用接头连接时,先将接头安装到其中一支管子的一端,操作步骤同上,重复以上操作即可将两支管子连接到一起。

附 录 B

（规范性附录）

密封性试验、拉拔试验、振动试验和扭矩试验

B.1 密封性试验

B.1.1 内压试验

装置示意如图 B.1 所示。

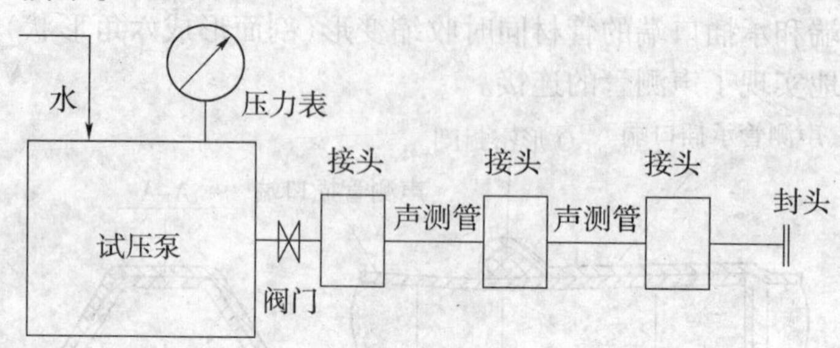

图 B.1 薄壁声测管密封性能检验装置示意图(内压)

试验时应排除系统内的空气,然后用试压泵加压。当压力表由 0(表压)逐渐上升到 0.1MPa 时,关闭阀门,观察时间不少于 5min。若接头无渗漏时,继续升压至规定试验压力,保证持续时间内不得出现渗漏、接口变形等情况,否则视为不合格。

B.1.2 外压试验

装置原理如图 B.2 所示。

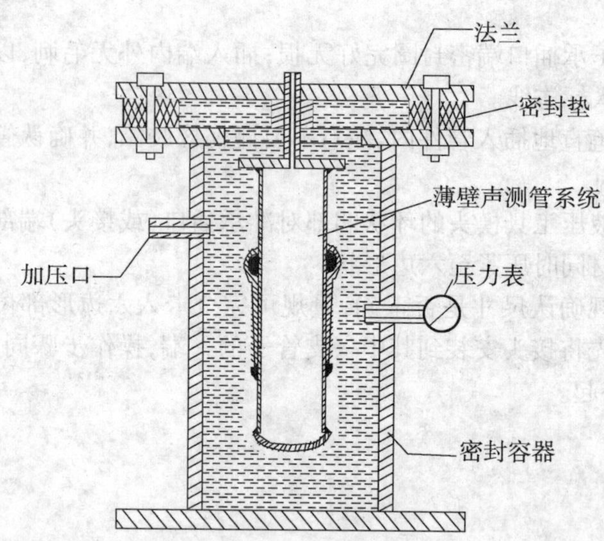

图 B.2 薄壁声测管接头密封性能检验装置示意图(外压)

薄壁声测管的外压试验装置的加压口外接试压泵,逐渐升压至试验压力,保证持续时间内不得出现渗漏、接口变形等情况。

B.2 拉拔试验

被测试样品按使用方法连接,接口连接的每段薄壁声测管最小长度为 300mm。

试验仪器可采用拉力计,将试样固定在拉力计上,或将试样悬挂在框架上,下部增加砝码。在 30s 内逐渐施加到所需的试压拉力,保持试样在恒定的纵向拉力下 1h,所有试样接口处均无松动、脱裂方为合格。

B.3 振动试验

如图 B.3 所示,取两根 200mm 的薄壁声测管连接,一端封闭,组成一组试样。试样一端固定,并与

试压泵相连,加自来水使水压升至 1.2MPa 并保持压力。将试样封闭一端接振动试验机,进行振动,振动条件为:振幅 ± 1mm,振动频率 20Hz。

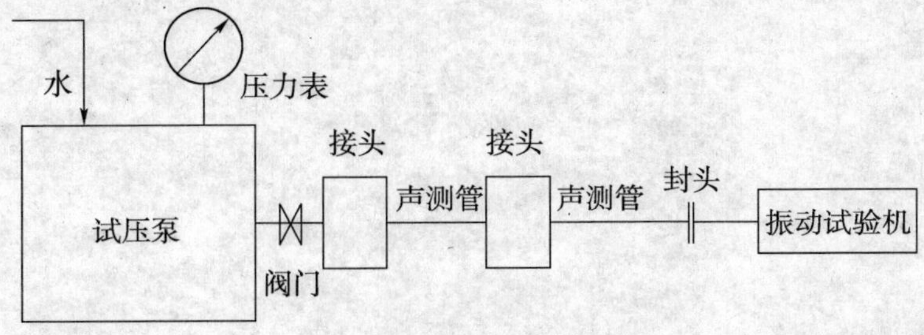

图 B.3 振动试验装置示意图

B.4 扭矩试验

如图 B.4 所示,取两根 200mm 的薄壁声测管连接,两端固定于扭矩试验机上。扭矩逐渐升至试验扭矩,在规定时间内接头不发生滑移即为合格。

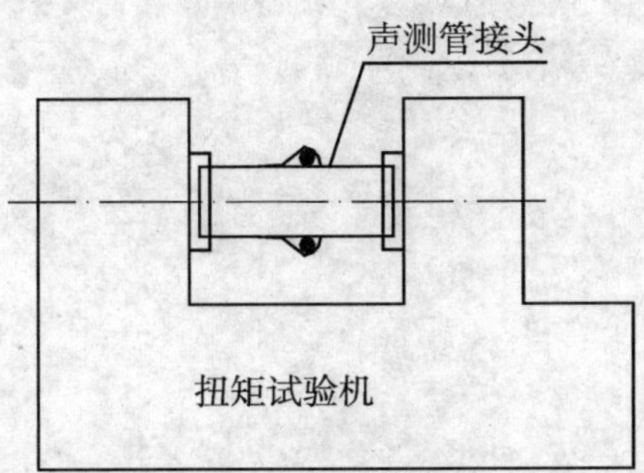

图 B.4 扭矩试验装置示意图